KB146253

메타버스가 만드는 가상경제 시대가 온다

메타버스가 만드는 가상경제 시대가 온다

최형욱 지음

M E T A V E R S E

한스미디어

METAVERSE

평평한 지구가 온다,
경계 없는 메타버스와 가상경제의 시대

얼마 전 오큘러스 퀘스트에 에어링크를 지원한다는 페이스북의 발표가 있었다. 그때부터 나는 오매불망 소프트웨어 업데이트를 기다렸다. 컴퓨터 없이 VR 헤드셋 내부의 컴퓨팅 성능만으로 이미 웬만한 앱들은 다 동작되지만, 〈하프라이프 알릭스Half-Life: Alyx〉같이 꽤 높은 성능을 요구하는 앱들은 주렁주렁 기다란 USB 케이블을 고사양 컴퓨터에 연결하고 나서야 PCVR로 구동시켜 돌릴 수 있었는데, 이제부터는 그런 케이블 없이 무선으로도 그 사양 높은 게임을 할 수 있게 된 것이다.

게다가 120Hz의 디스플레이와 물리적인 키보드가 가상현실 내에서 인식되는 인피니티 오피스까지, 기다리기 힘든 새로운 기능들이 한꺼번에 쏟아져 얼리어답터인 내 마음을 설레게 했다. 아이폰이나 테슬라 전기차에 새로운 소프트웨어가 나왔을 때 기다렸던 그 마음과 비슷했다. 마침내 업데이트가 되고 난 뒤 이전에는 한 달에 한두 번 사용했던 VR 헤드셋을 일주일에도 몇 번씩 사용하고 있다.

수십 년간 기술의 발전과 혁신, 그리고 새로운 산업의 탄생을 지켜보면서 깨달은 것은 그러한 변화의 변곡점에는 항상 묘한 기류가 느껴진다는 사실이다.

무언가 새로운 것들이 나타나 오래된 기득권이 무너지고, 새로운 가치가 세워지고, 새로운 플랫폼으로 사람들이 몰려가고, 매일매일 습관적으로 하는 행위와 라이프스타일이 달라지는 그 변곡점의 최전선에는 꽤 일찍부터 그 징조가 보였고 싹을 틔운 변화의 씨앗이 있었다.

지금은 공기나 물과 같이 우리의 일상에 존재하는 월드와이드웹, 아이팟, 스마트폰, 소셜네트워크, 가상현실 헤드셋, 테슬라 전기차, 비트코인 등 세상을 바꾼 수많은 제품과 서비스는 불과 30년 전까지만 해도 이 세상에 존재하지 않았던 것들이다. 아니 존재하지 않았던 것으로 우리는 알고 있다. 하지만 그 변화의 영향과 결과의 흐름을 거슬러 따라 올라가다 보면 그보다 훨씬 먼저부터 그 본질적인 동인과 시작점이 존재하고 있음을 비로소 깨닫게 된다. 그렇게 지금 이 순간에도 10년 뒤, 20년 뒤에 세상을 바꿀 씨앗들이 이미 우리 주변에 작은 떡잎을 틔우고 있는 것이다.

변곡점이 다가오고 있음을 느낄 때 보이는 현상들이 있다. 두 단계에 걸쳐 그 현상이 나눠지는데 첫 번째 단계는 여러 핵심 요소 기술이 각각 발전을 하다가 임계점에 도달하지 못한 마지막 한두 개의 기술이 그 지점을 돌파하기 직전이다. 여러 플레이어의 시도들은 많은데 시행착오도 적지 않고 충분한 임팩트를 만들지 못하는 모습들이 보인다.

두 번째 단계는 얼리어답터들의 손을 떠나 대중의 선택을 받기 시작하기 직전의 임계질량이 만들어지는 지점이다. MP3 디지털 음악 산업이 아이팟에 의해 완전히 개편되기 전, 소셜네트워크서비스가 나와 대중화가 시작되기 전, 아이폰이 모든 사람의 손에 들리기 직전 보이는 변화의 양상과 현상이 있었다.

그 두 단계의 변곡점이 '메타버스'의 각 분야에 바짝 다가오고 있음을 느끼게 되면서 이 책 《메타버스가 만드는 가상경제 시대가 온다》를 쓰기 시작했다.

어떤 것은 첫 번째 단계에, 어떤 분야는 두 번째 단계에 다다르기 시작하면서 커다란 변화와 임팩트를 만들 또 다른 시대를 우리는 눈앞에 두고 있다.

개인적으로도 메타버스란 커다란 도메인에서 새로운 플랫폼 사업을 준비하고 있어 이 책을 쓰는 동안 산업의 전체 동향과 변화의 방향, 그리고 가치를 만들기 위한 핵심 요소들을 정리해볼 수 있는 좋은 기회가 되었다.

이 책을 통해 메타버스를 새로운 사업의 기회로 삼고 싶은 기업가들, 기존의 산업에서 혁신의 기회를 찾고 새로운 시도를 하고 싶은 각 기업의 전략 담당자들, 그리고 변화의 방향을 읽고 미래를 준비하고 싶은 혁신가들이 그 임계점을 발견하고 세상을 바꿀 기회를 만들어내기를 바라는 마음이다.

Contents

4장 한번에 이해하는 메타버스의 역사

5장 메타버스를 향한 다양한 시도

6장 메타버스의 핵심 기술과 극복해야 할 숙제들

7장 메타버스가 만드는 새로운 미래

8장 메타버스가 만드는 가상경제의 시대

9장 아 유 레디 플레이어 원?

1장

메타버스는 둥글지 않다

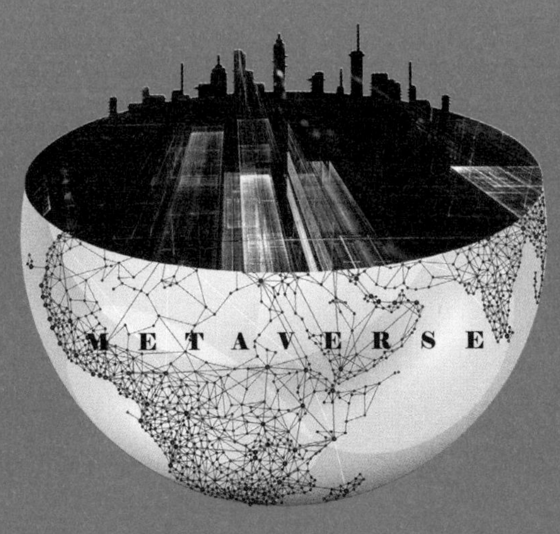

누구에게나 무한한 기회가 주어지는, 평평한 지구의 탄생

걸리버가 특별한 나라로 여행을 다닌 이야기는 누구나 어린 시절 한 번쯤 읽었거나 들어봤을 것이다. 작은 난쟁이들이 사는 '릴리퍼트', 커다란 거인의 나라 '브로브딩내그' 이야기는 만화나 그림책으로도 몇 번씩 본 기억이 난다.

해변에 표류했다가 정신을 차려보니 걸리버의 온몸이 밧줄로 바닥에 묶여 있었고 거기에 15센티미터 정도의 난쟁이들이 가득했던 장면은 얼마나 인상적이었는지 지금도 기억이 생생하다. 게다가 뒤늦게 알게 된 《걸리버 여행기》의 뒤편, 하늘에 떠 있는 도시 '라퓨타'와 말들이 지배하는 도시 '후이넘'에 대한 이야기들은 격하게 사회를 풍자하고 있었다. 걸리버가 다닌 상상 속의 나라들은 서로 너무 달라 보이지만 인간을 중심으로 묘하게 연결되어 있다는 느낌을 받는다.

지금 우리는 현실세계와 연결된 디지털로 만들어진 메타버스에 걸리버가 되어 여행을 다니는 것은 아닐까 하는 상상을 해본다. 소인국 '릴리퍼트'에서는 엄청난 힘을 가진 존재로 변하고, 거인의 나라에서는 경외로운 대상들을 만나면 왜소한 존재로 작아지고, 하늘의 도시에서는 상상하는 모든 것이 가능해지는 것처럼 우리는 가상세계 속에서 전지전능한 존재가 되기도 하고 우주와 대자연의 웅장함에 압도되기도 한다. 마음껏 날아다닐 수도 있고 전 세계에서 모인 독특한 아바타들과 밤새워 이야기를 나눌 수도 있다. 복잡하고 음침한 중세의 성 지하에서 보물을 찾고, 친구들과 빌딩 숲을 뛰어다니며 적들과 전투를 벌일 수도 있다. 벽돌을 가져다가 빌딩을 짓고 도시를 건설할 수도 있고 우주에서 몇백만 광년을 이동하며 한 성계의 지도자가 될 수도 있다.

이 모든 것이 메타버스에서 가능한 일이며 현재 일어나고 있는 일들이다. 18세기 걸리버가 긴 시간 여행하며 방문했던 상상 속의 도시들을 우리는 하룻밤 사이에 다녀올 수도 있고 매일매일을 새로운 도시와 공간을 방문하고 모험할 수도 있다.

디지털로 만들어진 메타버스는 지금도 확장되고 있다. 새로운 공간이 더해지고 새로운 세계가 만들어지며 새로운 도시가 건설되고 있다. 유니버스라고 부르는 우주와 메타버스가 닮은 1번째가 계속 확장되고 있다는 것이다. 2번째는 그 끝에 아직 아무도 닿아보지 못했고, 그곳에 무엇이 있는지 모른다는 것이다.

태초 빅뱅의 순간 한 점이었던 우주가 이렇게 팽창하고 있듯 인터넷의 비트들이 확장하며 지금의 메타버스를 만들고 있다. 우주는 무한한 수의 시공간과 에너지, 물질, 별과 입자로 구성된 총체이듯 메타버스도 무한한 가상의 시공간과 데이터로 이뤄진 점도 닮았다. 즉 물질세계에서의 우주가 있듯 디지털 세계에는 메타버스가 존재하는 것이다.

메타버스는 연결을 기반으로 한다. 인류의 과반수 이상이 항상 연결되어 사는 시대가 되면서 메타버스는 열리기 시작했다. 우주의 빅뱅은 138억 년 전이지만 메타버스의 빅뱅은 겨우 30년 전이다. 의식하지 못하지만 우리는 매일 메타버스와 현실세계 양쪽에서 살고 있다. 어디가 경계인지 잘 구분 가지 않는다. 우리 삶의 일부가 되었기 때문이기도 하거니와 연결이 우리 일상에 스며들 듯 메타버스도 스며들고 있기 때문이다. 메타버스의 늘어난 크기만큼 우리가 사는 세상의 크기가 커지고 있다.

15세기 콜럼버스가 대항해를 시작했던 이유는 신대륙을 발견하고 금과 보물을 찾아 부자가 될 기회를 잡고 싶었기 때문이다. 새로운 땅에 개척되지 않은 수많은 기회가 있을 것이라 믿었고, 지구가 둥글게 연결되어 있다는 믿음이 있었기에 그는 망망대해에 배를 띄울 수 있었다. 후대에 논란은 있지만 결국 지구가 둥글다는 것을 증명하고 4차례의 항해를 통해 아메리카 대륙을 발견한 업적을 세웠고, 서인도 항로의 발견은 아메리카 대륙이라는 거대한 기회를 유럽인들에게 가져다준 계기가 되었음은 분명하다.

지금 그 다음의 대항해 시대가 밖으로는 우주의 발견과 정복으로, 안으로는 디지털로 만들어진 메타버스로 이어지려 하고 있다. 우주만큼 클 수도 있는 또 다른 세계, 메타버스도 기회의 신대륙 또는 신우주가 될 수 있다. 아직까지 발견되지 않은 기회와 가능성으로 가득한 그곳이 우리의 도전을 기다리고 있다.

과거의 신대륙 발견은 지구가 만들어놓은 것을 찾는 것이었다면, 지금의 메타버스는 직접 만들거나 찾는 것 모두다. 메타버스에서는 신대륙도, 신우주도, 새로운 시공간의 축도 만들 수 있다. 몇 달간의 항해나 비행 대신 현실세계에서 순식간에 이동할 수 있다. 원주민을 착취하거나 자연을 파괴하지 않고 디지털로 새롭게 만들고 창조해 날 수 있다. 유발 하라리Yuval Noah Harari가 《호모데우스》에서 제기한 "인간은 신이 될 수 있는가"라는 질문에 메타버스에서는 "이미 그렇다"라고 답할 수 있다. 물리적 세계에서 신이 해왔다고 믿는 능력들이 메타버스에서는 인간에게 주어진 것이다.

과거 콜럼버스가 탐험한 지구는 둥글었고 지금도 우리는 둥근 지구에 살고 있다. 하지만 우리를 기다리고 있는 메타버스는 둥글지 않다. 정확하게는 어떤 규정된 형태가 없고, 그래서 어떤 형태도 될 수 있다. 우리의 상상을 담아 끝을 규정하지 않은 공간이 될 수도 있고 네모반듯한 세계가 될 수도 있다. 지구만 한 땅덩어리가 될 수도 있고 축구장 하나만큼 작을 수도 있다. 완전한 가상의 세계로 만들 수도 있고 현실세계 위에 겹겹이 쌓아 올리는 연결된 레이어들일 수도 있다.

그래서 메타버스는 누구에게나 평평하다. 누구나 기회를 찾을 수 있고 누구나 가치를 만들 수 있다. 물리적으로는 형태를 정의할 수 없지만, 가능성과 기회를 기준으로 삼는다면 메타버스는 평평하다. 그것도 무한하게.

평평한 메타버스에서 일어날 수많은 변화와 가능성을 함께 탐험하며 메타버스의 의미와 역사, 기저에 잠재되어 있는 인간의 욕망을 함께 들여다본다. 수많은 기업이 시도했던 메타버스로의 실험이 왜 실패하고 사라졌는지 이유를 짚어가며 선구자들의 여정을 따라가 본다. 어떤 기술과 환경이 임계점을 만들게 될지, 그것은 언제쯤인지 함께 생각해보며 지금 전 세계에서 진행되고 있는 혁신 기업들의 메타버스를 선점하기 위한 노력과 전략을 깊이 들여다본다. 마지막으로 메타버스가 가져올 다양한 산업의 미래 모습을 함께 상상해보며 가상경제 Virtual Economy와 메타버스화Metaversification* 될 수 있는 모든 것을 생각해본다.

---

* 사용자의 컨텍스트(Context) 또는 둘러싼 환경이 연결되고 가상화되면서 메타버스의 속성을 가지게 되는 현상

2장

연결의 진화가 모든 것을 뒤바꾼다

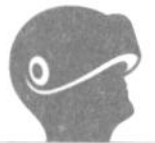

01 인터넷의 진화

연결은 계속 진화하고 있다. 인터넷 이전에도 전신·전화·방송 같은 연결의 기술은 있었고 연결의 주도권을 쥔 플레이어들이 권력과 돈을 거머쥐었다. 정보를 누군가에게 줄 수 있는 것과 정보를 받을 수 있는 것은 모두 힘이다.

정보를 준다는 것은 지인 1명에게 시장의 할인 상품의 정보를 주는 것부터 야구 경기의 결과를 전국의 팬에게 알려주는 것까지 범위와 타깃은 다양할 수 있다. 그래서 정보를 준다는 것은 원하는 정보를 통해 대중을 제어하거나 움직일 수 있는 권력이 될 수도 있으며, 정보를 받을 수 있다는 것 역시 정보의 유용성에 따라서 정보를 이용해 재미나 이익을 얻을 수 있다는 관점에서 힘이 될 수 있다. 이렇게 정보를 주고받는 통로가 되기 위해 꼭 필요한 조건이 있는데 이것이 연결성의 확보다.

오래전 인쇄 기술을 통해 확보된 연결성은 신문이나 인쇄 매체가 매스미디어로서의 힘을 발휘하게 했고 비약적으로 발전했다. 전기가 발명된 이후 대량 생산, 대량 소비라는 메가 트렌드를 이끈 매스커뮤니케이션은 전파라는 연결성을 통해 매스미디어가 된다.

이렇게 연결성의 초기 형태는 인쇄 매체도 그랬고, 전파의 송출도 그랬듯 단방향성이다. 공중파 방송은 매스커뮤니케이션의 기본적인 형태로 전파를 통해 단방향으로 원하는 정보를 송출하는 방법이며 일방적으로 불특정 다수에게 다다를 수 있는 특징이 있었다. 이 기술을 바탕으로 매스미디어가 탄생하는데 가장 먼저 그 역할을 담당한 라디오는 5,000만의 청취자에게 정보를 전달하는 데까지 38년이라는 시간이 걸렸고 TV를 통해 5,000만의 시청자에게 닿을 때까지 13년이 걸렸다.

하지만 그 후에는 기하급수적으로 청취자와 시청자 수가 늘어났고, 프로그램을 편성하거나 콘텐츠를 선택하고 원하는 광고를 원하는 시간대에 송출하면서 브로드캐스팅이라는 전송 기술은 오랫동안 공중파 방송사들을 막강한 힘을 가진 미디어로 성장할 수 있는 동력을 제공한다. 하지만 여기에 연결성이라는 새로운 기술이 등장하는데 케이블의 출현이다. 케이블은 불특정 다수에게 브로드캐스팅되던 정보를 특정 유저에게 타깃팅해 전달할 수 있는 채널의 연결을 만들고 사각지대 없는 안정된 품질 덕에 서서히 세를 불려 나간다. 케이블을 기반으로 하는 미디어 산업이 공중파와 함께 다양한 콘텐츠와 채널, 네트워

연결의 진화

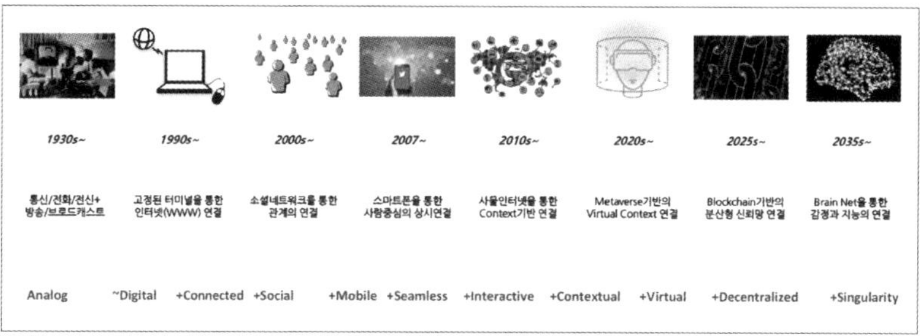

크 등 거대한 생태계를 만든다.

하지만 인터넷이 탄생하며 세상의 모든 법칙과 기준이 바뀐다. 쌍방향으로 더 넓게, 더 빠르게 연결되어 권력은 분산되기 시작한다. 오프라인에서 이뤄지던 많은 것이 온라인으로 대체되면서 아마존이 탄생하고 이베이가 탄생하고 구글이 탄생했다. 인터넷으로 축의 변환을 꾀한 플레이어들은 살아남았지만, 그렇지 못한 플레이어들은 역사의 뒤안길로 사라졌다.

연결은 크기와 방향을 가진다. 얼마나 많은 사람에게 연결될 수 있느냐, 일방적이냐 양방향성이냐에 따라 속성이 다르다. 디지털 미디어와 인터넷의 등장으로 데이터를 주고받을 수 있는 커뮤니케이션 매체로써 인터넷은 사람들의 공간과 시간의 제약을 극복했으며, 이를 통해 엄청나게 많은 데이터가 생성되고 저장되며 교환될 수 있게 되었다. 기존의 오프라인에 존재하던 수많은 비즈니스를 인터넷이 대체했으며 다양한 형태의 디지털 미디어가 탄생했고, 이는 다양한 디지털 기기에 의해서 생산되고 소비되고 있다.

디지털의 전송비용, 저장비용, 처리비용이 한계비용에 다다르면서 텍스트부터 음성·사진·비디오 등의 멀티미디어까지 생산과 소비에 더는 제약이란 존재하지 않는다. 신문·공중파·잡지·음악·게임·영화·출판 등 미디어의 모든 분야에서 제약의 기득권은 쇠퇴하고 기회비용은 더욱 낮아지는 현상이 연쇄적으로 관찰된다.

온라인이 거의 모든 것을 대체하면서 사람들의 삶에서 온라인을 빼놓고 이야기할 수 없을 만큼 일부가 되어갔다. 연결된 인터넷은 개인에게도 힘과 능력을 분산해 이양했다. 역사상 가장 강력한 개인이 탄생하게 되었고 인터넷으로 이어진 가치와 실물 세계의 가치가 연결되기 시작했다.

02 소셜네트워크의 탄생

2000년대 초반 소셜네트워크 플랫폼들이 출현한다. 인터넷을 통해 사람들이 데이터를 주고받더니 어느 순간 그 데이터를 기반으로 관계가 형성되기 시작한다.

관계 위에 관심이 형성되고 신뢰가 쌓이면서 데이터가 아닌 관계를 주고받는 인터넷으로 진화한다. 트위터, 페이스북, 인스타그램, 링크드인처럼 수많은 소셜네트워크서비스가 탄생하고 수천만, 수억, 수십억 단위로 확장된다.

사람과 사람 사이의 관계 데이터를 축적하고 교환하는 소셜네트워크의 등장은 소셜미디어와 관계네트워크의 확장을 통해 데이터를 생산하고 공유하고 소비하는 방법을 변화시켰으며 이를 통해 광고와 마케팅에도 엄청난 변화를 이끌었다. 관계가 형성되고 관심사로 연결되면서 마케팅도 소셜에서, 고객을 만나기 위해서도 소셜을 통해, 비즈니스도 소셜을 기반으로 하기 시작했고 사람들이 소셜네트워크를 통해 일상을 보내는 시간도 점점 늘어나고 있다.

03

스마트폰으로 연결의 중심이 된 인류

1980년대 PDA와 개인용 컴퓨터의 시대가 있었다. 처음으로 개인에게 디지털 도구가 주어진 시대가 개막된 것이었다. 1990년대를 넘어 2000년대 초까지 아주 많은 사람이 휴대폰을 사용하고 개인용 컴퓨터를 사용하는 전성기가 열리는데, 이전과의 차이는 연결성의 여부다. 단순한 디지털 도구를 넘어 연결성이 생긴 것이다.

단순히 일정 관리를 하던 휴대용 기기가 휴대전화가 되어 누구나 연결해 통화할 수 있게 되었고, 단순히 소프트웨어를 돌리던 개인용 컴퓨터가 인터넷에 연결되어 세상에 널린 정보를 찾을 수도, 정보를 만들 수도 있게 발전한다.

그리고 이어서 스마트폰과 스마트 디바이스 시대가 열렸다. 2007년

애플의 아이폰 출시를 시작으로 그전에 존재하지 않았던 상시 연결의 시대가 열리고 사람들은 언제 어디서든 자신이 원하는 정보를 찾고 원하는 서비스를 이용하고, 연결된 누구와도 교류할 수 있는 시대가 된 것이다. 거의 모든 사람의 손에 상시 연결 디바이스들이 들려지고 그 디바이스는 강력한 컴퓨팅 파워와 카메라를 비롯한 센서들, 연결성을 이용해 콘텐츠 생산자의 핵심으로 부상했다. 그리고 고정된 터미널이 중심인 연결의 허브를 움직이는 개인들에게 이동시키며, 사람이 연결의 중심에 서게 만든다.

연결의 중심이 된 사람들은 언제 어디서나 원하는 때 모바일 컴퓨터인 스마트폰을 이용해 데이터를 생산하고 공유하며 사람들과 소통함은 물론 연결되어 있지 않았던 물리적인 공간을 필요에 따라 연결될 수 있게 만들기 시작했다.

로컬이라고 하는 위치 기반의 물리적 공간이 부상하면서 온디맨드 서비스의 가능성도 만들기 시작한다. 미디어의 실시간성이 위협받고 중앙 집권적 편성이 더는 통하지 않는 사용자들의 환경이 만들어진 것이다. 이로 인해 인류는 연결의 중심에서 실시간으로, 글로벌 스케일의 방대한 데이터를 마음껏 접속하면서 초연결 시대 더욱 강력한 개인들이 된다.

04
사물들과 연결되는 세계

여기에 사물들이 인간의 명시적 개입 없이도 서로 연결되어 센서를 통해 변화를 인지하고 사람과 사물, 사물과 사물 간에 데이터를 주고받고 상호 소통하는 인터넷 그 자체인 사물인터넷이 부상하고 있다. 개인의 건강부터 스마트 홈·오피스·에너지·안전·환경·물류·제조, 더 나아가 스마트 도시까지 가능성의 스펙트럼은 가히 모든 영역이라 여겨질 정도로 많은 분야가 인터넷으로의 연결성을 가지게 된다는 의미이기도 하다. 수많은 센서와 사물이 인터넷에 연결되면서 세상은 사람들이 개입하지 않아도 많은 것이 자동화되었다. 인터넷에 연결된 사물들이 인간을 위해 일하기 시작했고 사람들은 원격에서도 콘텍스트를 인지하고 제어할 수 있는 상황 인지 능력까지 갖추게 되었다.

05

연결의 미래:
메타버스, 블록체인 그리고 연결된 지능

이 위에 이제는 버추얼 콘텍스트를 가진 메타버스가 연결되기 시작했고 블록체인이 연결되어 인터넷의 오랜 꿈이었던 분산 신뢰망이 만들어지려 하고 있다. 모든 것이 클라우드로 올라가면서 인공지능도 누구나 사용할 수 있는 도구가 되어가고 있고 더 나아가 인간의 감정과 경험을 공유하고 인터넷 자체가 연결된 지능이 되는 특이점으로 향해가고 있다.

연결은 이렇게 계속 진화하고 있다. 우리가 원하든 원하지 않든 이 변화는 멈추지 않을 것이며 더 복잡하고 촘촘하게, 더 깊고 관계성 있게, 더 빠르고 거대하게 연결성이 만들어지며 인류는 이 연결된 모든 세계의 중심이 되려 하고 있다.

3장

메타버스란 무엇인가

메타버스란 단어의 시작은 1992년으로 거슬러 올라간다. 닐 스티븐슨Neal Stephenson의 사이버펑크SF소설 《스노 크래시Snow Crash》에 처음 등장하는데, 우리가 일상적으로 쓰는 아바타Avatar란 단어와 함께 등장한다. 원래 산스크리트어에서 유래한 아바타는 신이 현실세계에서 육체화된 분신이나 화신 등을 의미하는 개념이지만, 1985년 리처드 게리엇Richard Garriott이 개발한 〈울티마 IV〉에서 처음으로 그래픽으로 구현한 게임 내 분신이자 사용자 캐릭터란 새로운 의미로 사용되기 시작했다.

소설에서는 '메타버스'라는 가상세계에 들어갈 때 가상의 신체를 빌려 활동해야 하는데, 이때 유저가 가지게 되는 아이덴티티이자 실체의 의미로 처음 쓰였다. 물론 지금은 일상적으로 게임이나 소셜네트워크 내에서 유저를 투영하고 상징하는 디지털로 표현된 가상의 캐릭터란 확장된 의미로 널리 통용되고 있고 어린아이들도 다수의 아바타를 가지고 사는 시대가 되었다.

주인공 히로 프로타고니스트Hero Protagonist는 한국계 혼혈로 현실세

계에서는 파트타임으로 피자를 배달한다. 하지만 실상은 숨어 있는 천재 해커이며, 메타버스 내에서는 최고의 전사이자 영웅이다. 이상한 바이러스에 감염되어 현실세계에서의 정신과 육체가 파괴되는 주변 사람들을 알게 되면서 현실과 메타버스를 오가며 사건을 파헤친다는 흥미진진한 내용이다. 엄청난 능력을 소유한 인물과 쫓고 쫓김을 반복하면서 사건을 해결하는데 놀랍게도 배후에 현실세계의 거대한 미디어 기업이 존재한다는 이야기다.

'초월하는, 더 높은'의 의미를 가진 '메타Meta'라는 단어와 '세계, 세상'을 의미하는 '버스Verse'가 연결되어 만들어진 용어가 직관적으로 내포한 뜻을 암시하는데, 메타버스는 디지털로 구현된 무한한 가상세계이자 유저와 상호작용하는 콘텐스트를 가진 다차원의 시공간이 존재하는 세계다.

아직 표준화되고 합의된 정의가 있지 않기에 사람마다 조금씩 정의와 범위가 다르다. 증강현실, 가상현실 같은 기술로 구현된 세계로 이야기하기도 하고, 게임이나 인터넷 모두를 포함하는 광의로도 사용된다. 혹자는 한국에서 유행처럼 번지는 또 하나의 일시적 현상이거나 마케팅 용어일 뿐이라고도 하나 코로나 팬데믹을 겪으면서 우리 사회가 맞이하고 있는 디지털 전환이 가속화시키고 있는 중요한 현상임에는 의심의 여지가 없다. 하나의 합의된 정의가 없지만, 앞으로 계속 의미와 영역이 확장되고 다양한 산업에 끼치는 영향은 물론 관심도가 상승하고 있는 트렌드다.

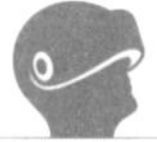

01
가상공간의 관점에서 본 메타버스

초기 메타버스의 개념은 《스노 크래시》에서도 그랬듯 주로 가상공간이라는 개념 안에서 논의되었다. 당시에는 가상현실이 기술적으로 큰 붐을 일으키고 있었고 초기 HMDHead Mounted Display가 개발되어 사람들의 관심을 듬뿍 받고 있던 시기라 닐 스티븐슨의 메타버스는 가상세계와 의미가 동일했다.

시간이 흐르고 월드와이드웹World wide Web이 진화하면서 바뀐 산업의 트렌드는 앞서 본 것처럼 어마어마한 패러다임의 전환을 불러일으켰다. 〈리니지Lineage〉, 〈월드 오브 워크래프트WoW: World of Warcraft〉 같은 대규모 온라인 롤플레잉 게임의 탄생을 이끌었고 싸이월드나 〈세컨드라이프〉 같은 초기 소셜네트워크서비스가 출현했는데 이는 메타버

출처: blog.laval-virtual.com[1]

스 의미 확장에도 큰 영향을 주었다.

현실세계의 반대쪽에 있는 가상세계 중심의 메타버스가 여러 가지 다른 형태와 목적을 가질 수 있다는 것을 인지하면서 이를 확장해 이해해보려는 노력이 생겼다.

먼저 가상세계와 가상현실의 구분이 필요해졌다. 마이클 하임Michael Heim은 《가상현실의 철학적 의미》라는 책에서 인터넷이 만드는 '사이버 스페이스'가 가상환경이자 모의된 세계이며 디지털 감각의 세계라고 정의한다. 컴퓨터를 통해 특정한 디지털 공간 안에 현실과 같은 세계를 시각적으로 만들면 센서를 이용해 사용자가 원하는 제어와 입출력이 가능하다고 이야기한다. 이것이 가상현실이다. 가상세계는 인터넷을 통해 다중 사용자가 접속해 상호작용하는 모든 시뮬레이션 환경을 의미하는데, 이는 가상현실이 가상세계에 속한 하위 개념이자 세분화된 구분으로 볼 수 있다.

메타버스를 현실세계를 기준으로 구분하는 시도(김국현, 2007)도 있는데 현실에서 우리가 도구로써 사용하는 컴퓨터를 둘러싼 콘텍스트를 현실계라 정의하고 있다.

실제 컴퓨터가 정보를 처리하고 데이터를 분석하는 등의 역할을 하기 위해 사람이 조작하고 운영하는 공간이 현실계라는 의미이며 컴퓨터 안에는 현실의 기능 공간을 모사한 웹포털, 싸이월드, 월드와이드웹 등이 구현되고 있는데 이를 이상계라 정의한다.

현실과 상관없이 상상력과 환상을 표현한 〈리니지〉, 〈세컨드라이프〉 등의 게임을 대안 공간이라는 의미로 환상계로 명명했는데 이 3개의 세계가 융합되어 현실의 재구성이 이뤄지는 공간이 메타버스라는 것이다. 이 구분에서 중요 포인트는 현실계의 유저를 중심으로 현실의 삶을 개선하는 이상계와 무한한 상상과 재미를 위한 환상계가 현실과 괴리되지 않는다는 철학이 담겨 있다는 내용이다.

02

미래 시나리오로 본 메타버스

2007년 ASFAcceleration Studies Foundation는 '메타버스 로드맵Metaverse Roadmap' 프로젝트를 통해 메타버스의 미래에 대한 단기적 관점과 장기적 관점으로 시나리오 플래닝을 진행했다.

시나리오 플래닝이란 장기적인 미래를 예측할 수 없다는 인식하에, 불확실하고 중요한 동인에 의해 나타나게 될 다양한 미래를 시나리오로 그려보고 적절한 대응을 위해 어떤 전략을 준비하고 실행할지 스토리텔링 해보는 방법론이다.

21세기에 들어서면서 정보의 양이 기하급수적으로 증가하고 있고 신호와 소음이 심하게 혼재되어 불확실성이 커지면서 다시 중요성이 부각되고 있다. 메타버스 로드맵에서도 불확실성이 높은 2개의 중요

메타버스 로드맵의 4가지 시나리오

현실증강(Augmentation)

증강현실(Augmented Reality) 현실공간에 디지털로 구현된 정보나 사물을 겹쳐 보이게 하여 상호작용할 수 있게 만든 유용하게 증강된 현실 (예: 포켓몬고, 구글글래스)	라이프로깅(Life-Logging) 개인을 중심으로 일상에서 발생하는 정보와 경험을 기록하고 공유하거나 센서가 측정해낸 데이터들이 디지털로 축적되는 공간 (예: 페이스북, 싸이월드)
미러월드(Mirror World) 연결되어 있는 리얼월드를 사실적으로 모사하여 디지털로 미러링한 세계 (예: 디지털트윈, 구글어스, 옴니버스)	가상세계(Virtual World) 디지털로 구현된 완전히 가상화된 환경과 상상하는 모든 것을 컴퓨터 그래픽으로 시뮬레이션하여 만든 세계 (예: 가상현실, MMORPG, 세컨드라이프)

외부와 상호작용하는 (External) — 개인적인/사적인 (Intimate)

가상화(Simulation)

한 인자를 설정하고 4개의 시나리오를 도출했는데, 이 내용이 요즘 메타버스를 이야기할 때 마치 메타버스의 4가지의 핵심 분야로까지 언급될 정도로 중요한 부분들을 잘 커버하고 있다.

이유인즉 이 시나리오가 만들어진 2007년에는 발생할 수 있는 4개의 가능성이었지만, 기술이 급격하게 발달하고 사회가 적극적으로 수용하면서 4개의 시나리오 모두가 현실로 일어나버렸고, 4개의 시나리오 각각이 발전하는 양상과 속도에는 다소 차이가 있지만 지금도 진화하고 있기 때문이다. 게다가 4개의 시나리오가 각각의 영역을 매우 분명하게 구분하고 있다 보니 메타버스를 나누는 4개 분야로 이해해도 무방할 정도이고 많은 사람이 그렇게 이해하고 소개하고 있다.

시나리오 플래닝을 위한 중요 불확실성 인자의 한 축은 콘텐츠와 응용 애플리케이션이 컴퓨터 시뮬레이션Simulation으로 얼마나 가상화되는가 또는 현실세계를 증강Augmentation하는가이고, 다른 한 축은 사용자의 정체성을 중심으로 내재적으로 일어나는 개인적인Intimate 영역이냐 외부External와 상호작용하는 영역이냐로 설정했다. 이 두 축을 기준으로 각 사분면에 하나씩 총 4개의 시나리오가 만들어지는데, 개인적인 영역에서 현실을 증강하는 시나리오와 가상화가 이뤄지는 시나리오, 그리고 외부와의 상호작용이 일어나는 영역에서 현실이 증강되는 시나리오와 외부와의 상호작용이지만 현실세계의 콘텍스트를 가상화하는 시나리오로 구분된다.

발전 속도나 확산의 정도는 영역별로 차이 나지만, 구현이 용이했던 라이프로깅 영역이 보편적으로 많이 확산되었으며 가상세계와 미러월드가 그다음으로 큰 변화의 양상을 보여주고 있다.

증강현실

증강현실AR: Augmented Reality은 공상과학 영화에 자주 등장하던 소재다. 〈스타워즈〉에 보면 레이저 홀로그램을 이용해 먼 곳에 떨어진 우주선 실내에 3D 실사로 투영되어 메시지를 주고받는 장면들이 심심치 않게 나온다. 텔레프레즌스Telepresence라고 불리는 기술인데 현실세계에 컴퓨터그래픽으로 가상의 인물이나 정보가 결합되어 보이게 만드는 것을 말한다. 이렇게 유저가 실제 존재하고 있는 물리적 공간이 기본

콘텍스트가 되고 그 위에 정보나 가상의 오브젝트들을 맵핑하거나 혼합해 유저의 시각과 경험을 증강시켜주는 것을 증강현실이라 부른다.

증강현실에서 현재 유저가 존재하고 있는 물리적인 공간이 가장 중요하며 이 공간에 가상의 오브젝트나 정보를 결합할 수 있는 디바이스나 기술이 꼭 필요하다.

호수공원 같은 곳을 가면 분수나 물을 분사해 공간에 작은 물방울들이 떠다니게 하고 한쪽에서 프로젝터를 투사해 영상이나 애니메이션이 재생되는 것을 본 적이 있을 것이다. 현실 위에 가상의 오브젝트가 결합되었으니 이 역시 증강현실이라고 생각할 수 있다.

하지만 우리가 증강현실이라고 정의하는 것과의 본질적인 차이는 유저와 상호작용하는 부분이 빠져 있다는 것과 상황에 따라 다이내믹하게 가변적으로 반응할 수 있다는 부분이 존재하지 않다는 것이다. 만약 프로젝터 맵핑이 적용된 음악 분수가 사용자와 상호작용하고 상황에 따라 반응하는 부분이 적용된다면 이 역시 증강현실의 한 구현 예라고 볼 수도 있다.

일본의 테크 아티스트 그룹인 팀랩Teamlab이 구현한 작품이 기준에 부합하는데 도쿄 오다이바에 가면 모리디지털아트뮤지엄에서 전시하고 있는 〈Borderless〉가 있다. 수백여 대의 프로젝터와 카메라를 이용해 관객과 상호작용하는 프로젝터 맵핑을 구현해놓았는데 하얀 벽을 따라 흐르는 폭포나 하늘을 날아다니는 나비 등을 프로젝터로 투사하고 관객들이 밟거나 만지는 행위들을 카메라 입력 데이터로 받아들여 이미지와 영상들이 움직임에 반응하게 만들어놓았다.

여기서 상황에 따라 상호작용하기 위해 필요한 요소들이 있는데 위치 정보가 가장 중요하다. 위치 정보란 위성으로부터 수신한 전파를 기반으로 정확한 위도와 경도의 좌표를 파악하는 GPS의 위치 정보와 공간의 특성을 담은 공간 정보를 의미한다. 위성 신호가 수신되지 않는 실내나 음영 지역에서 활용하는 셀룰러 기반의 A-GPS나 WI-FI AP 신호로부터 얻을 수 있는 위치 정보는 물론 비컨Beacon에서 수신되는 위치 정보까지 다양한 입력 소스가 있다.

위치 정보가 중요한 이유는 사용자의 물리적 콘텍스트를 기반으로 가장 다양한 활용이 가능하며 증강현실에서 많은 데이터를 연계할 수 있기 때문이다. 특히 지도 기반의 서비스를 연동하려면 꼭 필요하다. 이렇게 위치 정보를 기반으로 공간의 특성을 연동하고 시간 정보와 함께 사용자의 환경에 맞게 실시간으로 상호작용할 수 있게 된다.

공간 정보는 위치 기반의 서비스들을 사용자의 상황과 연동하기 위해 필요한 요소로써 카메라나 라이다LiDAR를 비롯한 이미지 센서로부터 입력된 시각 정보이거나 3D 모델로 표현되어 있는 데이터다. 시각 정보는 증강현실 디바이스나 클라우드를 통해 처리·분석되어 보다 정확하고 풍성한 정보를 사용자에게 줄 수 있고 위치 정보, 지도 데이터와 연동하면 매우 정확한 내비게이션 서비스나 POIPoint of Interest 정보 제공이 가능해진다. 동일 공간 안에 있는 다른 사람들이나 오브젝트들을 인식해 물리 공간 내 콘텍스트에 자연스럽게 연동하는 다양한 서비스도 가능해진다.

증강현실이라는 이름이 부여된 가장 큰 이유가 이렇게 현재 물리적

출처: shutterstock.com[2]

위치와 공간을 기반으로 사용자의 경험과 사용성을 증강하는 효과가 있어서다. 시각 정보는 사용자의 눈에 보이는 증강된 현실에서 가장 직접적이고 즉각적인 요소다. 사용자가 바라보는 실제 물리적 공간 내에 어색하지 않고 자연스럽게 가상의 정보나 오브젝트를 맵핑해야 하며 사용자의 움직임이나 이동에 따라 즉각적으로 반응해야 하므로 컴퓨팅 파워가 가장 많이 필요하다. 디스플레이를 통해 사실감도 표현해야 하므로 가장 어려운 제약적 요소 중 하나이기도 하다.

증강현실은 사용자를 외부 환경과 동기화시켜야 하므로 사용자가 움직이거나 특정한 제스처를 취하면 의도와 상황을 적절하게 파악해야 한다. 이를 위해 다양한 센서를 이용해 움직임을 트랙킹하는데 고개를 오른쪽으로 돌린다거나 걷는다거나 무엇인가를 쳐다보는 다양한 행위가 반영되어 시각이나 청각으로 피드백되어야 한다.

앞서 이야기한 카메라도 크게 보면 이 영역에 포함되는 기술이며 증강현실 시나리오가 외부와 상호작용한다는 기준으로 분류된 가장 큰 이유이기도 하다.

이 시나리오에서 증강현실 기술 자체가 메타버스가 아닌 증강현실이 만드는 현실세계와 연계되어 가상화된 공간이 메타버스의 속성을 띠는 것이기에 마커 기반으로 단순히 카메라에 오브젝트 하나를 보여주는 것은 메타버스의 범주에 들어가지 못한다는 사실이 중요하다. 즉 증강현실 기술은 메타버스를 만들기 위한 도구일뿐 그 자체를 메타버스라 볼 수 있는 것은 아니라는 점이다.

이렇게 증강현실 시나리오는 물리적인 현실세계를 기반으로 외부 환경과 상호작용하는 다양한 애플리케이션의 발전과 함께 빠르게 확산되고 있는데 특히 스마트폰을 기반으로 한 AR 응용 사례가 제2의 전성기를 견인할 것으로 예상된다.

실제 2007년 아이폰이 처음 등장했을 때 아이폰의 센서들과 GPS 정보를 활용하여 카메라와 연동된 AR 애플리케이션들이 폭발적으로 출시되었는데 성능의 한계와 여러 가지 기술적 제약으로 성장세가 주춤했다. 최근 스마트폰에 고성능의 멀티코어 GPU가 탑재되고 무선 브로드밴드 네트워크의 발전과 카메라·디스플레이 성능 향상으로 스마트폰 기반의 AR 애플리케이션들이 다시 온 전성기를 맞이하고 있다.

가상세계

가상세계Virtual World는 유저가 존재하는 공간은 물론 함께하는 다른 유저, 오브젝트, 콘텐츠 등 모든 콘텍스트가 컴퓨터그래픽을 통해 가상으로 시뮬레이션되며 모든 정보와 상호작용이 가상세계 안에서 이뤄진다. 유저를 중심으로 한 상호작용이 가상세계 안쪽에서 일어나는 것이다. 동시에 복수의 유저가 함께 접속해 상호작용할 수 있는 가상화된 공유 공간이며 수십 명에서 많게는 수십 수백만의 유저가 동시에 접속할 수 있는 환경을 의미한다. 2D 평면 인터페이스로 표현되는 공간부터 3D로 몰입감 있게 구현된 공간까지 디지털 정보를 기반으로 컴퓨터가 합성해낸 제약 없는 상상의 세계다.

유발 하라리는 인간이 다른 동물과 다른 가장 큰 차이는 허구를 만들고, 그것을 믿고 현실에 실체화시키는 능력이라고 이야기한다. 허구를 만드는 스토리텔링 능력이야말로 인간이 가진 최고의 특별함인데 현실에 실체화할 수 없거나 어려운 상상까지도 가상세계에서는 얼마든지 표현할 수 있고 구현될 수 있다.

가상세계에서는 상상하는 모든 것이 가능하다. 그것이 선하냐 선하지 않느냐, 실현이 가능하냐 불가능하냐 같은 현실세계의 가치 판단 기준이 적용되지 않는다. 현실세계의 어떤 물리법칙이나 기술적 제약도 아무런 구속력을 가지지 못한다. 물속에서 숨을 쉴 수 있고, 우주를 맨몸으로 날 수도 있다. 순간 이동이나 시간 여행도 가능하고 새로운 우주를 만들 수도, 새로운 생명체가 될 수도 있다.

머릿속으로 상상되어 이미지로 표현할 수 있는 모든 것이 가상세계에서는 존재 가능하며 구현도 가능하다. 유저를 중심으로 일어나는 물리적인 외부 환경과 상호작용 없이 철저히 모든 이벤트가 컴퓨터그

출처: blog.virtualability.org[3]

래픽으로 표현된 가상의 콘텍스트 안에서 이뤄진다.

판타지 소설에서의 상상력과 테마가 되는 허구적 스토리텔링이 만든 결과물을 컴퓨터그래픽 기반의 상호작용이 가능한 디지털 공간으로 만든 것이 가상세계인 것이다. 이 안에서 사용자들은 서로 커뮤니케이션을 하며 만나고, 정보를 주고받거나 퀘스트를 수행하고, 자유도가 주어진 범위 내에서 어떤 행위라도 할 수 있다.

가상세계는 이상적으로 무한한 시공간의 크기를 가지고 있으며 참여자 수에 제한이 없다. 실제는 이것을 구현하는 컴퓨팅 성능과 리소스의 한계로 규모가 제한될 수밖에 없지만 늘 제약을 없애는 방향으로 기술이 발전해왔다.

가상세계는 〈WoW〉나 〈리그 오브 레전드LoL: League of Legends〉같이 퀘스트를 지향하는 멀티플레이어 게임 환경 기반 게임형 가상세계와 〈세컨드라이프〉 같은 일상과 소셜라이프 환경 기반의 생활형 가상

가상세계의 상호성

자유의지 기반

Personal Virtual Space Experience

소셜커뮤니티 (세컨드라이프, 호라이즌)

상호성 없음

상호성 강함

시뮬레이션 게임

MMORPG

퀘스트 기반

세계, 업무·교육·전시·컨퍼런스·쇼핑·콘텐츠 소비 등 특정한 목적을 가상공간에 접목한 서비스형 가상세계로 구분할 수 있다. 하지만 〈로블록스〉나 〈마인크래프트〉처럼 이 3가지 요소가 혼합된 형태의 융합형 가상세계가 속속 나타나면서 이 구분 자체는 큰 의미가 없어지고 목적과 특성에 따라 혼재된 형태로 급격하게 진화하고 있다.

유저들의 정체성을 표현하며 그 속에서 활동하는 아바타들은 가상세계의 핵심 요소다. 그래서 아바타를 중심으로 한 상호성이 가상세계에서는 매우 중요하다. 상호성에 따라 다른 유저들과 끊임없이 교류하며 커뮤니티가 중심이 되는 상호성이 강한 가상세계와 상호작용이 절제되어 있거나 최소화되어 있는 개인적인 가상공간으로 구분이 가능하다. 또한 유저들의 동기와 목적에 따라 〈세컨드라이프〉처럼 높은 자유의지를 바탕으로 동작하는 가상세계와 잘 짜여진 미션과 레벨 시스템을 기반으로 동작하는 퀘스트 기반의 가상세계로도 구분할 수 있다.

라이프로깅

현실세계의 물리적 콘텍스트를 기반으로 하되 유저를 중심으로 일상의 이벤트들이 디지털로 기록되고 저장되는 것을 의미한다. 현실을 기반으로 하되 외부와 물리적으로 상호작용하지 않고 디지털로 구현된 공간이 확장되는 방향으로 일어나는 유저들의 활동과 참여가 만드는 세상을 의미하는데, 데이터를 생성하는 주체가 누구냐에 따라 세분화될 수 있다. 보편적으로 가장 쉽게 인지되는 라이프로깅Lifelogging 세계는 각 개개인이 생각이나 신변잡기, 뉴스나 일상 사진을 업로드하고 공유하는 소셜미디어 또는 소셜네트워크서비스들이다.

페이스북·트위터·인스타그램 같은 서비스에 사람들은 하루에도 수없이 많은 포스트를 작성해서 올리고 공유한다. 디지털로 구현되어 있는 이 플랫폼들에서 사람들은 자신을 기록하고 원하는 순간들을 공유하며 다른 사용자들과 친구가 되기도 하고, 댓글을 남기고 대화도 이어가며 상호작용을 한다.

우리가 속해 있는 현실세계가 기반이 되지만 생성되거나 만들어지는 정보나 데이터들은 전부 디지털로 구현된 플랫폼에 기록되고 공유되는 것이 특징이다.

센서나 디바이스들에 의해 생성된 유저의 데이터들도 디지털 공간에 기록되고 공유된다면 이도 라이프로깅의 영역에 포함된다. 스트라바Strava, 엔도몬도Endomondo, 페이서Pacer 같은 앱은 스마트워치나 스마트폰의 센서에서 측정되는 사용자의 활동 내역을 기록한다.

가속도 센서나 자이로 센서Gyro Sensor를 읽어 유저가 걷고 있는지, 뛰는지, 자전거 라이딩을 하는지 또는 등산이나 수영을 하는지 측정한다. 얼마나 격하게 활동했는지, 어느 정도의 칼로리를 소모했는지 또 어느 경로를 얼마나 빠르게 이동했는지도 라이프로깅 서비스에 기록되고 공유된다. 공개된 활동 기록에 사람들은 응원의 표시를 하고 댓글을 달기도 하면서 유저들이 직접 작성하고 공유한 내용처럼 함께 반응하고 공감한다.

근래에 등장한 대부분의 모바일 기기는 수십 개의 센서를 탑재하고 있어 사용자의 정보 보호 동의에 따라 매우 자세하고 정확한 활동 데이터들을 취합 기록할 수 있으며 이런 데이터들이 모여 라이프로깅의 생태계를 만든다.

QSQuantified Self라는 트렌드도 이런 기술적 뒷받침이 가능해지면서 더욱 활발해지고 있다. 사용자의 측정 가능한 모든 활동과 신체 변화를 기록하고 정량화하는 것을 의미하는데 스마트폰을 비롯해 측정 가능한 수많은 액티비티 트래커 등이 등장하면서 저변이 확대되고 있다. 이와 함께 환경 변화를 함께 측정하고 트랙킹하고 기록하면서 관계없어 보이는 데이터 간의 연결을 통해 관계와 연계성을 추적하기도 하고 분석을 통한 개개인의 유저들이 스스로에 대한 객관적이고 논리적인 이해가 가능해지고 있다.

이렇게 개인을 둘러싼 데이터들이 기록되고 공유되며 유저를 중심으로 상호작용할 수 있는 라이프로깅 시나리오 영역으로 자리를 잡아가면서 메타버스에 포함될 수 있는 연결된 공간으로 확장되고 있다.

미러월드

미러월드Mirrored World는 컴퓨터로 가상화되어 있으면서 외부와 상호작용을 하는 영역의 시나리오이며 현실세계를 디지털 세계로 모델링하거나 복제해 만든 세계다. 얼마나 현실세계를 똑같이 잘 모사하느냐가 중요하며 현실세계와 가상화된 미러월드가 연결되어 얼마나 정확하고 빠르게 동기화될 수 있느냐가 핵심이다.

구글어스Google Earth가 대표적인 미러월드라 볼 수 있다. 실제 거리와 건물들을 항공 촬영해 3D로 변환하고 모델링해 디지털 플랫폼 위에 구현하고 실시간은 아니지만, 업데이트를 주기적으로 해서 실제 물리적인 세계가 변하는 것을 계속 반영하고 있다. 항공 비행 모드로 지구 어디든 날아가면서 조감해볼 수 있고 대도시 빌딩 하나하나 세부까지 구현되어 확대해서 들어가면 그 디테일까지 볼 수 있다. 서울에서 불과 수초 만에 태평양을 건너 네바다 하늘로 날아가 라스베이거스 스트립거리로 줌인해서 들어가며 실제 위치와 축적을 반영해 모델링된 시저스팔레스호텔이나 미라지호텔을 볼 수 있다.

코로나 팬데믹으로 해외여행이 쉽지 않은 상황이라도 미러월드를 통해 지구 어디든 날아가서 볼 수 있다. 물론 현실세계의 실제성과 경험까지 반영되어 있지 않지만 미러월드는 디지털로 미러링되는 현실세계가 메타버스의 영역으로 포함되는 중요한 시나리오라 볼 수 있다.

비슷한 케이스로 구글지도와 스트리트뷰, 카카오 지도, 네이버 지도, T맵, 카카오내비 등 지도와 좌표 등을 활용하는 GISGeographic Information Systems 계열의 플랫폼이 다 미러월드를 표방한다고 볼 수 있다. 대부분 초기의 조악하고 정교하지 못했던 지도 서비스들이 지금은 매우 정교해지고 구체적이며 많은 정보와 도구를 포함하고 있는데 덕분에 단순 2차원 정보를 넘어서서 사용자들과 상호작용하고 실제 세계와 연동되는 다양한 진화를 보여주고 있다.

실시간 교통 정보, 도로 사고, 정체 상황이 맵 서비스에 동기화되어 사용자들이 목적지까지 차량으로 또는 대중교통으로 이동할 때 어떤 경로로 가는 것이 실제로 최적이거나 빠른지 시뮬레이션해 제공할 수 있고, 이동 간에도 변하는 정보를 업데이트해 새로운 경로를 알려주거나 사고 지점을 우회할 수 있게 도와줄 수 있다. 현실세계를 디지털로 모사하고 현실의 실시간 정보를 결합해 유저와 상호작용할 수 있을 정도로 진화한 것이다.

구글 스트리트뷰나 카카오 거리보기 기능은 360도 캡처 카메라로 촬영한 도로뷰를 좌표와 방향에 연동해 실제 촬영 당시의 뷰를 실사 사진으로 보여주는데 구글어스와 유사하지만 버드아이뷰가 아닌 주행 차량의 시선으로 현실세계를 미러링하고 있다.

구글 스트리트뷰는 장소에 따라서 실내로 진입해 내부 모습과 느낌을 경험해볼 수 있고 박물관이나 미술관 안으로 들어가 작품과 공간

출처: gearthblog.com[4]

을 간접 관람할 수 있는 기능도 실험적으로 테스트하고 있다. 직접 가지 않아도 뉴욕 MOMA의 작품들을 가까이 다가가 볼 수 있고 연계해 설명과 가이드를 들을 수 있다. 가상세계와 동일한 기술적 접근에서 가상화된 콘텍스트가 실제를 모델링한 것이냐 상상을 표현한 것이냐라는 아주 작은 차이로 미러월드가 구분되는 것이다.

미러월드의 속성상 사용자 간 상호작용이라는 측면이 부족한데 웨이즈Waze 같은 서비스에서는 사용자들이 올린 정보들을 다른 사용자들과 공유하면서 내비게이션의 소셜화를 작게나마 지향하고 있다. 실시간 교통 정보나 특이 사항을 지도에 업데이트하기 어려운데 웨이즈에서는 그 도로를 지나간 사용자들이 작은 지연 시간 내에 정보를 공유해줌으로써 이 부분의 부족분을 메꾸고 있다. 도로 옆에 숨어 있는 속도 단속 중인 경찰차라든가 도로에 떨어져 있는 위험한 낙하물 같은 것들을 미러월드에 반영해줌으로써 다른 사용자들에게 도움을 주는 사례가 아주 많다.

카카오내비는 사용자들이 맵에 등록한 POI 가중치를 표시해주는데 식당이나 카페 같은 장소들을 몇 명의 사용자가 맵에 등록해놓았는지 그 수를 공유하고 있어 다른 사용자들이 그 수에 따라 맛집인지 아닌지 판단이 가능하다. 더 나아가 카카오맵의 댓글창과 연동되어 실제 피드백이나 평가 의견을 볼 수 있어 라이프로깅이 미러월드와 연계되기도 한다.

산업계에서 주목하는 미러월드의 다른 한 축은 디지털 트윈이라 불리는 기술 트렌드다. GE에서 스마트팩토리나 가상 제조 솔루션을 개발하는 과정에서 제안한 개념으로 현실세계에 존재하는 실제 장비나 항공기 엔진, 공장이나 생산 설비와 현장, 발전소 같은 사이트를 컴퓨터로 모사해 가상화하는 것을 의미한다.

현실세계에서와 최대한 동일하게 운영 조건과 패러미터를 설정하고 설비나 공장 가동을 시뮬레이션함으로써 최적의 튜닝 조건을 찾는다거나 운영상 이슈가 될 수 있는 환경을 발견할 수 있고, 실제 공장이나 사이트를 건설하기 전에 디지털 트윈의 시뮬레이션을 통해 건설 도중 문제가 될 수 있는 부분들을 사전에 검증하고 리스크를 최소화할 수 있다. 초기의 디지털 트윈 모델은 단순 시뮬레이션의 목적이 주라서 미러월드라 볼 수 없다는 일부 의견이 있지만, 지속적으로 사용자의 상호작용과 함께 연결된 시스템 간의 연계 방향으로 시나리오가 전개·

발전되고 있어 미러월드에 포함시켜도 충분하다.

항공기 엔진에 장착되어 있는 수백여 개의 센서에서 실제 입력되는 측정값들을 디지털 트윈 엔진 모델에 계속 동기화를 시켜 엔진에 발생할 수 있는 사고를 사전에 예측할 수 있고 부품을 선제적으로 교체해 안전과 수명을 연장할 수 있다. 실제 공장도 설비를 운영하며 장착된 센서로부터 입력을 받고 스마트팩토리의 디지털 트윈을 통해 생산 관리와 함께 최적화와 효율화를 극대화할 수 있고 사용자들의 조작이나 유지 보수 과정에 피드백도 가능하다.

디지털 트윈에서 시뮬레이션을 통해 찾은 최적의 변수들을 자동으로 물리적 설비에 적용하는 것도 가능하며 반대로 실제 설비에 세팅한 설정이 디지털 트윈에 반영되게도 할 수 있어 목적과 스케일의 차이에 따라 미러월드가 다양한 방향으로 확장되고 있다.

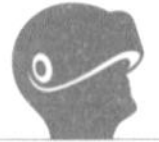

03
결국 메타버스는 무엇인가

개념이 탄생된 기원과 4개의 시나리오 플래닝을 통해 메타버스는 의미와 영역이 확장되고 있음을 알 수 있다. 처음 제안된 메타버스의 개념은 컴퓨터그래픽으로 구현된 가상세계Virtual World였으며 그 세계는 실제같이 느껴지는 가상현실Virtual Reality이라는 몰입감 있는 콘텍스트로 이뤄진 세계였다.

하늘·땅·환경·건물·도로·물건·사람·동물 모두가 컴퓨터그래픽으로 만들어진 가상의 콘텍스트이며, 현실세계로부터 아바타를 통해 접속한 수많은 유저가 상호작용을 하고 사회적 관계를 맺거나 이벤트를 열고, 더 나아가 가상세계 내에서 유통되는 화폐와 재화를 통해 가상경제가 동작하는, 시간이 멈추지 않는 평행 세계를 의미했다.

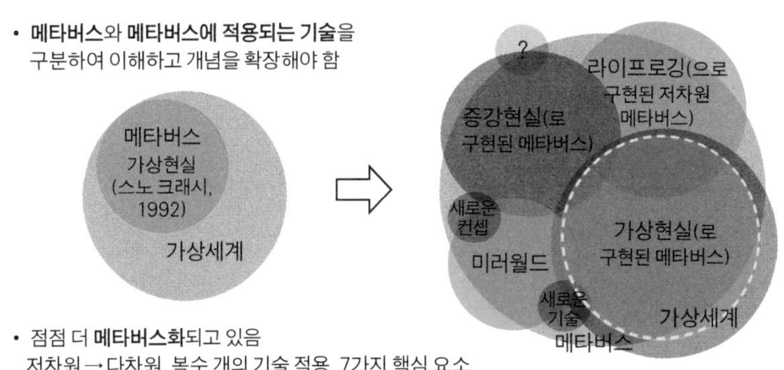

하지만 컴퓨팅 파워나 네트워크의 제약으로 초기에는 2D 스크린 기반으로 구현 가능한 일부 정도의 가상세계가 대중화되었고 이후 가상화와 증강화에 따른 시나리오가 제안되면서 현실세계와 연계된 영역까지 확장되었다. 가상세계 자체가 메타버스라는 협의 개념이 기술의 진화와 함께 현실세계와 연계된 메타버스로 확장되면서 광의의 개념이 된 것이다.

물론 이마저도 인간의 감각과 인지가 확장되거나 컴퓨터와의 인터페이스가 발전되면서 더 큰 세계관으로 확장될 수 있는 가능성이 존재한다. 동시에 메타버스 초기 개념에서 잘 구현되지 못했던 몰입감 있는 유저 간 상호작용, 커뮤니티 기능이나 가상경제 구조들이 다양한 기술과 결합되면서 조금씩 더 확장성이 실체화되고 있다.

현재 우리가 이야기하는 메타버스란 이렇게 확장되고 있는 광의의 개념이며, 현실세계를 기반으로 인터넷에 연결되어 디지털로 구현된 가상세계, 증강현실 등 모든 가상공간의 연결과 조합으로 이뤄진 세계를 의미한다. 그 안에 처음 탄생되었을 때의 개념이 점점 더 실체화되고 있다. 더 유용하게 증강된 현실세계와 여기에 연결되어 있는 상상을 실현해낸 가상세계가 만드는 다중 사용자 중심의 다양한 결합을 통틀어 메타버스라 부르는 것이다.

메타버스(Metaverse)의 정의

유용하게 증강된 현실세계와 상상이 실현된 가상세계, 그리고 인터넷과 연결되어 만들어진 다차원 디지털 시공간들의 집합이며, 현실세계로부터 접속한 다중 사용자 중심의 무한세계

04

메타버스의 7가지 핵심 요소

살펴본 확장된 개념과 여러 시나리오에는 메타버스가 되기 위한 중요한 기준과 핵심 요소가 들어 있다. 물론 공인된 합의나 확정된 하나의 정의가 존재하지 않으므로 이 또한 변할 수 있고, 시나리오별로 서로 다른 요소들이 있는 것도 사실이다.

그럼에도 여러 개념과 시나리오 사이에 매우 중요한 공통 요소가 있다. 닐 스티븐슨의 《스노 크래시》에 묘사된 것과 같이 모든 것이 가상 속에 존재하는 '더 스트리트'로부터 지금 우리 주변에서 발견할 수 있는 다양한 시나리오를 관통하는 본질이 그것이다.

(1) 메타버스는 상시 인터넷 연결을 기반으로 한다. 연결된 인터넷을 통해 다중 유저가 언제 어디서나 접속이 가능하다. 지금은 스마트폰

도 컴퓨터도 항상 인터넷에 연결되어 있고 연결하기 위해 거의 노력할 필요가 없다. 오히려 연결되지 않기 위해 노력해야 한다. 이렇게 메타버스는 우리의 세상과 항상 연결되어 있고 언제 어디서나 접속이 가능하다.

⑵ 우리가 발을 딛고 사는 현실세계와 연결된 디지털로 구현된 무한한 세계이며, 물리적인 현실세계와 가상세계의 경계가 혼재되어 있다. 온·오프라인의 구별이 불가능할 정도로 우리의 삶에는 인터넷이 공기처럼 여기저기 스며들어 와 있다. 현실세계와 가상세계도 그렇게 혼재되어 겹겹이 쌓여가며 무한히 확장되고 있다.

⑶ 유저들과 공유되는 가상의 콘텍스트가 존재하며 그 안에서 유저들 간 상호작용이 가능하다. 현실의 씨줄과 가상의 날줄이 서로 엮여 그 사이사이 콘텍스트가 존재하고 겹쳐지는 곳곳에서 유저들이 서로 소통하고 교류하는 소셜 패브릭Social Fabric이다.

⑷ 멀티 아이덴티티를 통한 멀티 프레즌스가 가능하며 콘텍스트별 최적화되고 몰입감 있는 사용자 경험UX: User Experience이 존재한다. 메타버스의 유저는 다수의 아이덴티티를 가질 수 있고 동시에 존재할 수 있다. 각각의 아이덴티티는 콘텍스트별로 독립된 사용자 경험을 기반으로 존재하며 서로 연결되는 순간 하나의 아이덴티티로 통합된다.

⑸ 물리적으로 멈추지 않는 시간계가 있고 자체적인 주기에 따라 시간이 흐르며 지속되는 공간들이다. 유저가 접속하지 않아도 시간은 계속 흐르고 현실세계와 동일한 시간 축에 연결된 공간들과 주기가 다른 시간 축에 연결된 공간 모두가 합쳐져 하나의 메타버스가 된다.

(6) 멀티모달Multi-modal 입력장치와 출력장치로 구성된 특별한 하드웨어와 소프트웨어의 조합을 통해야만 접속할 수 있는 세계다. 디지털로 구현된 세계의 특성상 접속하려면 전송될 수 있도록 비트화되어야 한다. 멀티모달의 입력장치를 통해 우리는 비트가 되고 비트가 만든 상호작용이 출력되면서 메타버스가 만들어진다.

(7) 디지털 가상경제를 기반으로 한 다중 평행 세계다. 각각의 세계는 지속될 수 있는 각자의 가치 체계가 있으며 여기에 인간의 욕망이 담기면서 가상경제가 이뤄진다. 메타버스는 가상의 경제 안에서 가상의 재화가 축적되고 가치 교환이 일어나며 돌아가는 수많은 세계의 최상위 집합이다.

메타버스의 7가지 핵심 요소

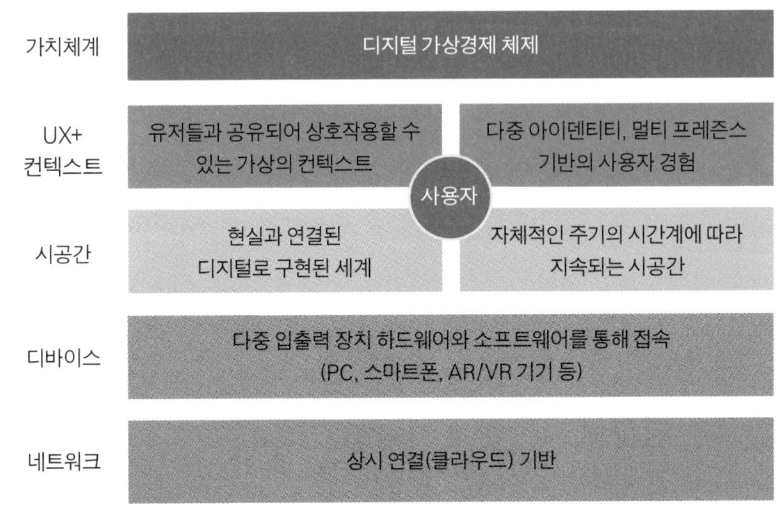

가치체계	디지털 가상경제 체제	
UX+ 컨텍스트	유저들과 공유되어 상호작용할 수 있는 가상의 컨텍스트	다중 아이덴티티, 멀티 프레즌스 기반의 사용자 경험
(중앙)	사용자	
시공간	현실과 연결된 디지털로 구현된 세계	자체적인 주기의 시간계에 따라 지속되는 시공간
디바이스	다중 입출력 장치 하드웨어와 소프트웨어를 통해 접속 (PC, 스마트폰, AR/VR 기기 등)	
네트워크	상시 연결(클라우드) 기반	

05
게임은 메타버스인가

가상세계라 불리는 세상은 인간의 상상에서 먼저 그려졌고 소설과 영화에 담기면서 실체를 갖기 시작했다. 컴퓨터가 그래픽과 연산 능력을 보유하게 되면서 게임들이 개발되기 시작했고 인간들은 상상하는 수많은 이야기를 게임에 구현해내기 시작했다. 하지만 이때까지는 메타버스의 영역이 아니었다. 사용자는 게임을 통해 가상의 세계에서 미션을 클리어하고 판을 깨며 목적지를 향해 갔지만, 그것이 전부였다. 메타버스가 지향하는 공유된 가상공간으로서의 많은 유저와의 상호작용과 사회화가 이뤄지지 않았기 때문이다.

1980년대, 컴퓨터 통신을 통해 텍스트 기반의 MUDsMulti User Dungeons 게임들이 출시되면서 멀티 유저들의 동시 접속에 대한 시도들이 있

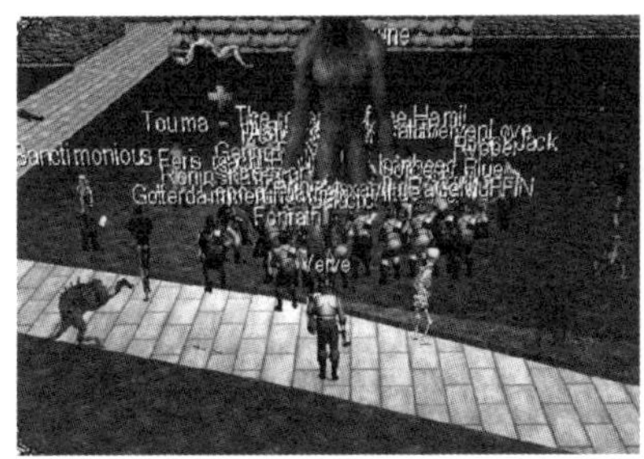

었고, 1990년대 닌텐도나 소니의 가상현실 HMD와 게임들이 출시되면서 가상현실로 구분되는 가상세계가 시도되기도 했다. 이후 인터넷의 본격적인 확산과 함께 1996년, 이후에 나이언틱랩Niantic Labs을 창업한 존 행키John Hanke가 개발에 참여해 출시된 〈Meridian 59〉와 1997년 리처드 게리엇이 개발한 〈울티마 온라인Ultima Online〉이 MMORPGMassively Multiplayer Online Role Playing Game라는 장르를 만들면서 메타버스의 세계관이 급속하게 등장하기 시작했다.

이후 "메타버스의 시작은 게임이다"라고 말해도 과장이 아닐 정도로 많은 게임이 탄생했다. 온라인을 통해 가상세계에 접속한 대규모의 유저가 서로 협력하고 경쟁하거나 싸우면서 더 많은 유저층이 생겨나고, 〈울티마 온라인〉이나 〈엘더스크롤〉 같은 오픈월드 게임들은 가상세계에서 가질 수 있는 인간의 새로운 욕망을 발견하면서 이후 〈세컨드라이프〉나 〈하보호텔Habbo Hotel〉 같은 다양한 게임으로 진화했고 인터넷에 연결된 게임은 세계관과 스케일이 더 커지게 되었다.

스마트폰의 대중화 이후에는 개인용 컴퓨터에서 플레이되던 수준의 게임들이 상시 연결망을 기반으로 한 스마트폰으로 개발되어 언제 어

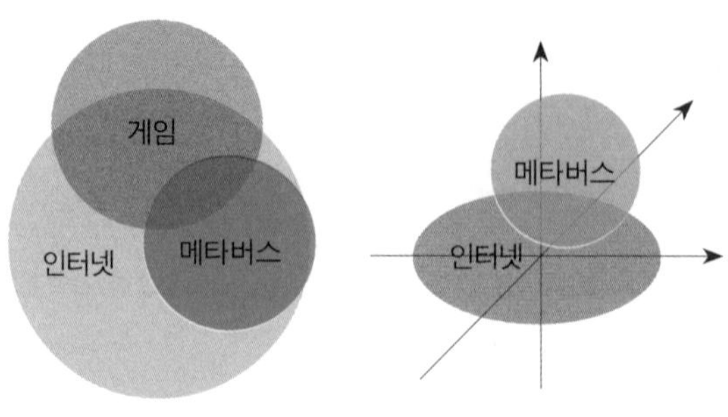

디서나 게임에 접속해 플레이가 가능해졌다. 전용 기기를 통한 게임들도 많아졌는데 엑스박스Xbox나 소니 플레이스테이션을 통한 콘솔 게임들과 오큘러스 퀘스트, HTC 바이브Vive 등의 VR HMD를 착용하고 접속하는 〈Half Life: Alyx〉나 〈Population One〉 같은 VR 게임들이 더해지면서 게임이 가장 빠르게 다양화되면서 진화하고 있다.

이렇게 게임은 가상세계의 속성을 가지고 메타버스의 탄생과 진화에 궤를 같이해왔다. 그래서 게임은 가상세계이자 메타버스라는 인식이 있다. 하지만 모든 게임이 메타버스는 아니다. 기본적으로 메타버스는 인터넷의 연결성을 기반으로 하므로 인터넷에 연결되지 않은 게임들과 유저들 간의 상호작용이나 현실세계와의 경계로서 인터페이스가 존재하지 않은 대부분 게임은 그냥 게임일 뿐이다.

메타버스는 게임으로부터 시작되었지만, 게임만이 아닌 우리가 살아가는 세상과 연결된 또 다른 세상이 되어버렸고 그곳은 우리 상상의 크기만큼 멈추지 않고 계속 커지고 있다.

06
메타버스가 스트리밍되는 시대가 열린다

"메타버스는 인터넷의 다음 버전, 공간인터넷이다."

에픽게임즈 팀 스위니Tim Sweeney의 주장이다. 평면의 인터넷이 메타버스 시대가 오면 공간인터넷으로 진화하게 되고 사용자들은 다 가상의 공간 안에 들어가 검색하고 뉴스를 읽고, 게임과 소셜네트워크는 물론 쇼핑과 업무까지 할 수 있게 된다는 것이다.

몰입감과 사실감이 극대화되고 풍부한 경험이 가능해지는 인터넷 시대는 상상만 해도 신난다. 인터넷은 연결을 위한 가장 중요한 요소이자 인프라이며 유저들이 언제 어디에서든 메타버스로 접속할 수 있게 만드는 핵심 수단이다. 메타버스의 필요조건이지만 존재하는 인터넷의 모든 것이 메타버스의 속성을 가지지는 않는다. 따라서 공간인터넷은 메타버스의 미래가 될 수 있지만, 인터넷의 전부는 아니기에 팀 스위니의 주장은 사심이 크다.

인터넷 표준화 단체들도 공간인터넷의 잠재성을 인지하고 일찍부터 웹Web 3D 표준화와 웹 기술들을 발전시켜왔기에 현재 많은 3차원 요소들이 웹에서도 잘 표현되고 동작하고 있다. 덕분에 메타버스로 진입하는 인터페이스로 하드웨어에 종속되지 않은 웹브라우저가 가능한 시대가 열렸다.

웹 기반의 게임들은 많이 대중화되었고 더 나아가 공연장, 모델하우스, 쇼케이스, 전시장, 관광지 등의 수많은 가능성이 웹브라우저 위에서 시도되고 있다.

별도의 하드웨어나 클라이언트 소프트웨어 없이도 메타버스를 오갈 수 있다는 것은 브라우저가 현실세계와 가상세계의 인터페이스가 될 수 있다는 것이다.

게임이 구글의 스태디아Stadia, 밸브의 스팀Steam 또는 애플의 아케이드Arcade처럼 스트리밍되는 시대가 된 것처럼 메타버스도 스트리밍되는 시대가 열리고 있다는 것이다.

메타버스의 본체는 클라우드 위에서 동작하고 그 세계로 연결되는 특정한 이벤트나 포털이 스트리밍되어 유저들은 다이내믹하게 두 세계를 오갈 수 있고, 가상화된 세계가 끊임없이 확장되어도 끊기거나 멈추지 않는 경험 속에 몰입할 수 있게 될 것이다. 컴퓨터 시스템이나 네트워크의 영향을 최소화하면서 완성형의 세계가 아닌 지속적으로 진화하고 성장하는 가상세계가 가능해지는 것이다.

07
혼합현실MR과 확장현실XR

가상현실Virtual Reality은 디지털로 완전히 가상화된 환경 안에서 이뤄지는 가상화된 콘텍스트와 상호작용하는 경험을 의미한다. 반면 증강현실Augmented Reality은 리얼월드를 기반으로 한다. 현실의 물리적 공간이 가진 환경 위에 가상화된 정보나 오브젝트로 구성된 오버레이와 겹쳐진 콘텍스트와 상호작용하는 것을 말한다.

기술이 고도화되면서 증강현실과 가상현실이 혼재되는 경우들이 빈번하게 생기고 상황에 따라 가상현실 디바이스가 증강현실 용도로 전환되거나 증강현실 안에 가상현실이 나타나는 등 정확하게 둘로 구분할 수 없는 시나리오들이 발생하는데 이를 혼합현실MR: Mixed Reality or Merged Reality이라고 부른다. 앞으로 또 어떤 다른 형태가 나올지

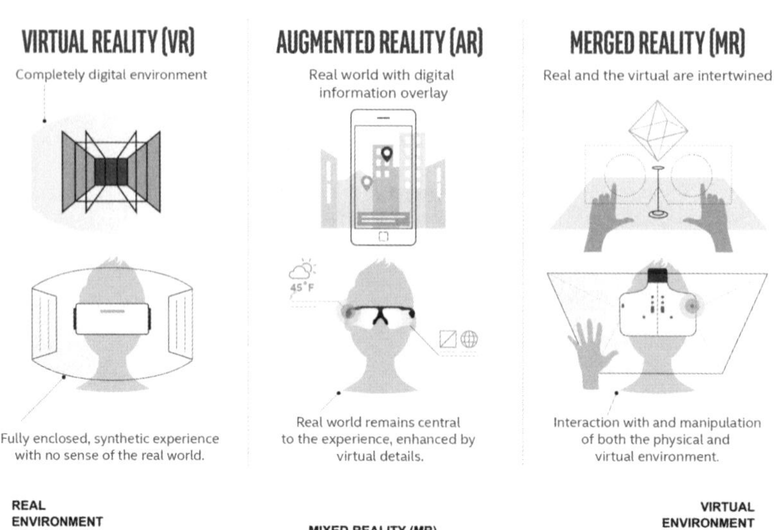

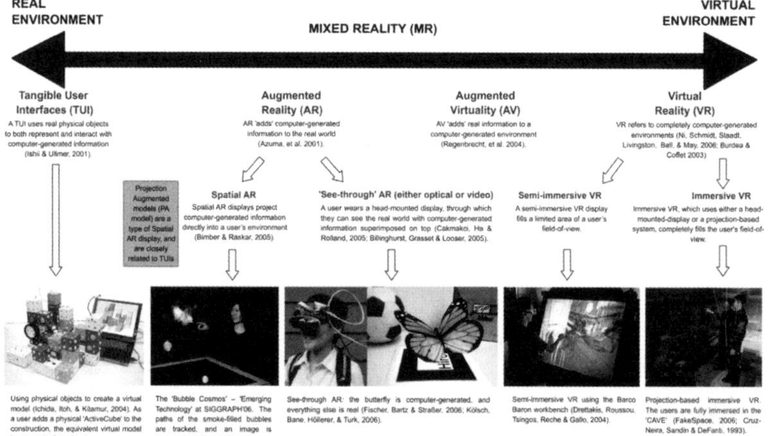

출처: en.wikipedia.org[5]

모르는 상황에서 이 모든 경우의 가상화 기술을 통틀어 확장현실XR: Extended Reality이라고 부른다.

4장

한번에 이해하는 메타버스의 역사

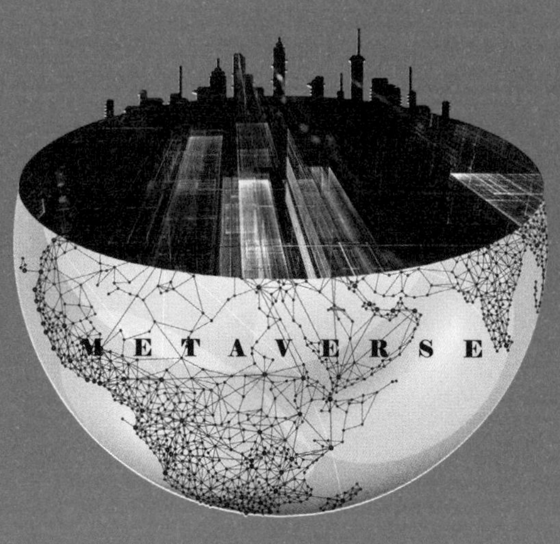

01

영화 속 메타버스

SF영화의 허구성과 상상력은 메타버스와 결이 잘 맞는다. 기술이라는 수단과 배경은 늘 고려되지만 그래도 모든 것이 가능하다는 상상력의 우선순위가 더 높다.

수백만 광년을 몇 초 만에 공간 이동하고 멀리 떨어져 있는 가족과 실감 나게 만나본다거나, 광활한 판타지랜드나 쥐라기 공룡들의 공원을 탐험하는 일들은 과학적 근거가 희박하더라도 SF영화 속에서는 모두 가능한 일들이다. 인간은 오랫동안 이런 상상과 희망을 영화나 소설에 상상하고 표현하고 구현해왔다.

메타버스란 이런 SF영화의 공간이 디지털을 이용해 다양한 형태로 구현된 것과 같다. 그러다 보니 인간이 오랜 욕망을 가지고 바라보는 대상이 되어왔고 기술의 발전과 함께 실체화되는 아주 긴 여정을 이어오고 있다. 놀랍게도 이런 인간의 바람은 오래된 역사에서도 찾을 수 있었는데 춤과 노래처럼 인간의 본성과 기저에 크게 자리 잡은 중요한 욕망의 대상이었음을 알 수 있다.

02

VR의 역사, 인간 욕망의 발현

1832년 영국의 물리학자이자 전기공학자 찰스 휘트스톤Sir Charles Wheatstone은 입체경Stereoscope 연구에 빠져 있었다. 인간의 두 눈에는 양안 시차가 있어 이를 이용하면 그림을 입체로 볼 수 있다는 것을 발

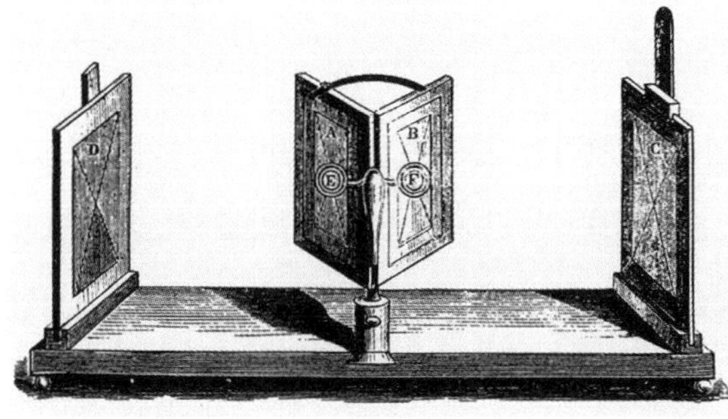

견하고 직접 입체경을 만들기도 했다. 이후 다양한 형태의 입체경으로 발전하면서 스테레오 카드를 만들어 많은 사람이 입체 사진을 감상하게 되었다. 이 기술이 가상현실은 아니지만, 가상현실 헤드셋을 만드는 데 가장 중요한 원리는 동일하며 이렇게 오래전부터 입체라는 것을 보고 싶어 하는 인간의 욕망이 발현되어 이어져왔다.

가상현실의 이야기가 처음 세상에 등장한 것은 1935년 스탠리 와인바움Stanley Weinbaum이 쓴 《피그말리온의 안경Pygmalion's Spectacles》이란 소설이다. 꿈과 현실 사이의 인지와 감각이라는 다소 철학적인 주제를 배경으로 꿈의 세계를 볼 수 있는 안경을 둘러싼 이야기인데 지금의 가상현실이 추구하는 가치와 묘하게 맞닿아 있다.

가상현실이라는 개념과는 거리가 멀지만, 1939년에는 뷰마스터View Master라는 슬라이드 쇼 입체 안경이 출시되어 전 세계적으로 선풍적인 인기를 끌었고 스테레오 사진을 찍는 카메라도 1952년에 출시되었다. 한국에서도 1970~1980년대까지 비슷한 장난감이 유행했던 것으

로 기억된다.

1962년 최초의 3D 영화 디바이스라고 할 수 있는 센소라마Sensorama가 발명되었는데 모튼 하일리그Morton Heilig는 입체 영상에 스테레오 사운드·향기·진동·바람 등을 나오게 만들어 현대판 4DX 영화의 효시라 할 만한 시도를 했지만, 기술적으로 성공하지 못했다.

이후 본격적으로 가상현실의 개념이 시작되었다고 할 만한 연구가 시작되는데 이반 서덜랜드Ivan Sutherland가 1965년에 발표한 〈궁극의 디스플레이The Ultimate Display〉[1]라는 기고문에서 그는 공간 속에 컴퓨터를 만들고 공간을 궁극적인 디스플레이로 이용할 수 있다고 주장했다. 그리고 1968년 현대 HMD의 효시가 된 콘셉트의 헬멧형 디스플레이를 발표한다. 2개의 CRT 디스플레이를 통해 입체 영상을 볼 수 있는 장치인데 아주 무거워서 천장에 고정해야 할 정도였다. 이 발표를 통해 가상현실이라는 분야가 연구되고 이반 서덜랜드는 '가상현실의 대부the Godfather of VR'라는 칭호를 얻게 된다.[2]

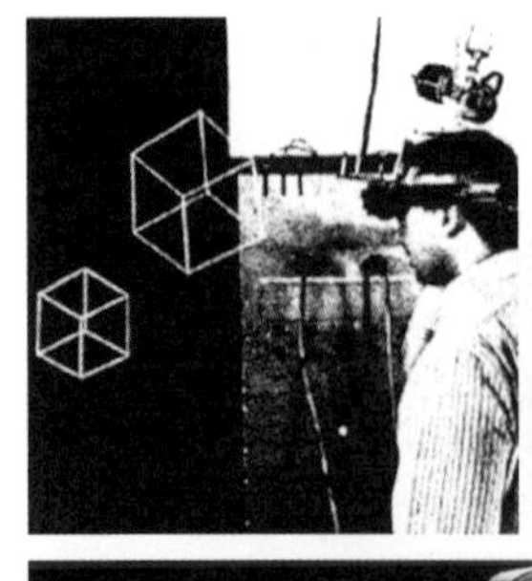
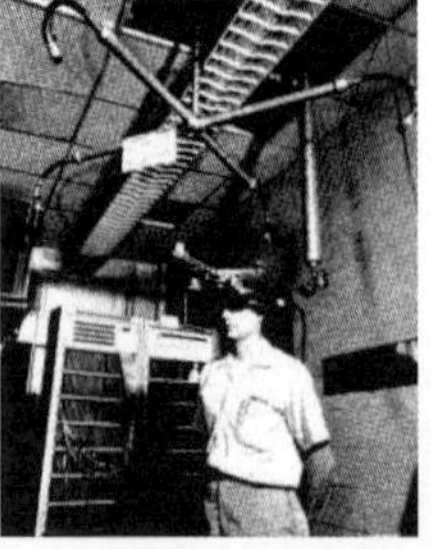
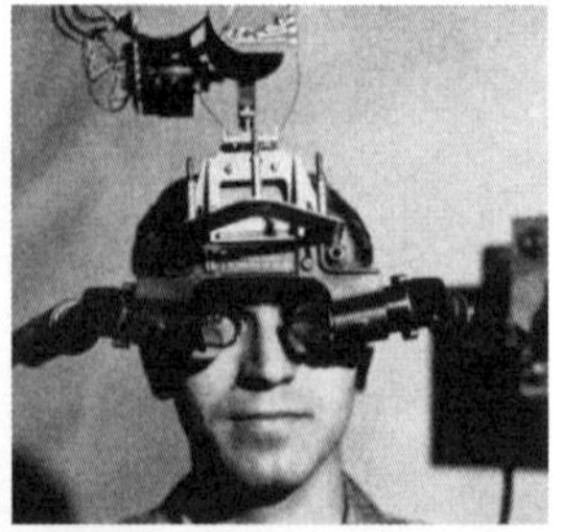

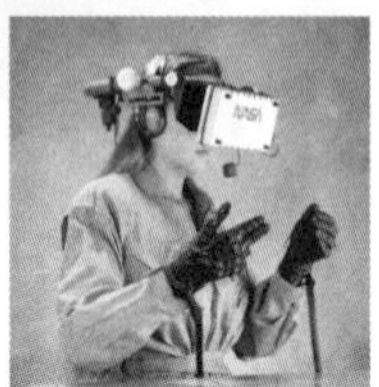

이후 본격적인 개화기를 만드는 사람이 등장했으니 최초의 상업용 VR 기업 'VPL Research'를 설립한 재런 레니어Jaron Lanier다. 1985년 현대 VR 헤드셋 폼팩터의 레퍼런스가 되는 디자인의 고글을 개발하고 입력장치로 웨어러블 글로브를 함께 출시했다. 네트워크로 연결된 다수의 유저가 가상세계를 탐험하는 프로그램과 아바타도 함께 만들었는데 '가상현실의 아버지'가 탄생하게 된 것이다.

재런 레니어가 일으킨 열풍은 개인용 컴퓨터 시대와 함께 개화되면서 1990년대 가상현실의 전성기를 불러일으킨다. 1995년에는 세가 VR, 닌텐도 버추얼 보이Virtual Boy

등이 출시되면서 전문 잡지 〈PC 게이머PC GAMER〉는 “VR이 게임의 미래다”라고 극찬했다.

하지만 이후 인터넷이 본격적으로 보급되고 개인용 컴퓨터가 마이크로소프트의 윈도 운영체제의 발전과 함께 급성장하는 동안 가상현실은 기술의 한계에 부딪치면서 관심이 서서히 식어갔다. 다시 제2의 개화기를 만드는 제품이 등장할 때까지 꽤 긴 시간을 보낸다. 2012년 가상현실에 미친 팔머 럭키Palmer Luckey가 등장할 때까지 말이다.

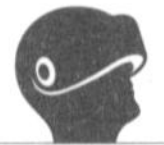

03

아직까지 미완인 AR의 역사

증강현실의 기원도 꽤 멀리 거슬러 올라간다. 1862년 당시 런던 왕립종합기술대학Royal Polytechnic Institute에서 학생들을 가르치던 존 페퍼John Pepper는 거울을 이용해 극장에서 홀로그램을 만들 수 있는 장치를 발명한다.

유령이 나오는 연극이었는데 덕분에 유명해져 이후 '페퍼의 유령Pepper's Ghost'이라 이름이 붙는다. 아날로그로 거울과 유리의 반사를 이용한 아주 단순한 홀로그램 기법이었지만 현대 증강현실에서 사용하는 기본 원리와 동일하기에 그 기원으로 보기도 한다.

증강현실 안경이 처음 등장한 것은 1901년 《오즈의 마법사》로 유명한 프랭크 바움Frank Baum이 쓴 《마스터키The Master Key》라는 소설이다.

주인공 롭 조슬린Rob Joslyn은 전기 엔지니어인데 실험 중에 실수로 악마를 소환하게 되고 악마는 3주간 여러 개의 디바이스를 선물로 준다. 2주 차에 받게 되는 선물 중 하나가 '캐릭터 마커Character Marker'라는 안경인데 이 안경을 착용하면 착한 사람과 악당, 바보, 친절한 사람, 현명한 사람 또는 사악한 사람을 구분하는 글자가 이마에 보인다. 단순하지만 현대의 AR 글래스와 그 사용법이 유사하다.

증강현실은 크게 발전했던 시기는 없었지만 1960년 전후에 비행기의 전방표시장치HUD: Head up Display나 헬멧 같은 곳에 적용되어 활용되곤 했다. 그 후에도 특별히 다양한 곳에 적용되거나 큰 연구가 진척되지 않았다. 가상현실의 전성기였던 1995년에 그나마 함께 붐이 일면서 Virtual I/O가 출시한 아이글래스iGlasses가 요즘 개발되고 있는 AR 글

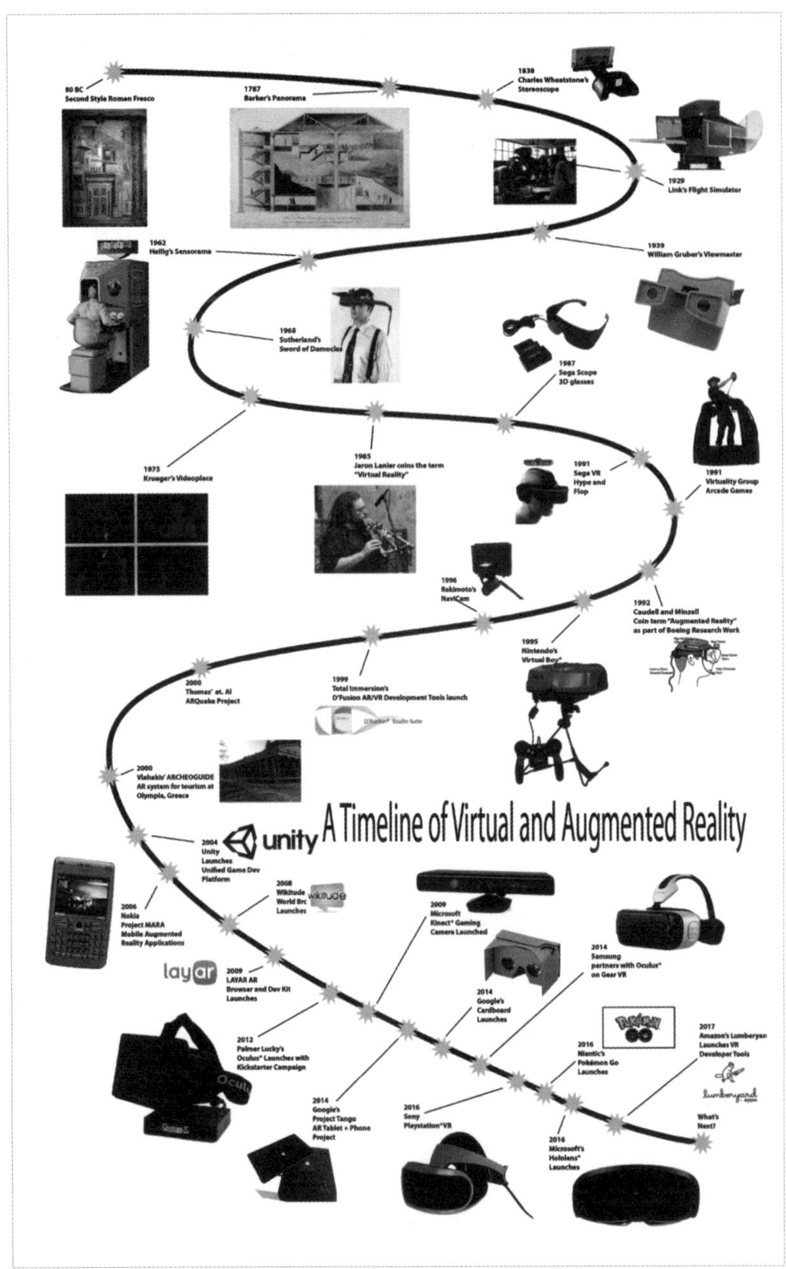

출처: augmentedrealitymarketing.pressbooks.com[1]

래스의 원형에 가까운 디자인으로 출시된 정도였다. VGA 해상도의 디스플레이를 장착했고 컴퓨터와 연결해서 화면을 출력할 수 있었던 아주 초기의 제품이었다. 2013년 구글글래스가 출시되기 전까지 증강현실은 스마트폰 카메라를 이용한 앱들이 대부분을 차지했다.

04

유비쿼터스 컴퓨팅과 스티브 만의 시도

1990년대는 WWW 인터넷의 개화기였으며 인터넷 역사에 마일스톤이 될 만한 연구개발이 계속 이어졌다. 그중에서도 유비쿼터스Ubiquitous 컴퓨팅의 마크 와이저Mark Weiser와 웨어러블 컴퓨팅의 스티브 만Steve Mann을 기억할 필요가 있다. 마크 와이저는 1988년 유비쿼터스 컴퓨팅이란 개념을 발표했다. 유비쿼터스는 언제 어디에나 존재한다는 의미로 컴퓨터가 미래에는 어디서나 항상 존재하게 될 것이라는 주장을 담은 논문에서였다.

미래에 나타나게 될 컴퓨팅의 형태를 3가지 제시했는데, 첫 번째, 사라지는 컴퓨팅Disappear Computing이다. 일상 사물에도 컴퓨터가 들어가면서 결국은 일상 사물과 컴퓨터를 구별할 수 있는 특성이 사라지

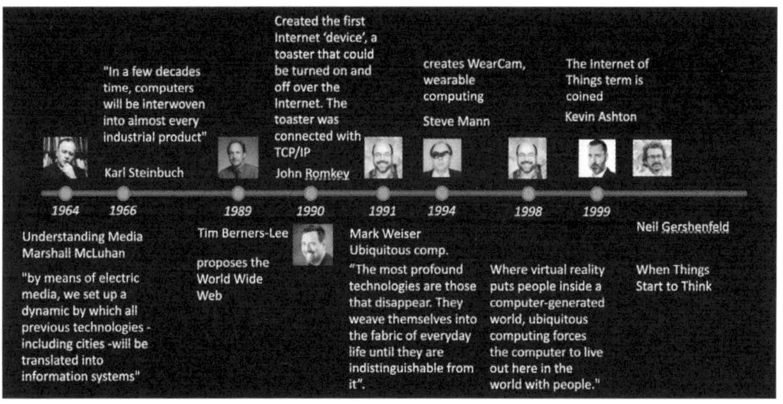

는 것을 의미한다. 두 번째, 보이지 않는 컴퓨팅Invisible Computing이다. 언제든 이용 가능한 컴퓨터들이 일상에 공기처럼 스며들어 있어 컴퓨터의 물리적 실체가 더는 보이지 않게 된다는 의미다. 세 번째, 조용한 컴퓨팅Calm Computing이다. 인간이 인지하지 못할 정도로 소리 없이 컴퓨팅이 이뤄지게 된다는 개념이다.

1990년대 마크 와이저는 이 기술들의 토대를 쌓고 많은 연구를 했는데 놀랍게도 30여 년이 지난 지금 그가 주장했던 유비쿼터스 컴퓨팅이 우리 삶 속에 실현되어 들어와 버렸다. 사물인터넷, 클라우드 컴퓨팅, 모바일, 인공지능 등 시대를 대표하는 다른 용어로 쓰이고 있지만, 이 모든 것을 하나로 합치면 그것이 유비쿼터스 컴퓨팅이다.

1998년, 마크 와이저는 유비쿼터스 컴퓨팅이 사람들 속 어디든 컴퓨터가 존재하는 세상이라면 가상현실은 컴퓨터가 만든 세상 안에 사람들이 존재하는 것이라고 대비해 이야기했다.

비슷한 시기에 스티브 만은 몸에 걸치는 컴퓨터에 관심이 많았

1980년　1980년대 중반　1990년대 초반　1990년대 중반　1990년대 후반

다. 입을 수 있는 컴퓨터의 시대가 온다고 믿었으며 컴퓨터를 통해 일상의 모든 것을 측정하고 기록하고 남길 수 있다고도 생각했다. QSQuantified Self라고도 표현되는 나를 중심으로 일어나는 모든 일을 정량화해 측정하고 기록한다는 목적으로 다양한 센서와 네트워크를 갖춘 컴퓨터, 카메라가 장착된 스마트 글래스를 개발하는데 이것이 지금 AR 글래스의 폼팩터와 기능이 매우 유사하다.

이 두 명의 선구자가 주장했던 '세상의 모든 것이 컴퓨터가 되고 우리 일상에 스며든다'라는 것과 '입을 수 있고 착용할 수 있는 컴퓨터의 시대'가 눈앞에 실현되고 있는 것을 우리는 지금 직접 목격하고 있다.

05

싸이월드가 메타버스로 진화하지 못한 이유

닷컴버블이 한창이던 시절, 클럽 서비스로 시작해 소셜네트워크의 원조로 거론되는 서비스가 있다. 미니홈피로 유명했던 싸이월드다. 프리챌, 다모임, 아이러브스쿨 등 사람들을 연결하고 그룹을 짓게 만들고 그 안에서 관심사와 이해관계를 중심으로 어우러지게 해줬던 서비스들이 한창인 시절이었다.

싸이월드도 그 틈에 비슷한 목적을 가지고 탄생했는데 유사한 서비스 사이에서 두각을 드러내지 못 하다가 새롭게 기획된 마이홈피라는 콘셉트가 터지면서 대표적인 소셜네트워크서비스로 성장하게 된다. 각 개인이 일상을 공유하고 사진을 올리고 각자의 홈피를 꾸미면서 친구들이 들어와 댓글을 남기면서 소통하는 구조였다. 일촌이라는 가장 친한 친구 관계를 설정할 수 있는 서비스와 파도타기를 통해 새로운 미니홈피를 발견하고 새로운 친구를 만들 수 있게 되면서 그야말로 국민 서비스가 된다.

2002년 미니홈피를 오픈한 후 홈피를 꾸밀 수 있는 도토리를 도입하는데 개당 100원이라는 구매비용임에도 불구하고 사용자들의 폭발적인 구매와 사용으로 인해 당시 매달 도토리 매출만 1,000억 원에 달할 정도였다고 한다. 대충 산술적으로 나눠봐도 한 달에 10억 개의 도토리가 유통된 셈이다. 2002년 프리챌의 유료화에 반대하는 사용자들이 대거 탈퇴해 싸이월드로 이전하면서 유저 수가 급성장했는데 이 고객들이 싸이월드에서는 적극적으로 유료 서비스를 이용한 것이다.

이 성장세와 함께 SK컴즈의 인수합병이 진행되었고, 2004년에는 무려 1,000만 명을 돌파하더니 2007년에 2,000만 명, 2008년에 3,000만 명이 가입하는 기염을 토하며 전성기를 구가했다. 이렇게 화려하게 성공했지만, SK컴즈 인수 이후 알려진 여러 이유로 쇠락의 길을 걷는다. 대표적으로 초기 창업자들과 개발자들의 이탈, 경영진들의 잦은 교체와 소셜네트워크서비스의 이해 부족, 네이트온과의 무리한 결합과 폐쇄적 플랫폼 운영, 도토리 수익 증대를 위한 무분별한 사업 모델 결합, 모바일 시대에 대한 빠른 대응 지연, 고객가치의 부재 등 안 될 수 있는 조건이 복합적으로 작용해 이런 결과를 만들었다.

이렇게 주춤하면서 엇박자를 내는 동안 페이스북·트위터·인스타그램 같은 글로벌 소셜네트워크서비스가 출현해 전 세계 사용자들을 연결하고 묶어 거대한 제국이 되어버렸다. 초창기에 시작되어 글로벌 소셜네트워크서비스가 될 기회가 있었고 더 나아가 메타버스의 리더로 진화할 수 있는 가능성이 있었음에도 그러지 못한 채 추억 속에 남아 버린 아쉬움이 크다.

싸이월드는 2차원 평면에 해상도·크기가 정해져 있는 작지만, 각자의 가상공간이 있었다. 미니홈피라고 부르던 가상공간 안에는 각자가 편집할 수 있는 '미니룸'이 하나 있고, 사람들은 그 방 안에 가구를 놓고, 벽지·인테리어를 바꾸는가 하면, 도토리로 아이템들을 구매해 한껏 꾸미기도 했다.

도토리라는 일종의 디지털 코인을 중심으로 '도토리경제'라는 기초적인 가상경제가 운용되는 사회였고, 각 유저는 음원을 구매해 미니홈피에 배경음악으로 쓰고, 자신의 아바타 '미니미'에 어울리는 근사한 옷이나 아이템을 사서 꾸미는 데 도토리를 사용했다. 지금 카카오톡 선물하기처럼 도토리를 친구들에게 선물로 줄 수도 있어 생일날 선물로 홈피 스킨이나 아이템을 보내거나, 가까운 친구들끼리 도토리를 주고받으며 우정을 나눴고, 미니미나 미니홈피는 꾸미고 싶은데 도토리가 부족한 사용자들은 도토리를 구걸하는 일이 그 안에서는 흔했다.

많은 수의 유저가 동시에 인터넷에 접속해 서로의 방을 방문하고 방명록에 글을 남기며, 인맥파도타기를 통해 친구의 친구를 찾아 새로운 친구를 만들었다. 일촌이라는 관계가 되면 더 친숙한 커뮤니케이션과 함께 클럽을 만들어 다양한 관심사와 주제로 교류했다.

각자 일상의 소회나 소식을 미니홈피에 포스팅하고 사진이나 감성짤을 올리면 공감과 댓글이 줄줄이 달리는데 요즘 페이스북이나 인스타그램에 올리는 감상적이고 허세스러운 포스팅의 원조가 싸이월드였다고 해도 무방하다. 페이스북이나 인스타그램 같은 소셜네트워크서비스가 초기에 타임라인 구성이나 친구찾기 기능 등에 싸이월드 콘셉트를 벤치마킹했을 것이라는 물증 없는 강한 심증이 있다.

싸이월드는 전형적인 소셜라이프 기반의 가상세계와 일상의 라이프로깅이 결합된 융합형 메타버스의 특성을 가진다. 다수의 사용자가 동시에 접속할 수 있는 24시간 돌아가는 싸이월드에는 각 개인을 상징하는 '미니미'라는 개인화된 캐릭터와 '미니홈피'라는 개인 가상공간이 있고, 이 공간을 기반으로 각자의 미니미를 통해 사용자들은 서로 교류하고 커뮤니케이션한다. 전형적인 메타버스 가상세계이며 유저끼리 주고받을 수 있고 아이템을 구매할 수 있는 가상 코인과 숍을 중심으로 한 경제 구조가 동작한다.

싸이월드 안의 삶이 또 하나의 일상이 될 만큼 사용자들의 현실세계에 연결되어 많은 영향을 주었다. 현재 부상하고 있는 메타버스와 비교해서 여러모로 부족한 부분이 많음에도 불구하고 구성 요소로만 보면 초기 콘셉트로는 메타버스의 선구자라 불려도 부족함이 없다.

그런 아쉬움이 남아서인지 싸이월드를 모바일로 부활시키려는 시도가 없지 않았다. 실행되지 않거나 시행착오로 지나가 버렸지만 최근 다시 본격적인 투자와 움직임이 있어 귀추가 주목된다. 3,000만 명이 넘는 고객 데이터가 있다지만, 과거의 유저들과 데이터로 현재를 대신할 서비스를 만드는 것은 큰 의미가 없기에 결국 메타버스 시대에 걸맞은 새로운 MZ 사용자를 위한 탈바꿈이 가능할지 관건이 될 것이다.

그런 관점에서 싸이월드가 지금까지 지속되어오지 못한 앞서 언급한 이유에 더해서 본격적으로 확장된 메타버스로 진화되지 못한 이유는 무엇인지 돌아보는 것은 의미가 있을 것이다.

(1) 먼저 글로벌 경쟁자들의 출현과 이에 대응하는 새로운 사용자 경험을 만드는 데 안이했다. 싸이월드가 탄생하던 시절의 가장 대중적이던 모니터 해상도 XGA(1024×768)에 최적화된 미니홈피가 구현되었는데 시간이 흐르면서 디스플레이가 고해상도로 발전함에도 불구하고 싸이월드는 계속 고정된 프레임 안에 갇혀 있었다.

초기 설계 단계부터 디스플레이 해상도의 확장을 고려하지 않고 디자인되다 보니 사용자가 급증한 뒤에 전체 프레임워크를 수정하거나 업그레이드하는 것이 부담스러웠을 것이고, 매출이 계속 발생하고 성장하기에 이 부분에 대한 장기적인 안목과 전략이 부족했을 것이다. 고정된 프레임 UI는 기능이 확장하는 데 제약이 되었고, 다른 사용자들과 어울리며 발생하는 상호작용이 프레임을 벗어나지 못하게 만들었다. 페이스북 등 다른 소셜네트워크서비스가 다양한 앱과 연동되며 사용자 경험을 다변화하는 동안 동일한 프레임 속 UI를 고수했고, 결국은 스마트폰을 기반으로 한 모바일 인터넷으로 사용자 경험이 전환되는 시기에 변화의 방향과 속도에 제동을 건 주원인이 되어버렸다.

(2) 네트워크 효과를 최대화할 수 있는 플랫폼 구조가 되어야 했다. 네이트와 통합 이후 네이트온 사용자 전용 로그인만 지원한다거나, 국가별·언어별로 완전히 구별된 별도의 플랫폼을 운영하는 등의 폐쇄적 전략은 싸이월드가 실제 세계와 가상세계 사이의 경계를 무너뜨리며

성장하는 것을 원천적으로 차단했다.

사용자와 사용자가 만나고 교류하며 새로운 커뮤니티가 만들어지고 플라이휠 효과에 의해 새로운 유저들이 유입되고 다시 사용자 간 긴밀하고 확장된 커뮤니케이션이 이어져야 메타버스의 생명력이 커진다. 사용자들의 적극적인 상호작용과 커뮤니티에 대한 자발적 기여를 이끌지 못하고 도토리 매출 증대를 위한 일방적인 콘텐츠 공급에 매몰되어 점차 사용자들이 찾지 않는 과거의 영광만이 남아 있는 올드타운이 된 지 오래다.

참여하는 사용자로서 가질 수 있는 리워드, 콘텐츠나 아이템을 끊임없이 공급하게 만들 수 있는 인센티브 구조와 수익 모델, 지속적으로 제공되어야 하는 새로운 사용자 경험과 미션, 시공간에 구애받지 않고 확장될 수 있는 세계관과 생태계가 돌아가는 플랫폼이어야 한다.

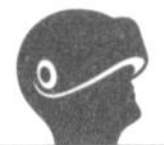

06
〈세컨드라이프〉의 시행착오와 그 꿈이 이뤄지지 못한 이유

《스노 크래시》가 나온 후 이 소설은 수많은 사람에게 새로운 세계에 대한 자극과 영감을 주었다. 상상 속 세계를 구현해 만들 수 있는 무한한 가능성에 대해 사람들은 열광했고, 고글을 착용하고 접속하는 세계가 가지는 기회에 대해 생각하기 시작했다. 필립 로즈데일Philip Rosedale이라는 이름의 청년에게도 멈출 수 없는 강력한 영감과 동기를 주었는데 이후 그는 《스노 크래시》에 묘사된 세계를 구현하고 싶다는 허황되어 보이는 꿈을 가지게 되었다.

1999년 그 꿈을 이루기 위해 린든랩Linden Lab이라는 회사를 설립하고 현실세계 다음으로 존재하게 될 새로운 2번째 삶이라는 그림을 상상한다. 2002년 그 상상을 실체화시킨 것이 컴퓨터로 만든 가상세계

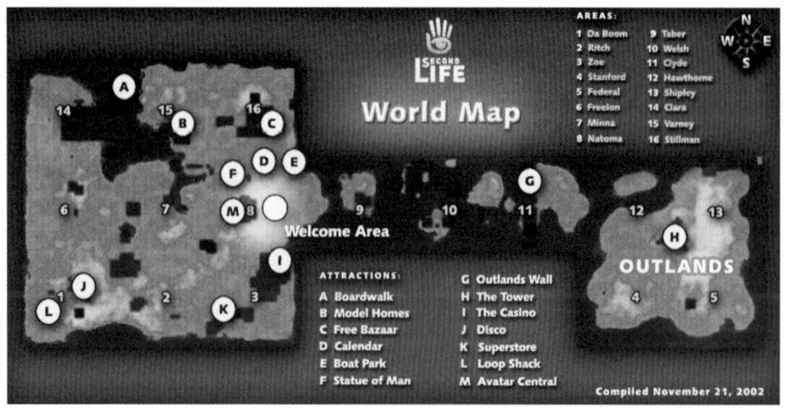

〈세컨드라이프〉다. 자신은 아바타 필립 린든으로 〈세컨드라이프〉에 접속하고 2002년 3월, 스텔라 선샤인이라는 첫 주민이 가입하면서 베타 서비스가 시작되었다.

당시 세계는 린든월드라고 불렀으며 실제 우리가 살고 있는 현실처럼 크게 메인랜드Mainland, 아웃랜드, 섬, 바다로 이뤄져 있었고 전체 세계는 그리드Grid라고 불렀다. 첫 지역 다붐Da Boom을 시작으로 16개의 지역Area으로 구분되어 운영되었는데, 초기에 연결된 16대의 서버로 시작했기에 그 시스템에 맞춰 구분되었던 것으로 보인다. 땅의 구역Region은 256×256m(65,536㎡)로 가장 작은 단위 4×4m(16㎡) 정사각형인 구획Parcels으로 이뤄져 있다.

구역은 당시 서버 컴퓨팅 파워로 처리할 수 있는 수준으로 제한되었고, 가장 복잡한 도시 구역Full Region은 함께 공존할 수 있는 최대 아바타 수가 100이며 땅의 그래픽 복잡도 제한 또한 정해져 있었다. 거주 지역Homestead Region의 아바타 수는 20, 자유 토지Openspace는 10으로

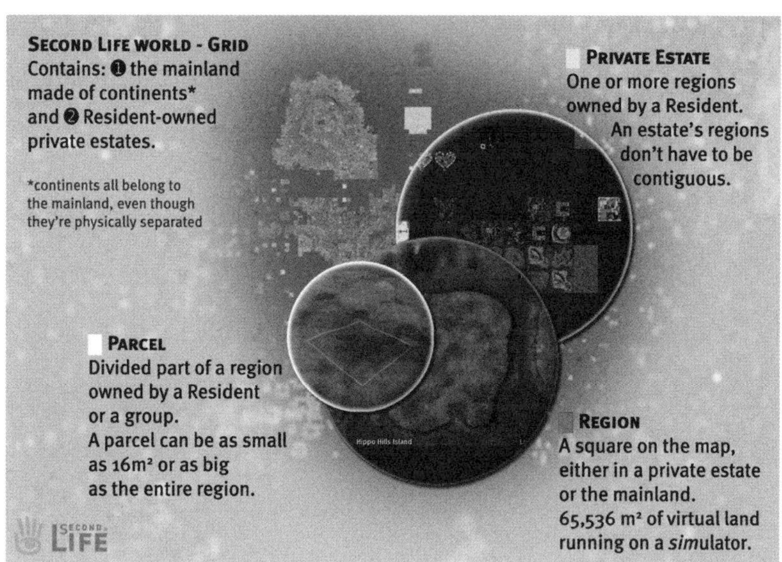

목적에 따라 다른 유형으로 디자인되었다. 이렇게 수백 개의 구역이 도로와 철도로 서로 연결된 가장 큰 대륙이 메인랜드로 구매하거나 임대료를 지불하고 원하는 목적으로 이용할 수 있고, 별도로 구매 가능한 사유지 구역이 따로 디자인되어 있었다.

〈세컨드라이프〉는 이렇게 가상세계의 부동산에서 중요한 콘셉트와 기본 요소들을 제시하는데 이후 나타나는 다양한 가상세계 플랫폼들의 레퍼런스이자 롤모델로 자리매김하게 된다.

아바타들은 이 넓은 가상의 땅과 바다를 걷거나 뛰고, 헤엄치거나 날아서 이동할 수 있다. 2003년에 공식 서비스를 오픈하면서 〈세컨드라이프〉라는 이름으로 바꾸고, 그해 말 처음 린든달러L$라는 〈세컨드라이프〉 전용 화폐를 도입하는데, 초기 부족한 컴퓨팅 자원의 남용을 막기 위해 주별로 사용량에 따라 세금을 징수하는 시스템을 적용하기도 했다. 이후 LindeX라는 린든달러를 교환할 수 있는 거래소가 생기면서 본격적인 가상경제의 서막을 올린다.

순식간에 세계는 〈세컨드라이프〉를 주목했고 사람들은 〈세컨드라이프〉가 인류의 미래인 양 흥분하며 언론에서도 매일 새로운 기사가 쏟아져 나온다. 초기에 많지 않았던 사용자들이 2006년부터 급증하면서 본격적으로 성장했고 급기야 필립 로즈데일은 〈타임〉이 선정한 '세계에서 가장 영향력 있는 100인'에까지 들게 된다. 2007년에는 사용자가 약 960만 명을 넘는 급성장을 하게 되고, 피크 때는 MAU가 110만 명에 다다르게 된다. 미국광고연맹은 미디어 시장에 〈세컨드라이프〉 돌풍이 불고 있다며 이를 조명했고 16대로 시작한 서버는 3,000대를 넘어서며 늘어난 사용자 규모만큼 커져버렸다.

당시 사용자들의 가상세계에서 지출이 매달 500만 달러 이상을 넘어섰고, 월 5,000달러 이상 수입을 올리는 사용자도 더불어 100여 명이 넘을 정도로 경제가 활발하게 돌아갔다. 2010년경에는 GDP로 환산하면 규모가 5억 달러에 육박하는 수준이었다고 하니 전 세계 GDP 랭킹으로 170위 정도로 아주 작은 국가의 규모임을 알 수 있다. 당시 필립 로즈데일은 자신감에 넘쳐 "우리는 게임이 아닌 새로운 국가를 만들고 있다"라고 언론에 인터뷰하기도 했는데 허언이 아닌 셈이었다.

〈세컨드라이프〉라는 메타버스 안에서 사람들은 만남·대화·연애·여행·쇼핑·컨퍼런스·세미나·수업·롤플레잉 등의 다양한 활동은 물론 일하기 위해 취직하거나 부동산을 사고팔면서 경제 활동을 영위한다.

게다가 아바타나 스킨 같은 아이템은 물론 자동차·장식·의류 등의 제품을 직접 제작하거나 집을 짓는 등 창조 활동을 통해 디지털 재산을 만들거나, 직접 그것들을 판매하고 교환하는 창조권과 재산소유권이 보장된다.

덕분에 〈세컨드라이프〉에서 안시청Anshe Chung이란 아바타로 거주하는 에일린 그라프Ailin Graef는 2004년 사이버 부동산 개발과 판매를 통해 2년 동안 무려 100만 달러에 달하는 수익을 올렸다. 최초의 가상 백만장자Virtual Millionaire로 소개될 정도로 엄청난 반향을 일으켰고 수많은 사람이 〈세컨드라이프〉로 디지털 골드러시를 하러 달려가게 만든 장본인이기도 하다.

아담 프리스비Adam Frisby는 아담 자이우스Adam Zaius라는 아바타로 가상세계에서 현실과 다르게 살고 싶어 하는 사람들의 욕망을 실현시켜주는 딥싱크Deepthink란 사업을 운영했다. 해변·사막·산·화산 등으로 콘셉트를 잡은 독특한 집을 개발해서 판매했는데, 종종 가장 살고 싶은 장소로 선정되는 곳들이었다. 이후 아담은 오픈시뮬레이터OpenSim와 사인웨이브 스페이스Sinewave Space를 연달아 창업하며 가상세계 플랫폼에서 계속 일하고 있다.

아이미 웨버Aimee Weber로 활동한 알리사 라로쉬Alyssa LaRoche는

B2B로 IBM, NBC, 아메리칸어패럴American Apparel 같은 고객사에 가상 사이트 구축과 가상세계 이벤트를 컨설팅하면서 큰 자문료를 받아 챙겼고, 뤼벤 스타이거Rueben Steiger는 밀리언오브어스Millionsofus라는 회사를 차리고 토요타, 인텔, 마이크로소프트, 코카콜라, GM 등 수많은 기업의 〈세컨드라이프〉 진출을 도와주고 프로모션이나 마케팅 캠페인 컨설팅을 통해 수백만 달러의 매출을 올리기도 했다.

당시 필립 로즈데일은 '〈세컨드라이프〉는 미래의 부를 창조해주는 플랫폼이다'라고 공언하고 다녔고 실제 개인뿐 아니라 기업들도 새로운 기회의 땅을 놓치지 않기 위해 몰려들었다. 가장 적극적이었던 IBM은 섬을 하나 구축하고 그곳에 지금은 파산한 시어스백화점과 전자제품몰 서킷시티Circuit City를 입점시켰고, 프라이빗 아일랜드에 컨퍼런스 사이트를 구축하고 중국IBM의 임직원 7,000명과 함께 가상컨퍼런스를 개최하기도 했다.

브라질항공사는 세계 최초로 지점을 오픈하고 취항한 48개 도시를 가상으로 둘러보는 온라인 버추얼 월드투어 프로그램을 런칭하기도 했다. 글로벌 미디어 로이터는 아트리움Reuters Atrium이라는 가상 편집국을 직접 개설하고 〈세컨드라이프〉 안에서 일어나는 소식을 아담 파식이라는 기자가 전담으로 취재했다.

소니BMG는 소니 뮤직 아일랜드를 개장하고 이곳에 방문하는 아바타들에게 아티스트들의 음악이나 뮤직비디오를 시청할 수 있는 경험을 제공하기도 했다. BBC도 섬을 하나 구매해 매년 'One Big Weekend Rock Concert'를 열고 좋아하는 뮤지션의 아바타를 만나

출처: nwn.blogs.com(왼쪽), sisajournal.com(오른쪽)[2]

고 실시간 스트리밍으로 음악 공연을 들을 수 있는 무대를 만드는 시도를 했다. 시스코는 트레이닝센터를 오픈하고 토요타는 Scion XB 가상차량을 통해 구매자가 사양을 커스텀해보는 마케팅 프로모션을 진행하기도 했다.[3]

기업뿐만이 아니라 정치권에서도 가상세계에 대한 관심이 지대했는데 힐러리 클린턴이 2007년 선거 유세를 〈세컨드라이프〉 내에서 진행하면서 가상공간 안의 열기가 후끈 달아오르기도 했다. 당시 힐러리의 선거캠프에서는 〈심시티Simcity〉, 〈세컨드라이프〉, 〈심즈The Sims〉이 3가지 플랫폼을 두고 사전 설문조사를 통해 가장 적합한 유세처로 〈세컨드라이프〉를 선정했다는 후문이 있다. 당시 한국의 이명박 캠프에서 〈세컨드라이프〉 안에 유세장과 홍보관을 만들어 대대적으로 마케팅을 치른 적이 있어 이 바람이 전 세계적으로 크게 불었던 것임을 알 수 있다. 당시 〈세컨드라이프〉 안에 만든 대운하 체험장을 보면 역시 상상으로 안 되는 것은 없다는 것이 실감 된다.

게다가 〈세컨드라이프〉의 대부분은 사용자들이 만드는데 독특하고 놀라운 것들이 많다. 로비 딩고Robbie Dingo라는 아바타를 사용하는 영국의 작곡가는 실제로 연주할 수 있는 악기 50여 개를 만들었는데 실제 가상세계에서 열린 수잔 베가 공연에 쓰인 것도 있다고 한다. 3,000린든달러짜리 하이퍼플루트는 한 음 한 음 직접 낼 수 있고 실시간으로 연주할 수 있는 악기였다. 가상세계의 것이라 하기에는 정말 멋진 물건이라는 찬사를 받기도 했다. 물에 미쳐 지내던 시기 로물루스Siggy Romulus는 〈세컨드라이프〉 내 바다와 호수에서 헤엄칠 수 있는 400린든달러짜리 스위머Swimmer를 만들었는데 스크립트를 이용해 다양한 수영법을 구현할 수 있어 1년 만에 2만 개를 팔았다. 내친김에 워터웍스WaterWorks라는 해양공원까지 만든다.

이렇게 창조권과 소유권이 주어지는 강력한 인센티브 덕분에 만화 속에 나올 법한 하늘에 지은 성, 바다를 끼고 있는 화려한 빌라, 거대한 무도회장이 있는 초호화 주택, 미로가 있는 비밀 주택 등 〈세컨드라이프〉 안에는 현실세계를 닮은 건물부터 상상으로만 존재하던 건축물까지 재창조되어 있다. 여기에 우티반조Outy Banjo를 구매하면 구름을 불러내 비를 내리고 번개를 치게 할 수 있고 눈발을 날리게 할 수 있으니 인간이 신도 될 수 있는 제2의 삶이 가능한 세계였다.

물론 이슈도 적지 않았다. 가상공간 내에서 폭력사건이 터지기도 하고 주민들의 참정권과 투표권을 요구하는 해커들의 폭탄테러 데모도 있었다. 게다가 디지털 창작물에 대한 저작권과 표절에 대해 많은 소송과 분쟁이 이어지고 있다. 카지노에서는 하루에 150만 달러 이상이 소비되며 법이 닿지 않는 가상세계에서의 탈법과 탈세가 문제되기도 하고 모든 것이 가능한 디지털의 특성상 성인 전용의 외설적인 행위나 콘텐츠가 무분별하게 노출되는 문제, 집단 괴롭힘 같은 사건이 끊임없이 발생했다.

린든랩의 자정을 위한 노력과 〈세컨드라이프〉 시민 사이의 자발적인 참여가 있었지만, 사람들이 모여 사는 사회의 특성에 익명성과 가상성까지 더해지니 종종 통제할 수 없는 수준의 일들이 일어나는 것을 완전히 방지하기는 쉽지 않다. 이것은 〈세컨드라이프〉만의 문제가 아니라 현재 존재하거나 앞으로 등장하게 될 모든 메타버스의 공통 문제일 수 있다. 그래서 자구책으로 그라운드룰에 해당하는 사회 합의를 만드는 것이 가장 중요하다는 것을 인지하고 행동표준Behavior Standard이라는 〈세컨드라이프〉 커뮤니티의 원칙을 만들어 이를 고객 약관에 넣고 시민들의 이해와 참여를 독려하고 있다.

(1) 인종·민족·종교·성별·성다양성에 관련한 비방이나 무시하는 모든 행위와 표현에 대해 무관용의 원칙을 지킨다. (2) 괴롭힘이나 희롱, 공격적인 언사나 행위는 금지한다. (3) 폭행이나 따돌림, 위협적인 행위를 금지한다. (4) 타인의 개인적인 공간이나 사적인 영역을 침범하지 않는다. (5) 콘텐츠 가이드라인을 벗어나는 언어·행위·콘텐츠는 허용되지 않는다. (6) 동의 없이 타인의 위치 정보를 포함한 개인 정보를 공개하거나 공유하지 못한다. (7) 다른 사람의 경험을 방해하거나 커뮤니티의 안전을 위협하는 행위는 금지한다. (8) 타인의 신분이나 콘텐츠를 허락 없이 도용하거나 훔치는 행위는 금지한다.

필연적으로 앞으로 메타버스가 더 많이 성장하고 더 많은 사람이 함께하는 공간과 커뮤니티가 될 것이기에 지속가능성을 위해서는 이런

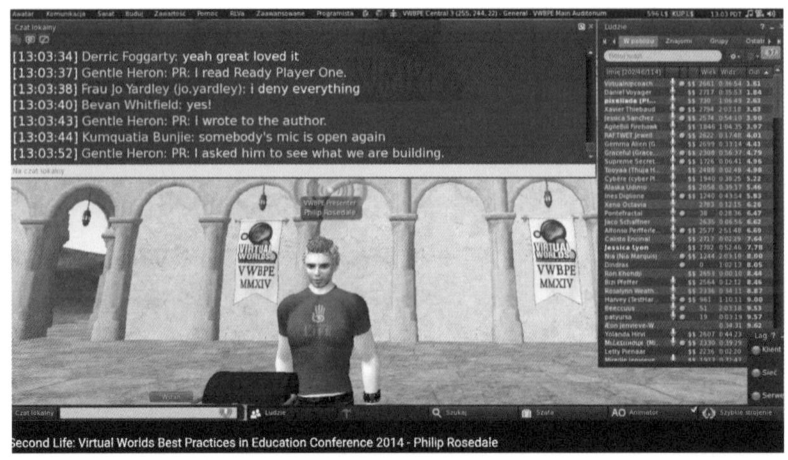

가장 근본적인 원칙들이 필요할 것이다.

필립 로즈데일은 2013년 〈세컨드라이프〉를 떠난다. 〈세컨드라이프〉의 한계를 인지하고 가상현실 기반의 메타버스를 만들고 싶은 또 다른 꿈을 이루기 위해서였고, 결국 〈하이 피델리티High Fidelity〉를 창업한다. 〈세컨드라이프〉란 세상을 VR 헤드셋을 착용하고 접속할 수 있다면 얼마나 더 몰입감 넘치고 환상적일까라는 욕망은 아마도 《스노 크래시》를 읽고 첫 영감을 받았던 순간부터 그의 가슴속에 지펴져 남아 있었을 것이다. 한계를 극복하고 원하는 성능을 얻으려면 오픈 그래픽 라이브러리OpenGL를 이용해 구현된 〈세컨드라이프〉에 유니티Unity나 언리얼 엔진Unreal Engine 같은 새로운 3D 그래픽엔진을 적용해 포팅하거나 새롭게 디자인해야 하는데 여러 제약으로 어렵다는 사실이 새로운 메타버스를 창조해야 한다는 동기를 촉발했을 것이다.

〈하이 피델리티〉는 가상현실에 본격적으로 디지털 가상경제를 견인하게 할 수 있는 소유권과 진본성을 증빙해줄 블록체인을 결합한 가상현실 메타버스다. 여기에 실사 기반의 아바타와 암호화폐인 HFCHigh Fidelity Coin를 적용하고 오큘러스 리프트Oculus Rift 등의 VR 기반으로 다양한 이벤트를 열기도 하면서 그 꿈의 실현을 위해 한 발자국 더 다가간다.

'죽은 자들의 날'이란 페스티벌을 개최하기도 했고 2018년에는 400여 명이 넘는 아바타들이 참가하는 'Futvre Lands'라는 축제를 이 안에 개최한다. 그 안에서 DJ가 공연하고 사람들은 춤을 추거나 게임을 하면서 다른 아바타들과 즐겁게 놀 수 있다. 강연이나 밋업 같은 행사를 진행하면서 진짜 현실세계에서와 흡사하게 몰입감과 사실감이 넘치는 페스티벌을 열었다.

이즈음 필립의 머릿속에는 해결해야 할 몇 가지 고민이 맴돌고 있었다. VR을 통해 가상공간 안에 들어가니 컴퓨터의 2차원 평면 디스플레이와는 다르게 각 아바타의 위치에 맞게 사운드가 거리와 방향에 따른 공간감이 있어야 한다는 것과 당시 VR 헤드셋 디바이스 기술이 소셜 메타버스에서 장시간 거주하는 데 활용하기에는 너무 불편하고 부족한 사양이라서 아직 몇 년의 시간이 더 필요하겠다는 현실적인 한계들이었다. 게다가 거대한 세계를 구현하려면 〈세컨드라이프〉보다 더 파워풀한 성능의 서버와 대용량의 클라우드가 필요했다.

처음 꾸었던 꿈을 이루려면 시간이 더 필요했고 현재 가장 필요한 핵심 기술에 집중하기 위해 2019년 피보팅을 단행한다. VR 메타버스에서 3D 공간 음향Spatial Audio 전문 스타트업으로 방향을 돌린 것이

다. 그의 꿈은 현재 진행형이지만 지금은 잠시 자신이 창조한 메타버스에서 한발 떨어져 세상을 바라보고 있다.[4]

아이러니하게 필립이 떠난 〈세컨드라이프〉도 그와 똑같은 도전을 시작하는데 가상현실 기반의 메타버스인 〈산사르Sansar〉를 기획하고 개발한다. 〈세컨드라이프〉를 잇는 차세대 가상세계라는 콘셉트로 2014년부터 개발을 시작했고 2017년 베타 서비스를 오픈한다. 몬스터캣Monstercat과 파트너십을 맺고 VR 기반의 라이브 엔터테인먼트 사업 등을 시도하는데 2020년 전 세계적으로 코로나 팬데믹이 발발하면서 환경이 바뀌며 변수가 생긴다.

〈산사르〉를 개발하느라 방치해두었던 〈세컨드라이프〉에 유저들의 접속과 활동이 많아지면서 매출이 다시 오르기 시작한 것이다. 코로나19가 촉발한 비대면 서비스에 대한 수요와 자유롭지 못한 여행 수요가 유입되는 통로로 활용되기도 하고, 동시에 세계적으로 다시 불기 시작한 메타버스에 대한 관심이 원조인 〈세컨드라이프〉에 먼저 닿았다. 70~90만 명의 유저가 500만 달러 정도의 매출을 올리자 린든랩은 방치한 이 서비스를 다시 보게 된다. 급기야 2020년 〈산사르〉의 개발과 운영을 보류하면서 〈세컨드라이프〉에 전력을 기울이겠다는 선택을 한다.

이렇게 재조명을 받게 되었지만, 근본적으로 〈세컨드라이프〉가 가진 한계와 문제는 여전히 존재한다. 아마도 부분적인 보완과 일부 기능 개선을 통해 서비스를 계속 하겠지만 새로운 메타버스의 출현을 기대하고 더 나은 경험을 위해서 이슈들이 무엇인지 명확하게 짚어보고 고려해야 할 것이다.

(1) 체계적이고 직관적이지 못한 사용자 경험을 제공했다.

시작부터 자유도 100%가 주어지는 오픈월드의 메타버스인 데다 아무것도 체계적으로 알려주지 않는다. 접속한 사용자들은 복잡한 인터페이스와 정보 부족, 가이드라인이 부재한 상태에서 뭘 해야 할지 모르는 상태로 시작한다. 목표나 미션도 주어지지 않는다. 그 자체로 자유로운 상태이기에 원하는 무엇이든 마음껏 하는 것을 미션이라 볼 수 있겠지만 대부분은 익숙하지 않고 친절하지 않은 세계에 오래 머무르지 않는다. 덕분에 〈세컨드라이프〉 안에는 지금도 하드코어 사용자들만 주로 남아 있다.

복잡해도 커스텀의 자유도가 높고 할 수 있는 것이 많아서 다양한 아이템을 만들고 집을 짓고 마을을 건설하는 것이다. 하지만 대다수의 일반 사용자는 이 부분이 가장 어려운 관문이다. 수많은 메뉴, 이해할 수 없는 기능, 깨알같이 작은 메뉴 타이틀과 조작하기 어려운 키보드까지 이것을 가지고 1,000만이 넘는 사용자까지 갔다는 것은 기적에 가까우며 그만큼 당시 세간의 관심과 이목을 집중적으로 받았다는 의미이기도 하다.

메타버스에서 사용자들은 역할이 다양해야 한다. 메타버스의 본질적인 속성 또한 그렇다. 메타버스 세상을 디자인하고 설계하는 사람, 그 안에 콘텐츠와 아이템을 만드는 사람, 사람들을 모아 커뮤니티를 만들고 행사를 운영하는 사람, 탐험과 모험을 좋아하는 사람, 그냥 다른 사용자들이 만든 아이템을 구매하고 사용하는 데 재미를 느끼는 사람 등 메타버스도 지금 우리가 사는 세상에 살아가는 사람들의 다양성을 닮아가야 한다. 각각의 역할에 맞는 인터페이스와 기능이 있어야 하고, 직관적이고 일관성 있는 사용자 경험으로 전체가 잘 어우러져야 한다. 그래야 유기적으로 지속가능한 생태계가 될 수 있다.

모두에게 복잡한 인터페이스보다는 모두에게 단순한 인터페이스가 이상적이다. 하지만 그것이 어렵다면 대상에 맞는 모드와 인터페이스가 주어지는 편이 더 좋다. 〈세컨드라이프〉는 시작부터 지금까지 이 사용자 경험과 인터페이스의 문제를 풀지 못하고 있다.

(2) 단계적 목적의식과 동기부여 시스템이 부재하다.

완전한 자유도가 주어지는 대신 단계적인 가이드나 성취감을 만들어줄 수 있는 퀘스트와 레벨 시스템이 구현되어 있지 않다. 자율적으로 탐험하고 학습을 통해 스스로 수행하고 싶은 퀘스트를 만드는 게임에 익숙한 덕후급 헤비 유저들에게는 최고의 공간이지만 일반 유저들에게는 그렇지 않다. 그래서 다른 MMORPG 게임이나 시뮬레이션 게임들은 정해진 퀘스트가 있고 체계적으로 학습과 트레이닝을 거치며 사용자들이 익숙해질 수 있게 도움을 주는 데 반해 아무 가이드도 주어지지 않으면서 자유도 100%가 주는 동기부여는 꽤 약하다.

인간의 성장하고 싶고 성취하고 싶은 본성이 발현될 수 있다는 것이 〈세컨드라이프〉 같은 가상세계의 강점인데 그 체계와 인센티브가 정밀하게 설계되어 있지 않다는 것은 등산로가 나 있지 않은 산과 같다. 프로 산악인들에게는 도전의 대상이 될 수 있지만, 초보 등산객들에게는 오를 수 없는 산이나 다름없다. 이 점이 〈세컨드라이프〉가 외형적으로는 우리의 사회와 닮아 보이지만 결코 같지 않은 이유이기도 하다.

(3) 낮은 완성도로 구현된 세계가 몰입감을 주지 못했다.

3D 그래픽을 처리하는 GPU를 포함해 컴퓨터의 성능이 원하는 수준의 완성도를 만들기에는 부족함이 있어 실제 구현된 아바타나 가상세계의 완성도가 높지 않았다. 디테일을 표현하기 어려웠고, 부드럽고 자연스러운 움직임은 물론 관점과 앵글이 바뀔 때 오브젝트나 아바타들을 3D로 제대로 표현되지 못하는 제약이 있다 보니 사용자들은 충분히 몰입하기 어려웠다.

게다가 사용자들이 직접 만든 아이템이나 오브젝트가 전체적으로 편차가 더 컸다. 컴퓨팅 성능이 점차 발전하면서 이후 아바타 옵션이나 그래픽 표현이 개선되었지만, 다시 많은 대중을 불러 모으기에는 〈세컨드라이프〉 밖의 메타버스가 너무도 커져버렸다.

⑷ 스마트폰과 모바일 인터넷으로 세계를 확장하지 못했다.

아이폰을 시작으로 세상은 모바일 인터넷으로 확장되어갔고 많은 사용자가 이주해 갔다. 대형 디스플레이를 가진 디바이스의 강점을 잘 활용한 서비스들이 아니라면 전부 모바일 디스플레이의 세상이 대체하기 시작했다.

이 시기 〈세컨드라이프〉는 이 변화를 간과하고, 준비하고 대응할 시기를 놓치는 실수를 범한다. 모바일로 패러다임이 변하는 2014년을 전후해 대형 디스플레이와 소형 디스플레이로 구현된 양극화된 세계 어디에도 〈세컨드라이프〉를 위한 자리는 없었고, 모두 새로운 메타버스가 출현하거나 변화에 잘 대응한 플레이어들만 살아남아 있었다.

⑸ 사용자들의 친목과 커뮤니티보다 먼저 온 상업화가 생태계를 파괴했다.

메타버스에서 사용자 간 지속가능한 커뮤니티의 존재는 중요한 속성이다. 레딧이나 디스코드 같은 서비스가 성공할 수 있었던 이유도 그 안에 커뮤니티 플랫폼이 동작하고 있어서이며 소셜네트워크서비스도 커뮤니티 기능이 잘 만들어져 있기 때문이다. 이것은 라이프스타일 메타버스의 대표였던 〈세컨드라이프〉의 중요한 기능이자 요소였을 것이다.

그러나 〈세컨드라이프〉 내부에는 커뮤니티를 만들고 유지할 수 있는 기능이나 연계 API들이 디자인되어 있지 않아 외부 사이트의 커뮤니티 기능을 이용하고 있었는데 메타버스의 특성상 가상세계의 세계관과 현실세계 커뮤니티 서비스가 가진 세계관을 일치시키기 어려웠을 것이다. 따라서 사용자 커뮤니티를 제외한 개인들의 정체성과 관심사에 근거한 커뮤니티가 만들어지고 성장하기 어려운 구조가 있었다.

이런 상황에 언론의 주목과 기업들의 관심이 급격히 올라가면서 기업들이 홍보관을 만들고, 이벤트를 여는 등 트렌드에 편성하는 다양한 시도와 투자가 이어지게 된다. 정말 핫한 테마주가 되면서 외형적으로 급성장하는 모습을 보여주었지만, 시간이 흐르면서 관심은 식게 마련이라 결국 기업과 언론의 관심이 떠나는 시기가 온다.

문제는 이 가상세계를 굳건하게 지키면서 숨 쉬게 만들 살아 있는 커뮤니티가 기저에 거의 없는 상태에서 이 시기가 겹치다 보니 쇠락의 수순을 밟게 된 것이다. 이 부분은 지금도 큰 개선이 없다. 일시적으로 관심과 인기가 다시 생겨났지만, 이를 사용자 간의 커뮤니티로 담아낼 그릇이나 시스템이 내재화되어 있지 않다면 결국 개인의 창작과 사회 규범에 얽매이지 않은 자유로움에 기대야 할 플랫폼만 남게 될 것이다.

다행히 이런 제약과 단점에도 불구하고 〈세컨드라이프〉는 "여전히 잠재성이 넘치는 메타버스 플랫폼"이라고 단언할 수 있는 이유가 존재한다. 2014년에 200만 개가 넘는 아이템이 마켓 플레이스 안에 리스트업되어 있었고 〈세컨드라이프〉 안에는 더 많은 오브젝트로 이뤄진 세계가 만들어져 있었다. 즉, 엄청난 규모의 디지털 자산이 마켓 플레이스와 가상세계 안에 축적되어 있는 것이다.

디지털 자산에 진위성·소유성·희소성을 부여할 수 있는 기술들이 급격히 발전함에 따라 앞으로 재조명될 수 있으며 새로운 전환기를 맞이할 수 있다. 기존에 생성된 오브젝트들을 빌딩블록으로 구조화할 수 있는 변환이 이뤄질 수 있다면 다시 한번 스케일업할 가능성이 있다. 거기에 클라우드 기반의 인공지능과 GPU 성능이 급진적으로 발전하고 있어 예전에는 버거웠던 3D 그래픽과 모션이 부드럽고 자연스럽게 처리될 수 있게 되었다. 더 디테일한 부분까지의 표현은 물론 대용량의 데이터 처리 능력도 발전하고 있다.

〈로블록스〉나 〈마인크래프트〉의 성공 사례로 인해 메타버스를 바라보는 시선과 관심의 변화가 생기면서 제2의 전성기를 맞이하게 될 가능성이 있으니 아직 완전히 실패했다고 보기에는 무리가 있다. 〈세컨드 라이프〉에서의 경험·노하우·시행착오를 통해 얻게 된 기술적 진보와 통찰이 수많은 메타버스 기업과 비즈니스 모델에 녹아 있으니 그것만으로도 레전드 반열에 올라 있다 봐도 무방할 듯싶다.

07

〈모여봐요 동물의 숲〉 열풍의 이유

코로나19로 해외여행도 출장도 막혀버린 2020년은 전 지구적으로 큰 손실과 함께 많은 사람에게 아픔과 상실감을 준 한 해이기도 하다. 이런 상황에 사람들이 손꼽아 기다리던 이벤트가 있었으니 닌텐도 스위치용으로 개발된 〈모여봐요 동물의 숲〉 타이틀 출시였다.

닌텐도 스위치는 2017년 발표된 닌텐도의 혁신 DNA가 들어간 제품으로 닌텐도DS, 닌텐도 3DS, 닌텐도 Wii U를 잇는 휴대형 게임 콘솔이다. 이전 모델이었던 닌텐도 Wii U의 실패를 거울삼아 개선된 터치 UX를 탑재하고 거치형 콘솔과 휴대용 게임기로 변환해 동시에 사용할 수 있는 확장성은 물론 저렴한 가격과 다양한 게임 타이틀의 출시로 2년간 3,200만대 이상 팔린 히트 제품이다. 여기에 2001년 처음 출시되어 인기를 모았던 〈동물의 숲〉이라는 슬로라이프 시뮬레이션 게임의 20주년 기념 특별작인 〈모여봐요 동물의 숲〉이 스위치 전용으로 출시된 것이다. 때맞춰 닌텐도 스위치도 〈동물의 숲〉 테마 버전으로 출시되었는데 코로나19로 중국 공장의 생산과 물류에 차질이 생기는 바람에 수요 대비 생산량이 턱없이 부족해지고 말았다.

구하기 어렵다니 사람들의 관심은 더 늘어나 정가 40여만 원짜리 패키지를 100만 원이라는 웃돈을 얹어 팔아도 될 만큼 품귀 현상이 지속되면서 닌텐도의 매출은 급상승하게 된다.

일본 제품 불매 분위기와 코로나19로 그 어렵다던 2020년 전 세계적으로 닌텐도 스위치는 무려 2,410만 대, 〈모여봐요 동물의 숲〉 타이틀은 3,118만 장이 팔려 나갔다.

〈모여봐요 동물의 숲〉을 처음 실행하면 '무인도 이주 패키지 플랜'에 참가하게 된다. 무인도로 이주를 하기 위해 무인도를 고르고 대출을 받아 섬을 구매하는 것부터 시작된다. 티켓을 발권하고 여권을 챙겨 비행기를 타면 나만의 섬에 도착하는데 이곳에서 유유자적 나만의 섬을 만드는 것이 이 게임의 콘셉트다.

코로나19로 어디로도 움직이지 못하는 사람들을 대리만족시켜줄 만한 콘셉트인 데다 바쁜 일상에 지쳐 힐링이 필요한 사람들이 천천히 리프레시할 수 있는 매력이 있다 보니 엄청난 인기를 누릴 수밖에 없었다. 특히 자유도는 매우 높지만 여러 섬 주민이 수시로 나타나 임무와 퀘스트를 주고, 완수하면 적절한 보상과 함께 섬이 점점 더 내가 원하는 모습으로 변모하면서 사람들은 성취감과 몰입감을 느낄 수 있다.

특히 Z세대에게 아무것도 안 할 수 있는 자유와 여유가 좋아 푹 빠졌다고 느끼게 하는 동시에 더 열심히 많은 것을 하게 만드는 묘한 매력이 있는 게임이다.

〈모여봐요 동물의 숲〉이 인기가 있었던 여러 이유는 메타버스 가상세계의 중요한 속성 때문이다. 먼저 사용자가 자신의 아바타를 만들어 현실세계의 모든 것과 격리되어 있는 완전히 새로운 가상세계, 무인도로 떠나는 것에서부터 찾을 수 있다. 시간은 현실세계와 동일하게 흘러가지만, 무인도는 현실세계의 내가 겪고 있는 어떤 고민이나 어려움 없이 평온하게 소일할 수 있는 평행 세계다.

혼자 지내는 외로움을 느끼지 않도록 섬에는 2명의 초기 주민이 함께 있고 특정 조건이 되면 섬을 방문하는 다양한 주민이 있어 적절하게 교류하고 소통할 수 있으면서 가끔 특별한 도움을 요청도 하면서 게임의 재미가 지속되도록 자유도는 높으면서도 가이드와 인센티브가 균형감 있게 디자인되어 있다.

인터넷을 통해 연결된 실제 친구들의 아바타를 8명까지 섬에 초대해 시간을 보낼 수 있고, 실제 세계의 로컬에서 각자의 기기를 가지고 함께 있는 친구들과 즉석으로 가상공간에 모여 놀 수도 있다. 물리 공간의 사용자들이 가상공간 안에 들어와 같은 시공간을 공유할 수 있어 특별한 연대감을 갖는 것이 가능하다.

저녁이면 상점들은 문을 닫고 주민들은 잠자리에 드는데 현실세계와 비슷한 라이프 패턴과 흐름 속에 게임을 즐겨야 하는 독특함이 있다. 플레이어는 곤충이나 고기를 잡고, 나무를 심고, 과일을 수확하거나 조개를 캐는 등 다양한 채집 활동을 한다. 집을 증축하고 가구를 만들거나 마을을 꾸미는 등 다양한 일상의 삶을 영위한다. 물론 아무것도 하지 않아도 된다. 가끔 핼러윈이나 낚시대회 같은 이벤트가 열리면 참가해 리워드로 아이템을 받을 수 있다. 가상세계의 시간이 현실과 이어져 있고 현실의 나와 가상의 내가 이어져 어느 쪽에 있든 하나의 시간으로 연결되어 흐르는 메타버스 내에서 엔딩 없는 섬 생활은 이어진다.

섬은 마치 싸이월드의 미니홈피같이 나를 표현하는 가상공간이며, 내가 원하는 욕망과 바람을 담아 공을 들여 가꾸고 성장시키는 동기이기도 하다. 다른 친구들의 섬에 놀러 가 나에게 없는 과일을 수확해 오면 내 섬에 심을 수 있고 DIY로 원하는 물건을 만들어 사용하거나 비치할 수도 있다.

원하는 것을 상점에서 구매할 수 있는데 이를 위해서는 벨이라는 화폐가 필요하다. 돈을 벌려면 현실세계에서처럼 일하거나 뭔가를 만들어 팔아야 하고 이때 다양한 도구가 필요하게 된다. 도구를 만들기 위해 섬에서 레시피를 획득하고 도구를 제작하면 되는데 이 과정이 플레이어들에게 소소한 성취감과 목표의식을 만들어준다.

이런 인기 덕에 현실세계의 이벤트나 이슈들이 〈모여봐요 동물의 숲〉으로 이동해오는 일이 종종 생기는데, 실제 커플이 이 메타버스 안에서 결혼식을 하고 패션 브랜드 발렌티노나 마크 제이콥스는 시즌 아이템의 컬렉션 전시를 이 안에 오픈하기도 했다. 최근 한국 기업 LG전자는 OLED 홍보를 위한 TV전시관을 오픈했고 바이든 대통령은 선거 유세 때 Z세대와 만나기 위해 이 안에서 선거 캠페인을 진행했다. 이렇게 현실과 가상세계가 연결되어 인기를 이어 나가는 닌텐도 스위치를 통한 〈모여봐요 동물의 숲〉은 메타버스의 관점에서 여러 가지 성공 요인과 교훈이 있다.

2020년 대선 당시 닌텐도 스위치의 〈모여봐요 동물의 숲〉을 활용한 바이든 캠프

먼저 메타버스로의 접속을 위한 기기의 사용성과 하드웨어 성능이 몰입감과 재미를 느낄 수 있을 만큼 충분한 디스플레이·그래픽·사운드·햅틱·확장성 등을 가져야 한다.

스마트폰이 이 부분에서 많은 메타버스의 게이트웨이 역할을 하는 이유이기도 하며, 전용 기기가 필요하다면 그만큼 더 완성도와 최적의 사용성을 제공해야 한다.

〈세컨드라이프〉에서 부족했던 동기부여와 인센티브 시스템도 충분한 자유도와 함께 주어졌다. 퀘스트를 수행하고 섬을 발전시키고 결과물을 수거할 때마다 적절한 너굴 마일리지와 아이템을 구매할 수 있는 벨이 주어져서 사용자들의 지속적인 플레이를 진작시켰다. 섬의 대부분과 아바타의 의상 등을 커스텀하는 것은 물론 DIY를 통한 다양한 아이템의 수집·획득은 수집 욕구를 자극함과 함께 무인도 생활이라는 비일상적인 낭만을 간접적으로 체험해볼 수 있는 동기를 제공했다.

그리고 메타버스에서 가장 중요한 커뮤니티와 사적인 영역을 최소한

출처: sedaily.com[3]

의 스케일로 균형감 있게 디자인했다. 다양한 NPCNon-Player Character의 정교하게 구현된 상호작용과 반응들을 통해 사적인 영역 속에 함께한다는 사회화를 적절하게 적용했고, 섬이라는 단위로 구성된 실제 사용자들의 가상공간을 서로 방문하고 교류할 수 있게 만들어 각자의 섬이 연결되어 개인화된 작은 커뮤니티를 만들어냈다.

다른 가상세계 플랫폼처럼 대규모 스케일로 엄청난 수의 유저가 상호작용하는 것과는 거리가 있지만 메타버스라는 것이 다양한 콘셉트와 스타일의 가상세계가 무한하게 존재할 수 있고 필요에 따라 서로 연결될 수 있다는 관점에서 〈모여봐요 동물의 숲〉은 각박하고 바삐 돌아가는 현대 현실세계를 떠나 잔잔하고 소소하게 시간을 보낼 수 있는 캠핑 같은 메타버스의 역할을 충분히 잘 해내고 있는 셈이다.

08
〈포켓몬 GO〉의 탄생과 새로운 사회 현상

2017년 1월 갑자기 많은 사람이 속초 양양행 버스에 몸을 싣는다. 주말도 아닌 평일에 버스는 북적거리고 속초 양양에 내린 그들은 스마트폰을 연신 바라보며 어디론가 달리기 시작한다. 실제 있었던 일이며 당시 뉴스에도 등장했던 사건으로 사람들이 포켓몬을 잡으러 속초 양양행을 감행했던 해프닝이었다. 1996년 탄생했던 〈포켓몬〉 애니메이션이 20주년 되는 해에 맞춰 2016년 증강현실 게임으로 출시된 〈포켓몬 GO〉 때문이다. 당시 한국에는 아직 정식 서비스가 되지 않았었는데 개발사인 나이언틱랩이 설정해놓은 GPS 서비스 맵에 속초·양양·울릉도가 포함되어 그 지역에서 포켓몬이 출현한다는 소문이 퍼지자마자 속초행 대란이 일어난 것이다.

전 세계적으로 출시된 지역마다 포켓몬이 출현하는 장소마다 사람들이 운집하고 하나라도 더 잡기 위해 뛰어다니고 몰려다니는 현상이 발생했는데 이를 '〈포켓몬 GO〉 현상'이라고 부를 정도로 규모가 크고 빈번했다. 뉴욕 센트럴파크에 희귀템인 샤이드가 출현했을 때는 주변 교통이 종일 막힐 정도로 인파가 몰렸고, 밤에도 잠을 자지 않고 포켓몬을 잡으러 배회하는 사람들을 '포케워크스Poke Walks'라고 부르기도 했다. 포켓몬을 잡으려다 절벽에서 추락한 학생들, 차로 뛰어든 아이, 동굴 안에 들어갔다가 길을 잃거나 실수로 사유지에 침입하는 일은 비일비재했다. 운전 중에 갑자기 나타난 포켓몬을 잡겠다고 사고를 냈다는 뉴스가 매일 해외 토픽에 등장할 정도였다.

아이폰을 비롯한 스마트폰이 보급되면서 함께 등장한 증강현실 게임들은 GPS를 기반으로 해당 좌표에서 특정한 이벤트를 발생하게 만들고 카메라와 연계해서 가상의 아이템이나 미션이 팝업되어 나오는 원리로 구현된다. 초기에 증강현실 기반의 내비게이션도 출시되고, 나비·곤충을 채집하는 앱도 있었고, 마커 기반으로 3D 팝업이나 애니메이션이 튀어나오는 등 수많은 서비스가 출시되었다.

대부분 소소한 재미나 신기함이 있었지만 크게 히트하지 못했다. 그래도 꾸준히 스마트폰의 하드웨어와 센서 기술이 발전하면서 집 안을 카메라로 비추고 가구들의 3D 모델을 배치해보면서 사이즈·컬러·레이아웃 등을 사전에 확인해볼 수 있는 이케아에서 만든 이케아플레이스IKEA Place나 줄자 없이도 길이를 잴 수 있는 아이폰의 측정 앱처럼 유용하고 다양한 증강현실 기반의 앱이 개발되고 있다.

〈포켓몬 GO〉도 다른 증강현실 앱과 유사한 원리로 구글맵의 실제 길과 건물 데이터를 활용해 게임 내 포스트나 이벤트 포인트를 설정하고 유저의 실시간 GPS 좌표 기반으로 동작한다. 카메라를 켜서 주변을 보면 실제 길이나 건물 앞에서 포켓몬이 출현하고 플레이어는 볼을 던져 잡아야 하는데 레벨이 높을수록 잡을 때 난이도가 높고 희귀한 종류들은 특정 장소에 가야만 잡을 수 있기에 이 부분이 사람들이 열광하는 포인트이기도 하다. 더 레벨이 높은 포켓몬을 잡기 위해 체육관에 들어가서 단련하고 더 좋은 아이템을 구매하면서 포켓몬의 열기는 한없이 올랐다.

미국의 닉 존슨Nick Johnson은 〈포켓몬 GO〉 출시 불과 18일 만에 미국 내에서 발견하고 잡을 수 있는 142종의 포켓몬을 모두 수집해서 전 세계 뉴스에 보도되었다. 자신은 어릴 적부터 포켓몬 마스터가 되는 것이 꿈이었다며 다른 대륙에서 잡을 수 있는 나머지 3마리를 더 찾아서 오스트레일리아·유럽·아시아에 갈 계획이라고 인터뷰에 밝혔다. 이 소식을 들은 다국적 호텔 기업인 메리어트가 후원해주겠다고 연락을 해오고 여행 예약 사이트 익스피디아가 추가로 지원 의사를 밝혀와 숙박은 메리어트에서, 전체 여행비용은 익스피디아가 후원하는 포켓몬 대장정이 시작된다.

프랑스 파리를 시작으로 홍콩·시드니·도쿄를 거쳐 12일간 포켓몬을 잡으러 다니면서 소셜미디어에 그 여정을 공개한다. 비행기 시간을 30분 남겨놓고 간신히 잡기도 하고 팬들이 실시간으로 정보를 공유해주면서 마치 007 첩보 작전을 방불케 하는 추격전을 벌이는 등 쉽

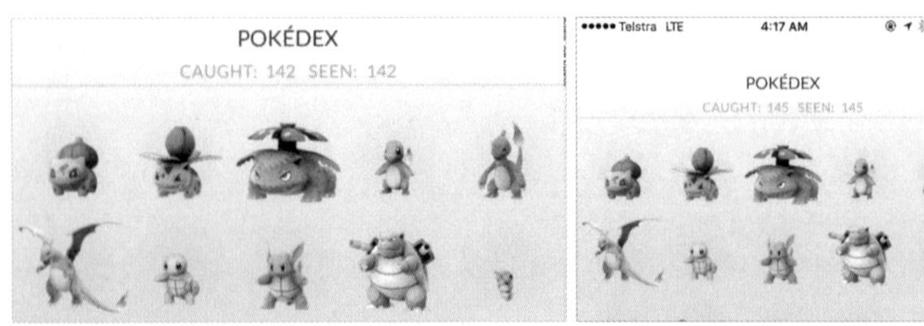

출처: businessinsider.com[4]

지 않은 여정이었는데 가까스로 나머지 3종류를 잡아 145종 모두를 수집한 포켓몬 마스터로 등극한다. 마지막 여행지인 도쿄에서는 때마침 열리고 있던 포켓몬축제에 참가해 실제 포켓몬 코스프레를 한 수많은 사람과 사진을 찍어 올리면서 여정을 마무리한다. 이렇게 〈포켓몬 GO〉는 증강현실을 적용한 게임 중 처음으로 전 지구적인 열풍을 일으키며 현실세계도 메타버스가 될 수 있음을 많은 사람에게 경험하게 해준 중요한 역할을 했다.

〈포켓몬 GO〉를 개발한 나이언틱랩은 존 행키가 구글에서 사내 벤처로 창업한 스타트업이다. 원래 키홀Keyhole을 창업해 지구 전체를 3D로 모델링해서 어디든 날아가 볼 수 있는 입체 맵을 만드는데 2004년 구글에 인수되면서 이후 구글어스가 된 서비스다. 구글 내에서 GIS에 관련한 서비스를 총괄하다가 〈인그레스Ingress〉라는 〈포켓몬 GO〉의 모태가 된 AR 게임을 개발하면서 2015년 분사해 설립된 기업이다. 〈인그레스〉는 글로벌하게 큰 성공을 거두지 못했으나 두터운 마니아 팬덤을 형성하면서 많은 데이터를 축적할 수 있는 원동력이 되었다. 이후 이 데이터를 기반으로 〈포켓몬 GO〉가 개발되고 출시하자마자 엄청난 반향과 관심을 불러일으키게 된 것이다.

당시 한국은 구글맵 서버 이슈가 있어 동시 출시를 하지 못했고 2017년이 되어서야 오픈 스트리트 맵Open Street Map이 적용된 버전을 국내에 출시하게 되었다. 처음만큼은 아니지만 지금도 꾸준히 마니아 유저들이 플레이하고 있다. 코로나 팬데믹이 터지면서 2020년 한 해에만 10억 달러가 넘는 매출이 나면서 사상 최대 실적을 올렸다.

〈포켓몬 GO〉가 얼마나 선풍적인 인기를 끌었는지 여기저기서 〈포켓몬 GO〉와 관련된 제품들과 서비스들이 쏟아져 나왔다. 일상생활 중 포켓몬이 나타나면 출현을 알람으로 알려주는 전용 웨어러블 기기 '포켓몬 GO 플러스'가 나오기도 하고 걸어서 이동할 수 없는 곳의 포켓몬을 날아가서 원격으로 잡을 수 있는 포획용 드론이 만들어지기까지 했다. 종일 걸어 다니면서 스마트폰으로 〈포켓몬 GO〉를 해야 하니 부족한 배터리와 휴대성을 개선한 〈포켓몬 GO〉 전용 배터리 팩의 출시는 물론 수많은 관련 제품이 서드파티를 통해 만들어졌다.

오프라인 마케팅은 그보다 더 인기였는데 한 편의점 체인이 편의점 안을 포켓스탑이나 체육관으로 만들어 사람들이 훈련하러 오게 해서 매출을 오르게 한다거나 〈포켓몬 GO〉 안에 특별한 이벤트를 연동하는 사례들은 당시에 아주 빈번했다. 특히 코로나19로 인해 피해를 입은 소상공인들을 지원한다는 의미의 '로컬 비즈니스 리커버리Local Business Recovery' 프로그램을 운영하기도 했는데 매출이 줄어든 소상공인 매장에 포켓스탑과 체육관을 설정해 의도적으로 도움을 주자는 리얼월드의 캠페인이었다.

〈포켓몬 GO〉가 이렇게 성공할 수 있었던 이유는 (1) 먼저 1996년부터 사랑해오던 수없이 방송되고 익숙하게 알고 있던 포켓몬들이 현실세계에 나타나고 진짜 애니메이션처럼 내가 주인공이 되어 포켓몬을 육성하고 전투를 벌이면서 마스터가 될 수 있다는 세계관의 중첩이 이곳에 일어났기 때문이다. 증강현실의 가장 큰 장점이 익숙하고 탄탄한 스토리를 기반으로 구현된 것이다.

(2) 다음으로 〈인그레스〉라는 전작을 통해 확보한 탄탄한 GIS 데이터를 기반으로 개발되었기 때문이다. 증강현실 서비스를 만들 때 리얼월드의 콘텍스트 데이터를 얼마나 잘 맵 데이터와 좌표 데이터에 연계하느냐가 가장 어려운 난관이다.

처음에 아무것도 없는 상태에서는 정확도가 떨어지고 현실세계와의 맵핑이 안 되기 쉬운데 〈인그레스〉를 통해 충성도 높은 사용자들이 축적해준 데이터가 〈포켓몬 GO〉에서 게임의 완성도를 만드는 데 큰 역할을 하게 된다. 이 부분이 다른 증강현실 기반 서비스에 큰 진입장벽으로 작동하고 있다.

(3) 메타버스를 통해 가지고 싶은 인간의 욕망과 리얼월드와의 연계가 치밀한 스토리 위에 잘 구현이 되어서다. 경쟁과 육성을 통해 성장하려는 욕구를 잘 반영해 시스템을 디자인했고, 탐험하고 수집하고 싶어 하는 다른 면의 니즈도 균형감 있게 담아내 AR 게임의 훌륭한 레퍼런스로 삼을 만하다. 어떻게 동기와 리워드를 부여하는지, 어디에서 유저들이 재미와 만족도를 느끼는지, 왜 장시간 지속적으로 들어와 플레이하는지 그 질문들의 답을 잘 구현해내고 있다.

최근 마이크로소프트 이그나잇Ignite 2021 컨퍼런스에서 알렉스 키프만Alex Kipman과 함께 등장한 존 행키가 스마트폰이 아닌 홀로렌즈 2 같은 혼합현실MR 헤드셋을 기반으로 업그레이드된 새로운 '포켓몬 GO'를 개발하고 있다고 공개했다. 혼자 주로 플레이하던 기존의 방식이 아니라 협력하면서 플레이하거나 더 높은 난이도의 퀘스트를 함께 수행하고, 일대일 대전도 좀 더 몰입감 있고 실감 나게 할 수 있게 될 것이라는데 메타버스의 인터페이스이자 경계선을 작은 스크린에서 나를 둘러싼 리얼월드로 전환하는 시도라서 어떤 모습으로 선보이게 될지 기대되는 부분이다.

09
우주보다 더 큰 세상

메타버스는 이론상 무한한 크기를 가질 수 있다. 인터넷으로 연결된 사이버 스페이스도 무한하다고 이야기할 수 있지만 크기라는 개념을 적용하려면 그것은 인터넷 위에 올려진 새로운 세상, 메타버스라야 더 잘 어울린다. 하지만 현존하는 메타버스들은 제한된 크기로 만들어지고 있다. 메타버스를 창조한다는 관점에서는 인간도 신의 반열이라 볼 수 있지만, 우리는 실제 무한한 크기를 그려낼 수 없다. 그래서 대부분 컴퓨팅 파워의 용량만큼, 설계할 수 있는 범위만큼 그려놓고 유한한 세계관을 만든다. 아니면 〈노 맨즈 스카이No man's sky〉처럼 1은하 크기의 맵을 그려놓고 계속 비행해 나가면 항성계가 확장되니 은하의 수백만 배 크기로, 무한대로 커질 수 있다고 가정하는 것이다. 현재까지 이런 한계에도 불구하고 우주라는 콘셉트를 기반으로 가장 큰 규모의 가상세계를 만든 것이 〈이브 온라인Eve Online〉이다.

'우주는 당신의 것이다The Universe is yours'라는 슬로건을 내세우며 아이슬란드 게임 기업 CCP가 개발한 MMORPG로 우주를 배경으로 한 대항해 시대 콘셉트다. 2003년 출시되고 2007년에는 아이슬란드 전체 소프트웨어 매출의 40%를 차지할 정도로 비중이 큰 게임이다. 놀랍게도 2018년 〈검은사막〉으로 유명한 한국 게임 개발사 펄어비스가 2,500억 원 정도를 들여 CCP의 지분 100%를 인수함에 따라 각 사가 가진 아시아 시장과 미주 유럽 시장에 대한 경쟁력이 시너지를 내고 있다. 덕분에 2019년 〈이브 온라인〉의 한글화도 가능해졌다.

이 게임의 가장 큰 특별함은 트랜퀼리티Tranquility라는 서버 1대로 운영된다는 것이다. 실제 동시 접속자 수 10만 명의 게임도 보통 서버별로 수백 명의 사용자를 분리하므로 다른 게임들은 대부분 수천 대의 서버로 운영하면서 서버당 최대 부하 용량을 넘지 않게 제한한다. 이에 비해 〈이브 온라인〉은 1대의 서버에 3만 명에서 최대 5만 명 정도의 플레이어를 동시 접속하게 만들어 서로 같은 공간을 공유하며 게임할 수 있게 구현되어 있다고 한다.

현존하는 메타버스 가상세계 중 가장 큰 스케일로 구현되어 있는데 주 무대인 K-Space는 5,404개의 성계로 이뤄져 있고 78.34×15.09×95.64광년(1광년=9,460,730,472,580.8k, 약 9조 4,600억 킬로미터)의 무한에 가까운 크기를 세계관에 녹여냈다. 웜홀을 통해 이동할 수 있는 2,700개의 성계로 이뤄진 '아노아키스'와 'J-Space'가 별도로 존재하는

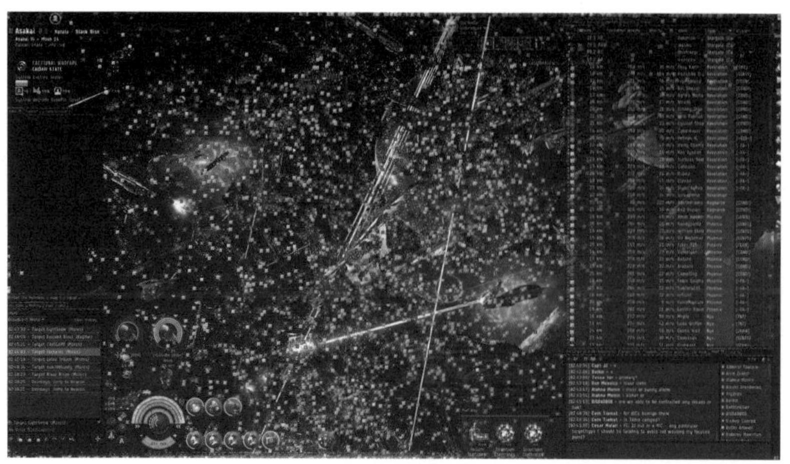

데, 이곳의 크기는 무려 628×325×2012광년의 규모다. 보통의 가상세계 게임과는 다른 스케일의 단위를 사용하다 보니 구현 제약이 상대적으로 작은 것은 사실이나 이런 거대 규모의 세계관을 실체화했다는 것만으로도 놀라운 게임이다.

〈이브 온라인〉에서의 시간은 우주의 시간대가 다 그렇듯이 빠르게 흐른다. 가상세계 내에서 한 달이 현실세계에서는 1년이며 빛의 속도와 상대성 원리 같은 과학적 이론을 SF게임이라는 이유로 무시하고 실시간 커뮤니케이션이 가능한 하나의 세계로 그리지만, 디지털 메타버스 안에서는 기존 물리법칙의 제약을 받지 않기에 무리는 없다.

〈이브 온라인〉은 게임이지만 실제 세계와 유사한 가상세계이자 메타버스의 속성을 완벽하게 가지고 있다. 유저들이 아이템을 직접 제작할 수 있고, 이를 위해 필요한 재료들을 우주에서 조달해야 한다. 완성된 아이템도 경우에 따라 크기와 목적이 다른데, 판매를 위해 이동하려면 수송선이 필요하고 이를 위해 그 안에 수송을 전담하는 기업이 생겼고 도적질에서 보호하기 위한 보안 경비 회사도 존재한다. 실제 지타JITA라는 성계에서 〈이브 온라인〉 최대 상권 스테이션이 존재하고 2,000여 명이 넘는 유저가 동시 접속해 아이템을 거래한다.

〈이브 온라인〉에 ISK(인터스텔라 크레딧)라는 자체 화폐 시스템이 있어 가상경제가 현실세계 기준으로 20여 년, 〈이브 온라인〉 기준으로 220여 년 동안 돌아가고 있다. 2016년 기준으로 〈이브 온라인〉 전체 1일 아이템 생산 규모가 3.5조 ISK, 자산 가치 3,000조 ISK, 유통 규모 974조 ISK인 거대 가상경제 규모가 만들어졌다. 다만 〈이브 온라인〉의 지속 가능성을 위해 디지털 자산을 리얼머니의 화폐로 전환하는 것은 불법으로 규정하고 철저하게 금지하고 있다.

이렇게 〈이브 온라인〉이 안정적으로 유지되고 운영될 수 있는 배경은 무엇인가. 내부에 이를 관장하는 경제학자들이 있고 이들이 지속적으로 개입해 통화 정책을 조절하고 정기적으로 경제 리포트를 만들어 배포하면서 잘 유지될 수 있도록 커뮤니케이션하고 있고, 유저들이 직접 참여해 함께 의사결정하는 위원회도 운영되기 때문이다.

우주의 특성상 SF영화처럼 연방정부를 만들고 최상위 의사결정 기구를 두고 통치하는 콘셉트가 아닌 모든 것이 플레이어들에 의해 자율적으로 선택되고 결정된다는 그라운드룰을 정해 개입을 최소화하고 있다. 탐사·개발·생산·자원 확보·전쟁·무역 등 모든 행위가 플레이어들의 재량이며 사기scam나 우주 해적질이 발생해도 그 자체가 게임 일부라 이마저도 플레이어들에게 맡겨진다.

〈이브 온라인〉은 '지구 안에 우주를 담을 수 있을까'라는 상상에서 시작된 놀라운 메타버스다. 사용법이 아주 복잡하고 가이드나 설명이 없어서 초보 유저에게는 진입장벽이 높고, SF영화나 슈팅 게임처럼 다이내믹하고 속도감 있는 전개를 가진 게임은 아니다. 느리게 흐르지만, 서사가 있고 복잡하지만, 그 안에 세상이 있고 제한되어 있지만, 끊임없이 인간사가 만들어지고 있다. 친구들과 동맹들, 타인들과 경쟁자들이 공존하는 물리적으로 작지만, 가상적으로 가장 큰 메타버스다.

10

〈마인크래프트〉와 〈로블록스〉

비디오 시절에 뽀로로라는 초통령이 있었다면 메타버스 시대에는 〈마인크래프트Minecraft〉와 〈로블록스Roblox〉가 있다. 그만큼 초등학생을 포함한 10대가 가장 좋아하는 게임이며, 모든 것이 메타버스화Metaversification되고 있는 C세대Generation Corona에게도 가장 사용 시간 비중이 높은 가상세계 플랫폼이다. 레고처럼 작은 블록을 이용해 원하는 무엇이든 만들 수 있는 샌드박스 게임이라는 것이 이 둘의 공통점이다. 많은 부분 비슷한 이유로 메타버스 시대 가장 주목받고 있는 2개의 블루칩이 되었다.

〈마인크래프트〉는 2009년 스웨덴의 마르쿠스 페르손Markus Persson이 개인 취미로 만든 게임이다. 네모난 블록으로 만든 세상 속에서 수

렵·채집·농사·건축·탐험 등 뭐든지 할 수 있는 오픈월드 게임이다. 2011년 정식으로 공개하면서 모장Mojang이라는 회사를 차리는데 이후 사용자들이 늘면서 급성장했고 때마침 클라우드 기반으로 모든 것을 전환하고 있던 마이크로소프트의 눈에 띄어 2014년 무려 25억 달러에 인수된다. 여러 이슈와 논란으로 창업자는 떠나지만, 마이크로소프트의 전폭적인 투자로 자바 버전의 제약을 떼어내고 베드락에디션으로 새롭게 개발되면서 PC는 물론 콘솔 게임기, 스마트폰 등으로 포팅되면서 본격적으로 그 세가 확장된다.

2020년 코로나 팬데믹으로 더 큰 성장을 이루면서 누적 2억 장 판매를 돌파하고 단일 게임으로는 세상에서 가장 많이 팔린 게임이 되었다. 지금도 1억 2,000만 명이 넘는 사용자들이 이 게임을 이용하고 있고, 늘 2,000여 명이 넘는 유저가 온라인상에 동시 접속해 자신들의 세상을 만들고 플레이하고 있다.

〈마인크래프트〉는 구조에 따라 오버월드Overworld, 네더Nether, 앤드End 3가지 차원이 존재하는데 각각 독립되어 있고 고유의 생태계와 환경이 있어 포털을 통해 이동하면 다양한 경험을 할 수 있다.

게임이 시작되는 오버월드는 태양과 달이 있고 낮과 밤이 있으며 날씨와 기후가 바뀐다. 대자연을 기반으로 하며 우리가 살고 있는 곳과 환경이 가장 비슷한 차원이다. 반면 네더는 지하세계로 동굴로 연결되어 있고 용암이 흐르는 언더월드에 해당하는 곳이다. 엔드는 하늘 위 공간에 떠 있는 부양 섬들로 이뤄진 낮과 밤과 날씨가 없는 엔더월드로 불린다. 〈마인크래프트〉 최신 버전은 전체적으로 60,000×

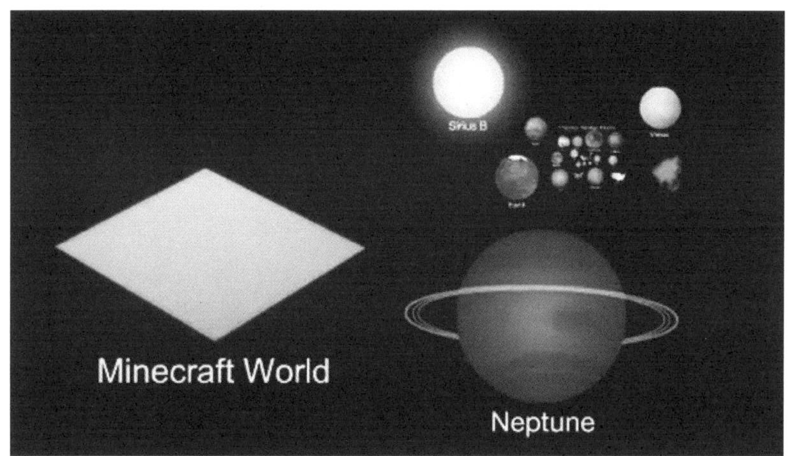

출처: minecraft.fandom.com[5]

60,000=36억 제곱킬로미터 크기의 맵인데 지구 표면 넓이가 5억 1,010만 제곱킬로미터이니 〈마인크래프트〉의 가상세계가 실제 지구보다 7~8배 더 큰 규모인 셈이다.

〈마인크래프트〉가 게임임에도 불구하고 아이들이 재미있게 몰입하고 창의성과 자율성을 기반으로 뭔가를 만드는 것에 고무된 교사들은 이를 교육에 활용하기 시작했다. 이와 관련해 학습 콘텐츠를 직접 제작해 교과목과 연계된 실습이나 게이미피케이션이 적용된 수업 진행을 시도하는 일이 많아졌다. 교육 관련 컨퍼런스에 다양한 사례가 발표되고 학부모들도 긍정적인 효과를 인정하면서 오히려 더 많은 요구와 기능 제안을 모장에 하기 시작했고, 결국 2016년 공식적으로 〈마인크래프트〉 교육용 버전이 출시된다.

초기 버전 릴리스 때 약 100개국의 500여 학교가 참여해 25만여 명

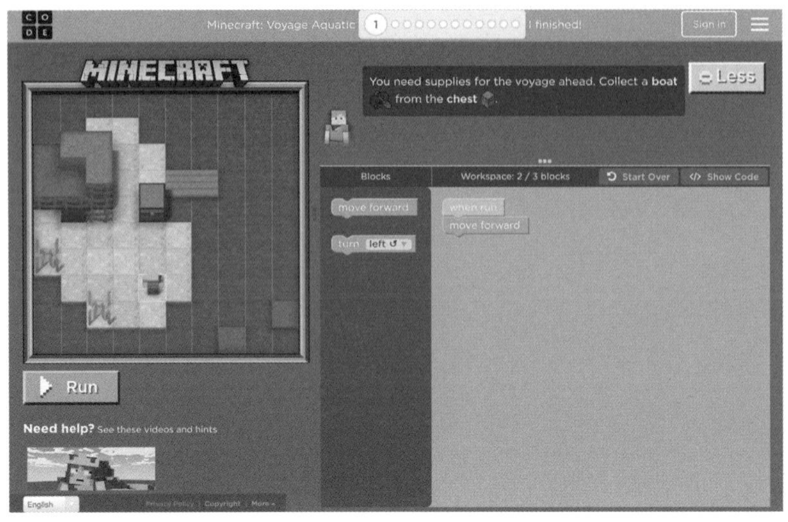

이 넘는 학생의 교육에 활용되었으니 임팩트는 가히 상상을 초월했다. 수중탐험Voyage Aquatic 프로그램으로 해양 생물을 관찰하고 수중 생태계를 체험한다거나 실제 코딩을 최소화한 로 코딩Low Coding 기반의 코딩 수업까지 다양한 콘텐츠를 통해 과학·역사·수학·예술·코딩 영역에서 〈마인크래프트〉 교육이 진가를 발휘했다. 경쟁보다는 함께 플레이하며 협력적으로 고정된 지식 중심이 아닌 창의성을 발휘하고, 자유롭게 상상하며 배울 수 있는 효과까지 검증된 것이다.

이런 현상을 반영하듯 현실세계의 많은 것이 〈마인크래프트〉 안으로 들어갔다. 월드비전은 아프리카 어린이들의 삶을 공감해볼 수 있는 랜선 자립 마을을 건설하고 인천광역시는 인천크래프트라는 콘셉트로 홍보관을 만들기도 했다. 코로나19로 학교에서 졸업식을 열지 못하자 미국의 캘리포니아주립대학, 플로리다주립대학, 프린스턴대학의 학

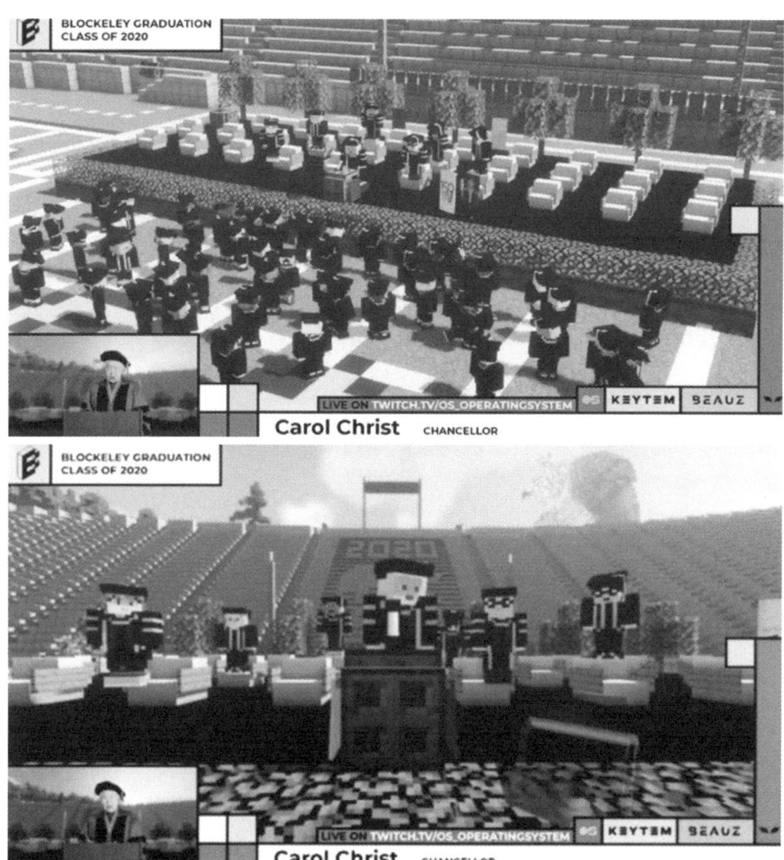

생들은 가상공간에서 졸업식을 치르기도 했고 버클리대학의 학생들은 〈마인크래프트〉 안에 학교 캠퍼스를 그대로 옮겨놓았다. 리얼월드에서 〈마인크래프트〉를 소재로 한 소설이나 만화는 물론 몇 편의 영화까지 제작되었고, 레고를 모티브로 만들어진 〈마인크래프트〉를 다시 테마로 해 레고에서 〈마인크래프트〉 버전이 출시되기까지 한다.

청와대도 코로나19로 매년 개최하던 어린이날 행사를 할 수 없게 되

자 비대면 방안으로 많은 어린이가 좋아하는 〈마인크래프트〉 안에서 해보자는 제안이 나왔다. 실제로 30여 명이 일주일간 청와대 맵을 만들고 어린이들을 이곳에 초대했다. 〈마인크래프트〉 청와대 맵 안에서 군악대가 공연하고 직접 내부 구경도 하며 맘껏 뛰놀 수 있었는데 이곳은 따로 방문 예약할 필요도, 복잡하고 삼엄한 보안 검열도 없었고 마스크를 착용할 이유도 없었다.

〈마인크래프트〉 출시 10주년을 기념해 메타버스의 도메인을 확장하기도 했다. 2019년 11월, 증강현실 버전의 〈마인크래프트 어스Minecraft Earth〉를 출시하고 유저들이 현실세계 곳곳을 걸어 다니고 이동하면서 여러 다양한 아이템을 수집하거나 물건을 제작하고, 친구들을 초대해 함께 모험을 즐기는 등 기존 〈마인크래프트〉의 속성과 유사한 콘셉트로 개발되었다. 건축 모드가 따로 있어 실제 내가 있는 공간 위에 〈마인크래프트〉 세계를 소환하거나 제작하는 일이 가능했다.

안타깝게도 코로나19가 장기화되면서 사회적 거리두기가 전 세계적으로 시행되었고 야외에 직접 나가 플레이를 해야 하는 특성상 영향을 받을 수밖에 없었다. 신규 사용자들의 증가세는 줄어들었고 발 빠르게 실내나 이동하지 않고도 게임을 즐길 수 있는 대안의 적용이 늦어 기존 사용자들마저 재미를 느끼지 못하고 이탈하면서 공식적으로 2021년 7월부터 운영을 종료하겠다는 발표를 하게 된다.

하지만 이는 일부의 이유일 뿐 본질적으로 사용자들이 게임에 몰입하고 재미를 느끼기에 부족한 점들이 적지 않다. 〈마인크래프트〉 대비 제약이 많았는데, 제작과 사용 시간에 지연 시간이 있다거나 리소스팩이나 셰이더를 사용할 수 없었고, 수집하는 아이템들의 희소가치나 유용한 용도가 없어 리워드에 대한 만족도가 높지 않았다.

게다가 높은 사양의 최신 모바일 기기에서만 증강현실이 제대로 지원되다 보니 하위 기종 유저들은 원천적으로 사용이 제한되었고 로그인을 반드시 마이크로소프트 계정을 통해 진행해야 하는 것이 큰 부담으로 작용했다. 여기에 〈마인크래프트〉의 세계관과 전혀 연동되지 않는다는 것이 가장 중요한 이유였을 것이다. 구현이 쉬운 부분은 아니지만, 내가 만든 기존의 〈마인크래프트〉 세계로 순간 이동을 한다거나 반대로 이동할 수 있고 이곳 어스에서 수집한 아이템을 기존 〈마인크래프트〉에서 판매한다거나 사용할 수 있었다면 아마도 최고의 게임으로 업그레이드되었을 수 있다.

그렇다면 〈마인크래프트〉는 어떻게 오랫동안 많은 유저의 사랑을 받으며 성장하게 되었고 왜 사람들이 열광하고 재미있어하는가. 영원한 성공의 방정식은 아니겠지만 현재까지 무엇이 지금의 〈마인크래프트〉를 만들었는지 이해할 필요는 있다.

(1) 먼저 〈마인크래프트 어스〉와 반대로 정말 다양한 이기종의 디바이스를 전부 지원했다. 그래픽이 단조롭고 해상도가 높지 않아 저사양의 디바이스에서도 무리 없이 플레이되었고 낮은 디스플레이의 해상도 또한 아무런 지장을 주지 못했다. 윈도·맥·리눅스가 설치된 개인용 컴퓨터는 물론 닌텐도의 3DS, Wii U, 스위치까지 지원했다. 콘솔 게임인 플레이스테이션 3·4, Xbox, 스마트TV 터미널인 애플TV와 아마존 파이어Fire TV까지 인터넷이 연결되고 디스플레이와 연동되는 거의 모든 디바이스를 지원한다.

VR 헤드셋인 오큘러스 리프트용으로도 개발되었는데 중간에 페이스북이 이를 인수하며 지원을 중단하는 바람에 현재 불가능하지만, HTC 바이브의 바이브크래트프Vivecraft나 스팀SteamVR을 통해 할 수 있는 방법은 아직 가능하다. 여기에 저사양 오픈 소스 하드웨어인 라즈베리파이는 물론 안드로이드, 윈도모바일, iOS 등의 모바일 디바이스까지 〈마인크래프트〉가 구동된다. 누구라도 〈마인크래프트〉를 하고 싶다면 할 수 있다.

(2) 조작과 제어가 쉬운 단순하고 직관적인 사용자 경험이 제공되어서다. 〈세컨드라이프〉나 〈이브 온라인〉 같은 하드코어 가상세계와 비교하면 자유도는 비슷한 데 반해 UX는 상대적으로 심플하다.

(3) 샌드박스 오픈월드 게임의 원조답게 자유도가 높지만, 단계적인 목표가 지속적으로 주어지고 목표를 수행하는 모든 부분에서 선택권과 자율성이 주어지므로 유저들이 방황하거나 뭘 해야 할지 몰라 흥미

를 잃는 일이 잘 생기지 않는다.

(4) 블록으로 무엇이든 창조가 가능하고 Mod, 셰이더, 리소스팩 등을 통해 다양한 커스텀과 개인화가 가능하다. 픽셀과 복셀이 정밀하지 않은 캐릭터들과 아이템들의 그래픽을 향상시키거나 원하는 디자인으로 다양하게 커스텀할 수 있어 무한한 상상력을 발휘하고 창조할 수 있는 몰입과 지속적인 재미를 줄 수 있다.

(5) 적극적이고 열정적인 사용자 커뮤니티가 존재한다. 게이머들뿐 아니라 교사와 부모 모두에게 지지를 받고 함께 참여하는 다양한 커뮤니티가 있고 정보 교환과 다양한 시도를 지속하게 만드는 원동력이 되고 있다. 디스코드Discord에서 커뮤니티 멤버들은 다양한 의견을 나누고 노하우를 공유하고 함께 플레이할 친구와 대화를 하는 등 가상세계와 연계되는 디지털 커뮤니티가 관계를 끊어지지 않게 이어주고 있다. 게다가 유튜브나 트위치Twitch를 통해 제작 경험, 공략 노하우, 도구 만드는 방법이나 미니게임 소개까지 많은 유튜버를 통해 쉽고 재미있게 촬영되어 공유되고 확산되고 있다.

초통령이라는 양띵이나 도티도 〈마인크래프트〉 콘텐츠로 알려졌고 1억 명이 넘는 구독자를 보유한 퓨디파이PewDiePie도 〈마인크래프트〉에 열광하는 유튜버 중 하나다.

〈마인크래프트〉와 함께 메타버스의 2대장으로 달리고 있는 게임이 〈로블록스〉다. 2021년 3월 뉴욕증권거래소NYSE에 당시 388억 달러로 상장하는데 〈심즈〉나 〈배틀필드Battlefield〉로 유명한 가장 큰 게임 기업 EA보다 큰 시가총액의 기업으로 등극한다. 〈로블록스〉는 2004년 스탠퍼드대학에서 컴퓨터사이언스를 공부하던 데이비드 바수츠키David Baszucki가 창업했고 2006년 첫 PC 버전을 공개했다.

초기에는 부족한 그래픽 처리와 관심이 적어 사용자가 많지 않았고 수익도 나지 않는 어려운 시기를 보내야 했는데 멀티플랫폼 전략을 세우고 2012년 모바일 버전을 출시하면서 양상이 180도 바뀌게 된다. 스마트폰으로 전환되는 시대와 맞물려 사용자는 급증하고 노 코딩No Coding으로 게임을 제작할 수 있는 로블록스스튜디오를 이용하는 크리에이터들이 늘면서 플라이휠 효과가 나타났다.

크리에이터들이 더 많은 게임을 만들다 보니 그중 괜찮은 게임 수가 늘어나고, 자연스레 사용자 증가로 이어지고, 다시 더 많은 사용자의 친구들이 유입되면서 더 재미있는 경험을 하게 되는 선순환이 되면서 〈로블록스〉 생태계가 성장하게 된다. 2015년에는 Xbox 콘솔용이 출시되고 드디어 2016년에 월 6,400만 명이 이용하면서 월 5,500만 명이 사용하던 〈마인크래프트〉를 넘어선다. 당시에 200만 명의 개발자가 2,900만 개 이상의 게임을 만들어 올렸다.

〈Roblox High School〉이나 〈Working in Pizza Place〉 등의 인기 게임들이 많아지자, 해당 캐릭터들로 상품을 만들어 판매하는 IP 사업을 병행했고 콘텐츠 사업까지 영역을 확장했다. 〈로블록스〉는 로벅스Robux라는 자체 화폐 시스템을 운영했는데 게임 판매는 70%, 아바타 같은 아이템 판매는 30%의 수수료를 창작자들과 공유하면서 개발자 생태계가 급성장했다. 현재는 그 수가 800만 명에 달하고 이들이 만든 게임 수가 5,000만 개에 달한다고 한다. 품질이 떨어지고 단순한 게임들도 모두 포함한 숫자지만 그만큼 게임 개발이 쉽고 진입장벽이 낮음을 추측할 수 있는 부분이다.

〈마인크래프트〉도 패키지 판매와 마켓 플레이스 수익의 70%를 마인코인으로 공유하지만 〈로블록스〉는 수익이 10만 로벅스(현재 350달러) 이상이면 DevEx를 통해 실제 화폐로 환전이 가능하므로 실제 수익을 낼 수 있는 강력한 인센티브가 제공된다는 차이가 있다. '개발자 환전DevEx' 프로그램은 개발자가 번 로벅스를 현금으로 바꿔주는 일종의 환전소 시스템으로 '현금 인출' 버튼을 누르면 실제 화폐로 환산돼 현실세계의 계좌로 입금된다. 이 리워드 덕분에 현재 127만 명의 개발자가 평균 1,000달러의 수입을 올리고 있고 상위 300명의 평균 수익은 10만 달러에 이른다. 2007년 기준으로 300만 달러의 최고 수익을 올린 개발자도 탄생했다고 한다.

2020년 로블록스는 사진 1장으로 딥러닝을 통해 리얼한 3D 아바타를 생성해주는 스타트업 Loom.ai를 인수했고, 세계 모바일 게임 시장의 41%를 차지하는 중국 내 게임 서비스 허가권도 따냈다. 동시에 텐센트와 손잡고 로블록스차이나를 설립해 중국 시장을 강력하게 공략하고 있어 머지않아 더 엄청난 규모의 중국 사용자들이 〈로블록스〉 생태계에 합세하게 될 것이다.

현재 〈로블록스〉는 3,300만 명이 매일 게임을 하고 있고, 월간 사용자 기준으로 1억 5,000만의 액티브유저가 있다. 이 중 모바일 비중이 72%를 넘고 전체 유저의 3분의 1이 16세 이하로 평균 체류 시간도 인스타그램의 35분, 유튜브의

54분, 틱톡의 58분을 압도적으로 넘어선 156분으로 메타버스화의 시대를 앞당기고 있다.

이를 증명하듯 2020년 12월 〈로블록스〉 안에서 열린 릴 나스 엑스 Lil Nas X의 콘서트에 수백만 명의 플레이어들이 참가해 공연을 즐겼고, 주말 2일간 3,300만 뷰를 넘는 조회를 기록했다.

이런 엄청난 성장에는 〈마인크래프트〉의 성공 요인과 매우 유사한 패턴을 보이지만 〈로블록스〉만이 가지고 있는 것들이 있다. 현실세계와 연계되는 강력한 인센티브와 진입장벽이 없는 개발 환경이 주어진 800만 명이 넘는 개발자 커뮤니티다. 부분 유료화를 통해 수익 모델을 증명했고 사용자들의 이용 데이터를 통해 가장 막강한 플랫폼이라는 것을 보여줬기에 〈로블록스〉는 10대의 세상에서 20대, 30대를 아우르는 거대 메타버스가 될 때까지 멈추지 않고 성장할 것이다.

5장

메타버스를 향한 다양한 시도

현빈이 출연했던 〈알함브라 궁전의 추억〉이라는 드라마가 있었다. 증강현실로 접속할 수 있는 스마트 콘텍트렌즈를 착용하면 현실세계가 커다란 게임공간으로 바뀌고 그 안에서 가상의 캐릭터와 싸우다 죽으면 현실에서도 죽는다는 황당한 플롯을 가진 내용이었다.

아주 오랫동안 실현 가능성은 없어 보였지만 그 자체로서 내가 살고 있는 세상이 다른 세상과 중첩될 수 있다는 설정이 무척 매력적으로 느껴졌다. 아마도 비슷한 생각을 했거나 지금도 하고 있는 사람들이 이 세상에 꽤 많을 것이라는 추측을 해본다.

이유는 최근 10여 년 동안 만에도 많은 창업가와 기업이 이 몽상 같은 미래를 실현해보고 싶어 끊임없이 실험하고 시도하는 일이 이어지고 있기 때문이다.

언제쯤 SF소설에 나오는 정도의 상상이 우리 눈앞에 실현될지 아무도 모르지만 분명한 것은 우리가 해온 도전을 통해 배우고 시도하는 일이 반복된다면 그것은 시간문제가 될 수 있다는 것이다.

01

구글글래스가 실패한 이유

먼 미래에 핵심 비즈니스가 될, 하지만 엉뚱하거나 어려운 혁신 프로젝트를 의미하는 문샷Moonshot 프로젝트를 수행하는 구글X라는 연구 조직이 있다.

2012년 4월 5일 〈어느 날One Day〉이라는 동영상이 하나 공개된다. 여기서 가장 먼저 시작한 프로젝트 중 하나로 우리가 알고 있는 구글글래스를 처음 세상에 소개하는 프로젝트 글래스 영상이었다. 이 영상이 공개되고 세상의 반응은 엄청 뜨거웠다. 상상 속에서 그려보던 제품이 눈앞에 나타났다고 생각한 사람들은 흥분했고 소셜 미디어를 통해 빠르게 공유하면서 언제쯤 나올지 기대했다. 얼마 되지 않은 6월 27일, 개발자들을 위한 연례 컨

퍼런스 구글 I/O에서 갑자기 무대에 올라온 세르게이 브린Sergey Brin이 구글글래스의 데모를 보여주었다.

같은 시간 행사가 열리고 있는 샌프란시스코 모스콘센터 상공 위에 떠 있던 비행기에는 스카이다이버들이 탑승하고 있었는데 그들이 착용한 구글글래스에 장착된 카메라가 비추는 실제 영상이 행사장 스크린에 스트리밍되었다. 이어서 이들이 스카이점프를 하며 낙하하는 영상, 착지한 후에는 오토바이를 타고 모스콘센터를 향해 달려오면서 보이는 거리까지 불과 몇 분의 시간이 구글글래스를 통해 실시간으로 중계되었다. 낯익은 행사장 내부가 보이자마자 오토바이들이 행사가 진행되고 있던 컨퍼런스룸 안으로 들어왔고 영화 같은 데모가 끝났다. 연출한 데모이긴 했으나 세상의 이목을 집중시키기에는 충분히 극적이었고 이날 흥분한 세르게이 브린은 참가한 개발자들에게 1,500달러짜리 글래스를 선주문 받는다.

그해 10월 〈타임〉[1]은 구글글래스를 2012년 최고의 발명품 중 하나로 선정하고 그다음 해 4월 16일, 드디어 구글 익스플로러Google Explorers 프로그램에서 선주문했던 개발자들의 방문 수령이 시작되었다. 이때부터 유튜브와 소셜미디어에 더 많은 구글글래스 영상이 공유되면서 트렌드가 되었고 패션 잡지 〈보그Vogue〉가 '미래의 패션The Future of Fashion'이라는 타이틀로 구글글래스를 소개하면서 특집 기사로 다루기도 했다.

2013년 10월 29일 역사에 남을 사건이 터진다. 미국 샌디에이고에서 세실리아 아바디Cecilia Abadie가 구글글래스를 착용하고 운전을 하다가

과속 티켓을 발부받는데 당시 교통경찰이 구글글래스 착용이 운전 중 휴대폰 사용 금지에 해당한다고 티켓을 한 장 더 발부했다. 전 세계에 해외 토픽으로 퍼지면서 구글글래스가 변화의 새로운 상징처럼 떠올랐고 2014년 1월 16일 캘리포니아주 법원은 위법 상황은 맞으나, 당시 운전 중 구글글래스를 동작시켰다는 사실을 인지할 수 있는 증거가 없다는 이유로 무죄를 선언한다.

드디어 2014년 5월 13일, 일반에 구글글래스가 오픈되면서 누구나 1,500달러를 내면 글래스를 구매할 수 있게 된다. 이때부터 극장에서 녹화가 가능하다는 이유로 구글글래스를 착용한 사람의 출입을 금지하고, 탑재된 카메라가 동의 없이 사진을 찍을 수 있고 정보를 수집할 수 있기에 프라이버시를 침해한다는 논란이 일었다. 같은 이유로 많은 매장이 입장을 거부하는 일이 생긴다. 동시에 TV 드라마나 예능에 구글글래스를 착용한 연예인들이 자주 보이면서 대중화가 본격화되는가 싶었는데 오히려 서서히 관심이 식어가고 있었다. 구글은 다양한 협력과 개선을 통해 캐즘Chasm을 넘고자 했으나 많은 시도가 실패로 마무리되면서 결국 2015년 1월 15일 구글글래스 프로그램을 종료시킨다.

구글글래스의 실패는 예정되어 있던 수순이었다는 이야기가 많다. 충분히 검증하고 시장이 원하는 기능을 구현한 후 상용화했어야 했는데 베타 버전을 너무 일찍 상용화했기 때문이라는 것이다. 이 부분은 반은 맞고 반은 틀리다. 구글은 워낙 영구베타Perpetual Beta로 유명하고 구글이라는 서비스도 그렇게 태어났다.

최소 사양으로 구현해 시장에 런칭하고 고객들의 니즈를 끊임없이 모니터링하고 분석해서 빠르고 지속적으로 업데이트하면서 서비스를 개선하는 것이 이들이 가장 잘하는 일이다. 그래서 구글글래스도 같은 패턴으로 빠르게 공개한 것인데 하드웨어의 제약을 간과했다. 소프트웨어는 출시 후에도 쉽게 개선할 수 있고 업데이트 적용도 비용이 거의 들지 않는 데 반해 하드웨어는 출시 후 개선이 어렵고 비용이 많이 든다. 이 결과로 너무 일찍 상용화했다는 비판이 나오는 것이다. 이외에도 구글글래스가 시행착오를 겪게 된 중요한 이유가 몇 가지 더 있다.

(1) 가장 중요한 것은 고객가치의 부재다. 1,500달러라는 비싼 가격에 다소 부족한 디자인, 필요한 성능과 기능들이 제대로 구현되어 있지 않았기에 얼리어답터나 개발자들에게는 매력적이었을지 몰라도 일반 유저에게는 왜 구매해야 하는지 강력한 설득력을 발휘하지 못했다.

특히 한쪽 눈으로만 볼 수 있는 작은 디스플레이와 낮은 성능, 유용한 애플리케이션의 부족은 소비자들의 선택을 받지 못한 가장 큰 이유다.

(2) 장착한 카메라가 불러일으킨 논란이 프라이버시와 저작권 같은 민감한 이슈들을 건드려 사회적 수용성을 얻지 못한 것도 큰 원인 중 하나다. 더불어 머리에 착용하는 웨어러블에서 발생하는 전자파가 건강과 안전에 위해하다는 우려가 불거졌는데, 사전에 충분한 검증을 받지 못했다는 이슈가 더해지면서 더욱 외면받게 된 것이다.

(3) 웨어러블의 불편함과 이를 극복해줄 사용자 경험이 제대로 구현되지 않았다는 결정적인 이유가 추가된다. 안경을 착용하지 않는 사람들은 물론 착용하는 사람들에게도 무겁고 충전이 필요하고 조작이 불편한 구글글래스를 지속적으로 사용하기에는 어려움이 있다. 구글글래스는 이런 부분에서 충분한 개선과 혁신이 부족했다.

종료되었던 구글글래스 프로젝트는 엔터프라이즈 버전으로 피보팅되어 2017년 조용히 다시 살아났고 B2B로 특별한 용도나 산업에 적용되고 있는데 2019년에 엔터프라이즈 2번째 버전이 퀄컴의 스냅드래곤 XR1을 적용해 개발되면서 그동안 부족했던 성능을 어느 정도 보완하게 되었다. 이듬해 캐나다의 스마트글래스 스타트업인 노스North를 전격 인수하면서 다시 구글글래스의 재기를 노리는 듯한 모습을 보여주고 있다.

아니나 다를까 최근 구글의 잡포스팅에 다시 AR 관련 기구, 광학, 하드웨어 엔지니어 채용 공고가 나오는 것으로 볼 때 머지않아 그동안 겪은 시행착오를 만회할 회심의 역작이 나올지 모르겠다.

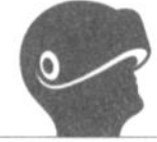

02

페이스북이 오큘러스를 인수한 이유

미국 캘리포니아주 롱비치에서 태어난 팔머 럭키Palmer Luckey는 어릴 때부터 공학과 전자제품에 관심이 많았다. 꽤 복잡한 하드웨어부터 레이저나 테슬라 고압 코일같이 위험한 제품까지 연신 실험하고 만들었고, 게임을 아주 좋아해서 PC게임을 제대로 할 수 있는 게이밍 컴퓨터도 조립했는데 이때부터 컴퓨터그래픽이 만드는 가상현실에 푹 빠졌다고 한다. 특히 1990년대 VR의 전성기 때 출시된 50여 종이 넘는 VR 헤드셋을 전부 사 모으고 사용하고 분석하면서 한편으로는 맘에 드는 VR 헤드셋이 아직 없다는 것을 깨닫는다.

2009년(16세)부터 직접 디자인해 헤드셋을 만들었고 제작비를 충당하기 위해 고장 난 아이폰을 수리해 팔기도 하고 파트타임으로 아르바이트를 하기도 했다. 1년 뒤인 2010년 90도의 FoVField of View, 낮은 지연성, 햅틱을 적용한 첫 프로토타입 PR1이 탄생한다. 끊임없이 개선을 시도한 끝에 6번째 프로토타입인 '리프트Rift'가 개발된다. 이 제품을 2012년 킥스타터에 올려서 크라우드펀딩 캠페인을 시도했는데 목표 금액 25만 달러의 10배에 가까운 240만 달러라는 엄청난 금액으로 펀딩에 성공한다. 이렇게 오큘러스가 탄생한다.

페이스북은 사람과 사람을 연결하는 소셜네트워크이자 커뮤니티 플랫폼이다. 어디에 살든 무슨 일을 하든 인터넷만 있다면 사람들은 페이스북을 통해서 연결될 수 있고, 글을 올리고, 사진을 포스팅할 수 있다. 데이터를 주고받고 생각과 의견을 나누면서 사람과 사람 사이의 관계가 만들어진다.

컴퓨터나 스마트폰을 가진 사용자들은 누구나 페이스북 계정을 만들 수 있고 무료로 사용하면서 무한한 네트워크에서 글로벌 시민이 되어 살아갈 수 있다. 이것이 가능한 이유가 연결을 위한 하드웨어 플랫폼과 그 위에서 동작하는 소프트웨어 플랫폼이 전 세계 사용자들에게 확산이 되어서다.

개인용 컴퓨터, 태블릿, 스마트폰 같은 하드웨어 위에 Windows 10, Mac OS, 안드로이드, iOS 같은 운영체제 소프트웨어가 하나처럼 움직이며 사람들이 원하는 수많은 일을 가능하게 하고 있다. 그 위에는 다시 인터넷을 기반으로 데이터를 주고받고 정보를 내비게이션할 수 있는 사파리, 크롬, 엣지, 파이어폭스 같은 웹브라우저가 존재한다.

페이스북은 그 위에서 작동하는 하나의 웹사이트이지만 25억 명 이상이 사용하는 어마어마한 규모의 소셜네트워크서비스다. 20억 개 가까운 웹사이트[2] 위에 50억 명 가까운 유저가 지금도 데이터를 주고받고 있는데 그중 절반이 페이스북 위에 글을 남기고 사진을 올리고 있는 셈이다.

이렇게 새로운 하드웨어 플랫폼이 나오면 그 위에 새로운 소프트웨어 플랫폼이 만들어지고, 또다시 그 플랫폼은 그 위에 새로운 레이어를 쌓아가며 복잡하지만 다양한 가능성과 연결성을 만들고 있다. 마크 저커버그Mark Zuckerberg는 오큘러스 같은 VR 디바이스가 새로운 하드웨어 플랫폼이 될 수 있을 것이란 믿음이 있으며 지금 우리가 쓰는 컴퓨터나 스마트폰처럼 수많은 소프트웨어가 새로 등장한 오큘러스 위로도 올라오게 되리라는 것을 확신하고 있다.

그 소프트웨어들이 서로 연결되면 더 큰 디지털 세계를 만들 수 있을 것이란 미래를 믿고 있다. 새로운 컴퓨팅 디바이스의 등장은 새로운 컴퓨팅 환경을 만들고 그 환경은 연결된 새로운 생태계를 만드는 것이다. 2014년 VR 헤드셋을 직접 보고 난 후 가상현실이라는 새로운 컴퓨팅 환경을 만들 수 있는 하드웨어 플랫폼에 베팅하기 위해 오큘러스를 23억 달러에 인수한다.

페이스북은 최대의 소셜네트워크이자 막강한 커뮤니케이션 플랫폼이 되고자 했고 이를 위해 2012년에는 10억 달러에 인스타그램을 인수하기도 했다. 스마트폰 기반의 사진을 매개체로 일상을 공유하는 소셜네트워크 인스타그램은 페이스북과 함께 사람들을 강력하게 엮어줄 수 있는 시너지가 있을 것이라고 판단했기 때문이다.

모바일 메시징이 급성장하면서 2014년에는 4억 5,000만 명의 사용자를 가지고 있던 왓츠앱Whatsapp을 페이스북 사상 최대 금액인 220억 달러에 인수한다. 당시 엄청나게 큰 인수비용에 논란과 부정적인 평가가 이어졌고 언론들도 연일 큰 뉴스로 보도하곤 했다.

북미에서는 페이스북 메신저에 이어 2위였지만 동남아시아 국가에서는 압도적인 1위 메시징 기업이라 좋게 보면 여러 관점에서의 전략적인 투자로 볼 수 있다. 메신저가 포함된 페이스북을 동남아에서도 막강한 커뮤니케이션 플랫폼으로 성장시키기 위한 포석으로 볼 수 있고, 왓츠앱 개발자들을 인재 확보Talent Acquisition하기 위한 일환일 수도 있다. 왓츠앱 자체가 거대 사용자를 기반으로 추후 소셜네트워크서비스로 확장되어 강력한 경쟁자가 될 수 있을 가능성을 원천 차단하기 위한 선제적 대응일 수도 있다.

시간이 지나 결과적으로 페이스북의 인수는 왓츠앱을 15억 명이 사용하는 거대 메시징 서비스로 성장시켰고, 동시에 페이스북 메신저는 10대가 가장 많이 사용하는 커뮤니케이션 플랫폼이 되었다. 전화번호가 없어도 가입할 수 있고 왓츠앱과 달리 컴퓨터, 스마트폰, 브라우저 어디에서든 동시에 사용이 가능하고 페이스북과 연동되어 친구들과 소통하고 공유하기 좋다는 장점을 극대화해 10대 사용자가 전체 페이스북 가입자의 20% 이상을 차지하는데 실제 사용 시간 비중은 60%가 넘는다고 한다.

누가 읽었는지 언제 확인했는지 빠르게 파악이 가능할 뿐 아니라 처음부터 전체 히스토리가 고스란히 보관되어 있고 페이스북과의 전환이 쉬운 탓에 10대를 포함해 사용자가 늘고 있다. 이렇게 페이스북 메신저와 왓츠앱 메신저는 기능과 속성을 달리해 전략적 포지셔닝을 하고 있고 두 서비스 모두 성장했으니 비싼 비용을 들여 인수한 것이 실수라는 평가를 내리기에는 무리가 있다.

이렇게 인스타그램이 소셜네트워크의 확장, 왓츠앱이 메시징 서비스의 확장이라고 본다면 오큘러스 인수는 하드웨어 플랫폼의 확장이자 엔터테인먼트와 커뮤니케이션 채널의 확장이며, 타사의 플랫폼 위에 구현되어온 페이스북이 처음 수직 통합을 이룰 수 있는 기반을 마련한 투자라고도 볼 수 있다. 하드웨어, 운영체제, 3D 웹브라우저, 앱스토어, 애플리케이션 모두를 페이스북이 바닥부터 위까지 제어하고 만들 수 있는 환경이 만들어졌기 때문이다.

그래서 앞서 다른 인수 건들과는 다르게 오큘러스는 마크 저커버그의 개인적 욕망과 장기적 비전이 한몫한 의사결정으로 보인다. 미래의 컴퓨터가 될 오큘러스 안에 새롭게 떠오를 가상현실이라는 콘텍스트는 아직 아무에게도 정복되지 않은 새로운 대륙이며 그 대륙을 콜럼버스가 되어 발견한 것이기 때문이다.

페이스북은 FRLFacebook Reality Lab을 내부에 만들어 기존의 오큘러스팀과 통합된 AR/VR통합연구개발팀을 런칭하고 엄청난 규모의 비용과 인력을 투입한다. 새롭게 발견한 대륙에서 미래의 승자가 되기 위해 모든 분야에 걸쳐 연구개발 인력을 확충하고 특히 오큘러스 하드웨어 개발에도 총력을 다한다.

첫 제품이 컴퓨터와 연결해 사용하는 오큘러스 리프트인데 비싼 데다가 기술적으로 부족한 부분이 많아 이를 개선하기 위해 노력하면서 삼성전자와 밀도 있는 협력을 시도한다. 초기에는 모바일 VR에 대해 회의적이었던 페이스북의 존 카맥John Carmack이 이후 어느 정도 잠재성을 인지한 후 협력이 물살을 탔다는데 IFA 2014에서 갤럭시노트 4와 함께 기어VR을 공개하면서 전 세계의 이목과 관심이 집중되기도 했다. 삼성전자 입장에서는 정체기에 온 스마트폰의 새로운 활용도와 판로 확장을 위해서 갤럭시의 성능을 자랑하며 연동할 확장 시나리오가 필요했고, 페이스북 입장에서는 제조의 경험 부족과 하드웨어의 전문성 부족을 협력을 통해 보완하고자 하는 니즈가 맞아떨어졌기에 일어날 수 있었던 사례라고 볼 수 있다. 삼성전자는 계속 갤럭시 S6, 노트 4, 노트 5, 갤럭시 S7, 2017년 노트 8까지 지원하며 2018년까지 협력을 이어간다.

하지만 서로의 꿈을 확인한 동상이몽은 계속될 수 없었기에 2019년부터 페이스북은 기어VR의 지원을 중단하게 된다. 페이스북은 몇 년간의 협력으로 제조와 하드웨어에 대한 중요한 경험과 필요한 부분들에 대한 투자를 진행했고, 삼성전자 또한 스마트폰을 장착해서 이용하는 모바일 VR이 전용 VR 단말에 비해 사용성도 나쁘고 제약도 많은데다가 갤럭시 스마트폰 고객들에게 큰 가치로 인정받지 못한다는 것을 확인한 후 자연스럽게 협력은 중단된다.

구글도 비슷한 이유로 데이드림DayDream 프로젝트를 중단하고 모바일 VR이 전용 VR 기기들의 전성시대가 시작되기 직전 과도기 동안 군림하던 10년 천하가 끝나게 된다.

페이스북은 독립형Standalone VR 디바이스 개발을 통한 제조와 하드웨어의 경험 확보를 위해 중국 샤오미와도 협력을 벌이는데 2017년 싱글 컨트롤러의 저사양 단독 VR 헤드셋인 오큘러스 고Oculus Go 64GB 버전을 199달러에 출시한다. 퀄컴의 스냅드래곤 821을 채용하고 해상도 1280×1440의 LCD 2개를 적용했는데 저렴한 가격과 컴퓨터 없이 동작한다는 결정적인 장점 덕분에 선풍적인 인기를 누린다.

발열 문제와 위치 트래킹이 지원되지 않는다는 단점에도 적당한 사용성과 가격 덕에 많은 유저가 VR 콘텐츠 소비를 위한 디바이스로 애용하기 시작했고, 유튜브나 넷플릭스 시청은 물론 교육용과 캐주얼 VR 게임용 디바이스로 많이 활용된다.

2019년에는 그동안 축적한 하드웨어 경험과 제조 노하우를 총동원해 개발한 고성능 PCVR 디바이스인 오큘러스 리프트 에스Rift S와 함께 본격적인 페이스북발 독립형 VR의 서막을 알리는 프로젝트 산타크루즈Project Santa Cruz의 퀘스트Quest가 출시된다.

더 향상된 성능의 퀄컴 스냅드래곤 835가 채용되었고 해상도 1440×1600에 72Hz로 동작하는 OLED를 적용했으며 외부의 콘텍스트 감지와 핸드 트래킹을 위한 카메라 4개, 6 DoFDegree of Freedom를 탑재한 듀얼 컨트롤러의 디바이스인데 64GB가 399달러, 128GB가 499달러라는 파격적인 가격으로 판매된다. 이때부터 오큘러스 퀘스트에서 동작하는 애플리케이션과 게임들을 개발하는 스튜디오들이 급증한다.

출시 1년 만에 오큘러스 퀘스트의 앱스토어에 등록된 앱은 170여

개[3]를 넘어섰는데 이 중 110여 개가 게임인 것으로 보아 VR도 컴퓨터와 마찬가지로 시작은 게임이 견인하는 양상을 보인다. 그중 35개의 게임이 100만 달러가 넘는 판매량을 기록한다. VR 소프트웨어 시장에 수익성을 증명하면서 많은 소프트웨어 기업이 VR 타이틀을 출시하기 위해 프로젝트들을 시작하는데 오큘러스 퀘스트가 출시된 2019년에 약 43만 5,000대의 디바이스가 판매되었고 이어 2020년에 약 57만 대가 더 팔리면서 누적 100만 대의 퀘스트 시장이 만들어진 것이 여기에 단단한 역할을 한 것으로 보인다. 당시 대부분의 VR 디바이스가 고성능 컴퓨터에 연결해서 사용해야 했고 가격도 900~1,500달러 수준이었는데 오큘러스는 단독으로 동작이 가능했고 상대적으로 저렴해 시장에 큰 반향을 일으키기 충분했다.

하지만 페이스북은 여기에 안주하지 않고 추가적인 개선과 원가 경쟁력을 확보한 후속 모델을 개발하는 데 박차를 가하는데, 그리 시간이 오래 걸리지 않았다. 2020년 10월 오큘러스 퀘스트2를 출시하고 대대적으로 생산과 판매를 하는데, 출시한 해 3개월 만에 100만 대가 넘는 판매를 올렸다.[4]

코로나19 특수가 있다 하더라도 놀라운 판매량인데 여기서 멈추지 않고 인기가 더해가면서 2021년 초에 추가로 100만 대를 팔아치웠고 부족한 물량에 주문이 밀려 있는 상황이라고 한다. 이 판매 속도가 얼마나 무시무시한가 하면 애플의 아이폰이 2007년 출시되어 100만 대가 팔리는 데 74일이 걸렸는데 오큘러스 퀘스트2는 2020년 10월 13일에 출시되어 80일이 채 안 되는 시간 동안 110만 대 가까이 판매되었

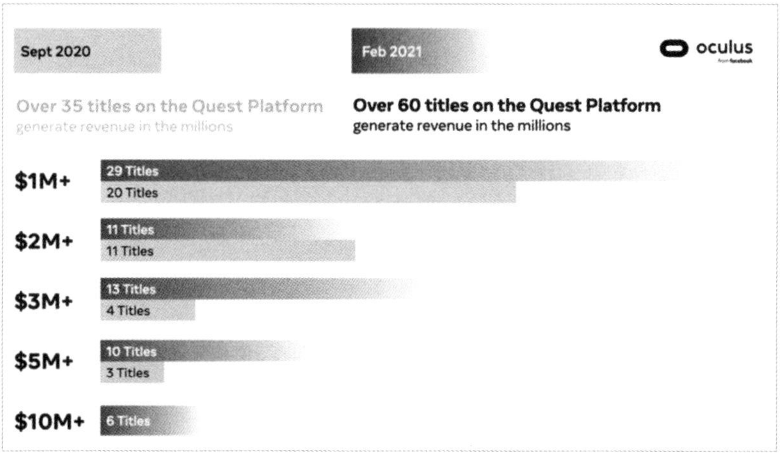

Sept 2020

Over 35 titles on the Quest Platform
generate revenue in the millions

Feb 2021

oculus

Over 60 titles on the Quest Platform
generate revenue in the millions

$1M+ 29 Titles 20 Titles

$2M+ 11 Titles 11 Titles

$3M+ 13 Titles 4 Titles

$5M+ 10 Titles 3 Titles

$10M+ 6 Titles

출처: minecraft.fandom.com[1]

다. 출시 후 13년 만에 22억 대가 넘게 판매된 아이폰과 시작부터 거의 비슷한 속도를 보여주고 있기 때문이다.5

오큘러스 퀘스트2는 전작 스냅드래곤 835 대비 성능이 2.6배 이상 개선된 퀄컴의 XR2 하드웨어 플랫폼을 처음 적용했으며 가격을 낮추면서 디스플레이 격자 효과를 개선한 1834×1920 고해상도의 LCD를 적용했다. 잔상을 줄이고 부드러운 화면 처리가 가능하도록 최대 120Hz 주사가 가능한 디스플레이라서 고사양 PCVR에서 동작하던 게임이나 애플리케이션들이 어렵지 않게 이용이 가능해졌다.

가격은 오히려 64GB 모델이 299달러, 256GB 모델이 399달러로 낮아져 가성비로도 최고의 디바이스라 할 수 있다. 실제 오큘러스 퀘스트2의 하드웨어를 분석해보면 299달러 모델도 대략적인 부품 가격만 150달러가 넘으므로 여기에 개발·제조·물류비용을 더한다면 마진이

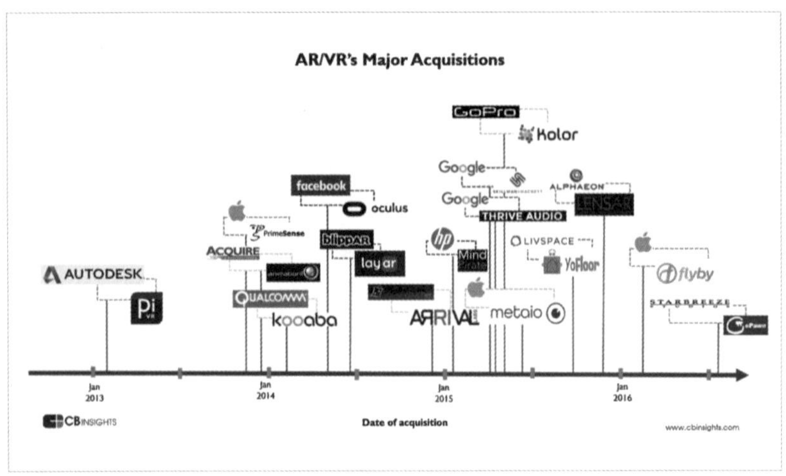

출처: cbinsights.com[2]

없거나 상황에 따라 손실을 보면서 판매하는 상황으로 보이며 399달러 모델도 최소 마진 정도가 남을 것으로 예상된다. 결국 팔면 팔수록 손해 보는 제품을 만들어 팔고 있는 셈이다.

하지만 이 로직이 가능한 이유는 언급한 앱 생태에 있다. 이렇게 저렴하게 디바이스를 구매한 고객들이 앱스토어에서 유료로 소프트웨어를 구매하고 그중 일부 수익이 라이선스비용으로 페이스북으로 돌아오기 때문인데 이 수익을 감안하면 페이스북이 손해가 아니라는 결론이 나온다.

실제 2021년 2월까지 100만 달러가 넘는 수익을 올린 애플리케이션이 60여 개로 늘었으며 그중 6개의 타이틀은 1,000만 달러가 넘는 수익을 올리기까지 했다.[6]

페이스북은 오큘러스 인수 후에도 수년간 투자를 이어오고 있는데

2015년에는 리얼타임 3D 이미지 재구성 기술과 정확도 높은 디지털 트윈을 구현할 수 있는 컴퓨터 비전 기술을 보유한 서리얼비전Surreal Vision을 인수했다.[7] AR과 VR 모두 적용이 가능하며 컴퓨터 인터페이스의 혁신과 공간을 인지하는 플랫폼 기술을 연구개발해 지금 오큘러스 퀘스트에 적용하고 있다.

2017년에는 취리히로 페이스북을 확장하면서 취리히대학의 프로젝트인 취리히 아이Zurich Eye를 인수하는데 여기서 개발된 비주얼 내비게이션Visual Navigation 기술이 오큘러스 고와 퀘스트의 UX에 적용되어 있다. 그리고 아이 트랙킹Eye tracking 기술을 보유한 아이 트라이브The Eye Tribe라는 16명 규모의 작은 스타트업[8]을 인수하고 눈으로 VR 디바이스를 제어하는 기술을 계속 연구개발하고 있다.

페이스북이 오큘러스를 인수한 효과가 아직 다 드러나지 않았지만, 결정은 메타버스 시대가 본격화되는 가까운 미래에 구글이 유튜브를 인수했을 때와 같은 커다란 파장이 되어 돌아올 것이다. 앞으로 10~20년 뒤 페이스북보다 더 큰 가상세계가 만들어진다면 그곳에 입장하기 위해 오큘러스가 만든 무엇인가가 필요하게 될 수 있다.

마크 저커버그는 페이스북이 만든 VR 헤드셋 10억 대가 공급되면 세상은 완전히 달라질 것이라고 이야기하고 있다. 앞으로도 몇 년의 시간이 더 필요할지 모르지만, 지금의 300~400만 명의 사용자가 1,000만 명만 되더라도 시장의 지각 변동은 한 차례 일어날 것이며 1억 명이 넘는 순간 지금까지의 상상은 거의 전부 현실의 가능성이라는 이름으로 바뀌게 될 수 있을 것이다.

03
매직 리프에
거대 자금이 투자된 이유

2015년 인터넷을 뜨겁게 달구었던 비디오가 있다. 매직 리프Magic Leap가 공개한 데모 비디오로 〈Just another day in the office at the Magic Leap〉라는 타이틀이 붙은 콘셉트 동영상이다. 사무실에서 증강현실로 메일을 보내고 스케줄을 확인한 다음 갑자기 총을 꺼내 가상으로 실감 나게 외계인들과 싸우는 장면이 나온다. 연출된 영상이라고 생각하면 별것이 아닌데 만약 진짜 증강현실 글래스로 볼 수 있다면 놀라운 현실감이라 100만 뷰가 나올 정도로 히트 쳤다.

더 놀라운 것은 그다음에 공개된 체육관에 갑자기 물을 튀기면서 거대한 고래가 나왔다가 사라지는 짧은 영

상이다. 어찌나 실감 나던지 저것이 가능할까 싶을 정도였지만 아무런 스크린이나 프로젝터도 없고 사람들도 글래스나 별도 장비를 착용하고 있지 않아 페이크로 연출된 것이라고 생각이 든 영상이었다. 놀랍게도 그 영상을 만들고 공개한 기업이 그해 10월에 8억 2,700만 달러의 시리즈 C 투자를 받는다는 뉴스가 뜨는데 37억 달러 밸류에이션에 누적 14억 달러의 투자를 유치했다는 내용이었다. 아무것도 실제 만들어지거나 공개된 실체가 없음에도 이 정도의 투자를 유치했다는 것을 보면 뭔가가 있겠구나 하는 추측과 함께 어쩌면 고래 영상이 실제 가능한 기술을 보유하고 있는 것은 아닌가 하는 호기심마저 들었다.

매직 리프는 스트라이커Stryker Corp가 16억 5,000만 달러에 인수한 의료용 로보틱스 기업인 마코 서지컬MAKO Surgical의 창업자, 유대계 미국인 로니 아보비츠Rony Abovitz가 2010년에 창업한 증강현실 기업이다. 유저의 눈에 디지털로 빛을 만들어 실감 나는 영상을 투사할 수 있는 증강현실 기술을 구현하고, 이를 통해 자연스럽고 편리한 인간 중심의 웨어러블 컴퓨팅 인터페이스를 만들겠다는 목표를 세웠다.

창업하자마자 구글과 알리바바 등으로부터 260만 달러를 투자받은 스타트업인데 2014년에는 퀄컴과 안드레센 호로비츠Andreessen Horowitz, 클라이너 퍼킨스Kleiner Perkins 같은 최고의 실리콘밸리 투자사들로부터 5억 4,000만 달러의 후속 투자를 이끌면서 큰 베일에 쌓여 있던 기업이었다. 연달아 투자가 집행되었던 것은 기술 스타트업에 대한 매우 긍정적인 사회 분위기도 한몫했지만 같은 해 메타버스의 창시자였던 닐 스티븐슨이 최고 미래학자Chief Futurist로 매직 리프에 합류한 것이 큰 역할을 했을 것이다. 메타버스라는 새로운 가상세계의 콘셉트를 그려낸 사람이 함께하는 기업이라면 뭔가 대단한 비밀무기가 숨겨져 있을 것만 같은 기대감과 신비감이 있었을 것이다.

2015년 투자 이후 매직 리프는 관련 특허 166개를 출원하고 SDK를 공개하는 등 무엇인가 진행되고 있는 듯한 모습을 보였지만 여전히 아무런 실체도 보여주지 못하고 있었다. 사람들에게 실감 나는 고래 영상 같은 기술을 구현하기 위해 엄청난 연구개발과 시간이 필요한가 보다라는 추측만 난무하게 할 뿐 어떻게 구현하겠다는 것인지, 무슨 제품과 서비스를 내놓을 것인지조차 잘 보이지 않았다.

2016년 〈와이어드〉는 '세상에서 가장 비밀스러운 스타트업'이라는 타이틀로 매직 리프를 소개하기까지 했고 부정적인 비평가들로부터 증강현실계의 테라노스라는 오명까지 듣게 되었다. 이런 상황에서도 2016년, 다시 45억 달러 밸류에이션으로 8억 달러 추가 투자가 이뤄지면서 뭔가 실체가 임박한 것인가라는 소문이 돌았다.

2017년 12월 드디어 매직 리프가 내놓으려 한 제품의 콘셉트가 처음 대중에 소개되면서 이 신비로움이 걷힌다. 매직 리프 원Magic Leap One이라는 AR Glass의 콘셉트를 공개했는데, 물론 실제 제품이나 프로토타입은 공개하지 않았다. 이때까지 매직 리프는 4년간 64억 달러의 밸류에이션으로 22억 달러의 투자를 유치한 셈인데 그에 비해 공개한 콘셉트는 많은 사람에게 실망을 주기에 충분했다. 그대로 출시되지 않을 것이라고 사람들은 기대하지 않았고 그동안의 비밀주의가 너무 많은 것을 부풀렸다는 것을 확인한 순간이었다.

이 와중에도 2018년 초 사우디아라비아로부터 시리즈 D 펀딩으로 4억 6,100만 달러를 추가 유치하고 그해 7월 드디어 엔비디아 TX2 하드웨어를 적용한 첫 데모를 선보인다. 출시가는 1대당 2,295달러인 데 비해 일반 성능은 특이할 만한 부분이 없었고 디스플레이의 FoV가 50도로 매우 좁아 10만 대가 팔릴 것으로 예상했지만 실제 판매량은 6,000대에 그치고 말았다. 중간에 매직 리프 원 안에서 동작하는 미카Mica라는 인공지능 에이전트를 발표하고 다쿠다Dacuda라는 스위스의 3D 컴퓨터 비전 스타트업과 미메시스Mimesys라는 볼륨매트릭 비디오 스타트업을 인수했지만 오랜 시간 부풀려졌다 꺼진 신뢰는 좀처럼 회복되지 않았다.

2019년 NTT도코모Docomo를 통해 디바이스를 출시하면서 2억 8,000만 달러의 선투자까지 유치했으나 그다음 해 〈인포메이션The Information〉지는 매직 리프의 몰락을 기사화한다. 64억 달러의 밸류에이션을 가졌던 기업이 지금은 4,500만 달러의 가치밖에 되지 않는다는 냉소 가득한 기사를 통해 증강현실이 가져왔던 환상과 현실 사이의 괴리를 신랄하게 비판하기도 했다.

결국 로니 아보비츠는 회사를 매각해보려 했지만 유력한 인수 후보였던 페이스북도 존슨앤드존슨도 관심이 없자 2,000명의 임직원 중 절반을 해고하고 회사 회생을 위한 자금 3억 5,000만 달러를 유치한 후 회사를 떠나고 만다. 그동안 부진을 면하지 못했던 B2C 사업을 접고 다른 기업들처럼 헬스케어, 엔지니어링, 교육 등의 B2B 사업으로 피보팅하게 되고 그사이 이사회 멤버였던 구글의 순다르 피차이Sundar

Pichai와 퀄컴의 폴 제이콥스Paul E. Jacobs도 이사회를 떠난다. 마이크로소프트의 전 임원이었던 패기 존슨Peggy Johnson이 신임 CEO로 부임하면서 화려했던 매직 리프의 신화는 리셋되고 만다.

이렇게 오랜 시간 크게 주목받고 대규모 투자도 꾸준히 받았던 매직 리프가 처절한 실패를 겪게 된 이유는 명확한데 메타버스 시대에 새롭게 뜨게 될 기업들도 반면교사로 삼을 만한 중요한 교훈들이 있다.

⑴ 먼저 기술에 관한 이해 부족과 고객가치의 부재를 가장 중요한 실패 원인으로 꼽을 수 있다. 처음 공개한 동영상을 보면 멋지고 놀랍도록 화려하지만 왜 그 기술이 필요한지, 고객들에게 어떤 가치를 주는지 전혀 고민한 흔적이 보이지 않는다.

그냥 그 화려함을 구현하려 했지만, 기술은 실체가 없었고 현실과 괴리는 컸다. 오랜 시간을 흘려보냈지만, 결국 원하는 기술이 티핑포인트에 다다르지 못했으며 AR Glass라는 제품으로 수렴되었다. 처음부터 글래스로 포커스하고 어떤 고객들의 문제를 어떻게 풀 것인지로 접근했다면 완전히 다른 결과와 과정이 만들어졌을 것이다.

⑵ 제품의 완성도와 사용성이 부족했다. 2,295달러라는 높은 판가에도 불구하고 경쟁 제품 대비 더 나았던 기능이나 성능이 부족했으며 디자인적으로도 사용성이 충분히 구현되지 않아 소비자가 느끼는 완성도는 기대 수준 대비 현저히 낮았다. 디스플레이의 FoV는 너무 좁아 답답했고, 컨트롤러는 인식이 부정확했으며, 내부의 소프트웨어 환경은 개발 측면에서나 사용 측면 모두 부족했다. 물론 개발자들과 협력사들이 적극적으로 참여해 함께 생태계를 만들 만한 인센티브도 제

대로 주어지지 않았다.

(3) 고객과의 소통과 영구베타의 기민함이 부족했다. B2C 분야의 기업이 고객과의 소통이 전혀 없었고 무엇을 어떻게 언제까지 하려는지, 뭘 보여줄 것인지, 무엇을 팔 것인지 전혀 공유나 공개하지 않고 너무 오랜 시간을 허비했다.

게다가 빠르게 MVP를 만들어 고객과 공유하면서 피드백을 받고 시장의 변화와 고객가치의 변화를 반영해야 하는데 그런 노력과 과정이 턱없이 부족했다. 고객과 시장이 원하는 것이 무엇인지 모른 채 자신들이 할 수 있는 것을 고객들도 원하는 것이라 믿고 오랜 시간을 매달리는 실수를 범한 것이다.

04
기술의 깊은 계곡Chasm을 넘지 못한 기업들

매직 리프처럼 큰 시행착오를 겪지 않았음에도 증강현실 글래스를 개발하는 기업들은 거의 모두 기술의 깊은 골짜기를 넘지 못해 어려운 시련의 시기를 겪었다. 2012년 메론 그리베츠Meron Gribetz가 창업했던 메타Meta는 촉망받던 AR 기업 중 하나였다.

초기부터 명확했던 콘셉트의 제품을 기획하고 개발했으며 2013년 아주 심플한 MVP 개발자 키트로 킥스타터의 크라우드펀딩 캠페인[9]도 성공리에 마무리 지었다. 10만 달러 목표 금액을 초과한 19만 5,000달러를 펀딩했고 제품 개발도 빠르게 진행되어 CES 2014에 출품할 수 있었다. TED 2016에 메론은 연사로 초대받아 메타의 기술을 소개할 수 있었고 행사 동안 쇼케이스를 운영하면서 데모를 시연했다. 세계 최대 스타트업 축제인 사우스 바이 사우스웨스트SXSW 2017에 참가해 유망한 AR 기업으로 인정받고 Y콤비네이터Y Combinator로부터 7,300만 달러의 투자도 유치했다.

마침내 출시된 Meta 2 AR Glass는 1,495달러의 가격과 90도의 FoV를 갖춘 PC 연결형 디바이스였는데 1만 대의 예상 판매량에 훨씬 못 미치는 3,000대가 판매되는 데 그쳤다. 결국에는 2019년 인수조차 성사되지 못하고 폐업하게 된다. 그동안 개발된 자산들은 이스라엘의 올리브 트리 벤처스Olive Tree Ventures에 인수되고 만다.

2010년 창업된 다크리Daqri도 수차례 투자를 받으며 엔터테인먼트·교육·엔터프라이즈향의 증강현실 애플리케이션과 1만 5,000달러짜리 스마트 헬멧을 개발했다. CES 2016에 첫선을 보인 후 CNBC의 파괴적 혁신 기업에 선정되었으며 4,995달러짜리 스마트 글래스를 출시하기도 한다. 혁신적인 기술 개발을 위해 AR 소프트웨어 전문 기업 ARToolworks, EEG 헤드밴드 스타트업 Melon, 제조혁신 기업 1055 Labs, 홀로그래피 디스플레이 개발 스타트업 Two Trees Photonics 등을 인수하며 규모와 기술력을 확장하기도 했다.

하지만 44도의 작은 FoV와 부담스러운 크기, 비싼 가격으로 고객의 외면을 받았다. 2019년 기술 한계와 자금 부족으로 폐업하게 되고 남아 있던 IP와 자산들은 스냅Snap에 인수되는데 당시 스냅의 CEO 에반 스피겔Evan Spiegel은 B2C향의 AR 헤드셋은 최소 10년 이상 걸려야 시장이 만들어질 것이라는 부정적인 의견을 피력하기도 했다.

1999년 창업한 오터스디자인그룹ODG: Osterhout Design Group도 오랫동

안 AR 스마트 글래스를 개발해왔고 안드로이드 기반의 Reticle OS를 개발했다. 2016년에는 21세기폭스사를 비롯한 투자자들이 5,800만 달러를 투자했고, CES 2017에 참가해 R-8과 R-9 2가지의 제품을 선보이며 대중을 위한 스마트 글래스가 되길 바랐다. 하지만 제대로 된 소비자 제품은 완성되지 못했고 투자금을 소진한 뒤에도 생산 이슈로 인해 발생된 품질 문제는 이전 출시 모델 R-7이 두 자리 숫자의 반품률을 기록하게 했다.

제대로 기존 모델의 문제점을 해결하면서 고객의 피드백을 빠르게 반영해야 했음에도 불구하고 인원과 비용을 투입해 새로운 모델 개발에 더 많은 에너지를 쏟은 것이 패착의 원인이 된 것이다. 결국 2019년 마이크로소프트가 IP 자산들만 따로 1억 5,000만 달러에 인수해버린다.

비단 미국만의 분위기는 아니었다. 영국의 AR 스타트업 블리파Blippar도 1억 3,000만 달러의 투자금을 소진한 후 재기하지 못한 채 초기 투자자였던 캔디벤처스Candy Ventures에 의해 자산만 인수되고 폐업하고 말았다. 이렇게 많은 AR 기업이 기술의 깊은 계곡을 넘지 못하고 역사의 뒤안길로 사라진 데는 몇 가지 공통점이 있다.

(1) 매직 리프의 실패에서도 교훈을 얻었듯이 중요한 요인은 AR 기술에 관한 이해 부족과 고객가치를 제대로 소구하지 못한 것이 가장 크다. 단기간에 현존하는 기술로 고객이 원하는 수준의 제품과 서비스를 구현할 수 있을 것으로 오해하고 장기적으로 무르익어야 할 기술들을 적당하게 적용하다 보니 고객의 기대 수준에 맞는 제품으로 완성하지 못한 것이다. 완성도가 떨어지면서 가격까지 고가에 포지셔닝되어

어떤 디바이스도 고객의 선택을 받지 못하는 상황이 벌어진 것이다.

(2) AR 글래스는 전형적인 데일리 웨어러블 디바이스Daily Wearable Device에 해당하는 제품이다 보니 착용 습관과 사용성에서 큰 진입장벽이 있다. 아무리 저렴해도 반드시 착용해야 할 이유와 목적이 없다면 고객의 외면을 받을 수밖에 없으며 습관이 되지 않은 한 착용하는 행위 자체가 불편하고 유지가 어렵다.

이런 이유로 애플워치가 출시되기 전까지 스마트워치 시장에서도 비슷한 양상이 있어왔다. 제대로 된 사용성과 불편함을 넘어 습관을 만들어줄 수 있는 핵심 기능이 구현되지 않는 한 웨어러블이 B2C 일반 고객의 손에서 대중적으로 애용될 가능성은 매우 희박하다.

(3) 방향성과 전략의 부재가 컸다. 하드웨어의 방향성과 이를 구현하는 전략 사이에 괴리가 있었고 킬러 애플리케이션과 함께 유기적인 생태계를 만들 수 있는 플랫폼 전략을 함께 수립하고 실행해야 하는데 대부분 기업은 디바이스만 만들면 모든 것이 해결될 것으로 오판했다. 그나마 블리파는 SaaS 기반으로 AR 콘텐츠를 제작할 수 있는 블립빌더BlippBuilder라는 크리에이터 플랫폼을 개발했지만 제대로 된 개발자 커뮤니티를 만들고 참여를 극대화시킬 수 있는 인센티브를 디자인하지 못한 상태로 번아웃되어버렸다.

이렇게 여러 기업이 2019년 비슷한 시기에 전부 폐업하며 고배를 마셨으나 그사이 축적된 자산들과 경험들은 산업 전반에 흡수되고 스며들어 향후 증강현실 산업이 개화되는 데 중요한 마중물 역할을 하게 될 것이다.

05

애플이 AR 기업들을 인수한 이유

(1) 애플이 만들면 표준이 된다.
(2) 애플은 완성도를 만들 때까지 제품을 출시하지 않는다.
(3) 애플에서 새로운 폼팩터의 디바이스가 나오려면 최적화된 사용자 경험을 함께 만들어낸다.

그동안 출시되었거나 발표된 제품들을 보면 느껴지는 애플의 제품 철학이 담긴 원칙들이다. 그만큼 완성도와 디테일, 직관성과 사용자 경험을 중요하게 여기는 애플이 만든 제품들이 다르다는 의미이기도 하다. 아이팟이 그랬고 아이폰이 그랬듯이 애플에서 제품이 나오기 전까지는 기준이 존재하지 않았다. 애플에서 만든 후에야 그 제품이 기준이자 레퍼런스가 되어 다른 기업들이 모방하거나 확산되는 계기를 촉발시킨 경우들이 빈번했다. 그럴 수 있었던 가장 큰 이유가 앞서 언급한 제품 철학에서 비롯된다.

완벽에 가까운 완성도를 만들기 위해 적용되는 모든 기술 또한 완성도가 있어야 하고 기술 간의 균형은 물론 최소한의 기준도 티핑포인트를 넘을 수 있는 수준이 되어야 한다. 사용자 경험도 새로운 디자인과 함께 최적화되어 고객에게 충분하게 만족스러운 경험을 줄 수 있어야 하며 일정 수준 이상의 사용성이 구현되어야만 한다.

애플이 아이팟을 내놓기 전에 수많은 MP3플레이어가 시장에 있었지만, 아이팟의 심플한 휠 UI와 사용성은 존재하지 않았고, 아이튠스와 연계해 음악을 듣는 경험은 존재하지 않았다. 아이팟이 출시된 후 디지털 음악 시장은 애플에 의해 재편되었고 주도권은 아이폰의 등장까지 이어지면서 스마트폰 시장에서도 비슷한 일이 일어났음을 우리 모두 잘 알고 있다.

애플이 스마트워치를 출시할 것이라는 루머도 오랫동안 있었지만, 실제 제품이 나온 것은 페블Pebble Technology이 먼저 스마트워치를 내놓고 삼성과 다른 기업들의 제품이 등장하고서도 한참 뒤였다. 그럼에도 애플워치는 월등한 사용자 경험과 디자인, 고객가치를 극대화한 애플 디바이스의 생태계 힘으로 순식간에 스마트워치 시장의 리더가 되었고 2015년 첫 출시 이후 현재 1억 대가 넘게 판매된 것으로 예상된다.[10] 새로운 디바이스가 시장에 나오려면 내부에서 완벽한 사용성과 완성도를 만드는 개발을 진행할 것이며 기대 수준까지 구현되지 않으면 출시하지 않을 것이라는 사실을 미뤄 짐작해볼 수 있다.

애플의 CEO 팀 쿡Timothy D. Cook은 AR 분야 시장의 잠재성이 매우 크다고 여러 차례 공개석상에서 의견을 피력한 적이 있다. 증강현실을 통해 사용자들의 대화가 더 풍성해지고 나아질 수 있고, 게임은 물론 건강·교육·리테일 분야에 다양하게 활용될 수 있다고 〈뉴욕타임스〉와의 인터뷰에서 밝히기도 했다. AR은 머지않아 우리 삶 속에 깊숙이 스며들어 라이프스타일 전반에 걸쳐 지대한 영향을 미칠 것을 강하게 믿고 있고, 2022년이나 2023년쯤에는 애플에서 AR 글래스가 출시될 것이라는 루머도 공공연하게 퍼져 있다.

하지만 앞서 다른 플레이어들의 시행착오에서 본 것처럼 AR 글래스 시장은 터프하고 어렵다. 기술 완성도도 아직 이슈가 많고 웨어러블의 사용성은 극복하기 어려운 제약들이 산재해 있다. 아무리 애플이라도 기존의 스타일대로라면 2~3년 내 상용화된 제품을 내놓기란 쉽지 않다. 애플도 이런 챌린지를 알고 있기에 이전에 아이팟이나 아이폰을 만들었을 때처럼 공격적으로 기술과 솔루션 확보를 단행하면서 이 시장의 가능성을 만들기 위해 애쓰고 있다. 그동안 인수합병한 많은 수의 AR 기업의 면면을 보면 애플이 바라고 기대하는 상이 무엇이며 어떤 문제를 풀고자 하는지 어렵지 않게 이해할 수 있다.

애플이 2013년 3억 6,000만 달러를 들여 가장 먼저 인수한 스타트업은 이스라엘의 프라임센스PrimeSense다. 2005년 설립된 3D 센서 기술을 보유한 펩리스 스타트업인데 프로젝트 나탈Project Natal로 불리던 마이크로소프트의 키넥트에 적용되면서 유명해졌다. Capri 1.25라는 초소형 임베디드 3D 센서와 컴퓨터비전을 포함한 다양한 트래킹과

Apple AR/VR Acquisitions

Faceshift Face-tracking technology	Emotient Face-tracking technology	Vrvana VR headset technology			
Metaio AR technology	Flyby Media AR/VR technology	SensoMotoric Instruments Eye-tracking technology	Akonia Holographics AR lens technology	iKinema Visual effects, VR	NextVR VR content broadcasting
2015	2016	2017	2018	2019	2020

출처: Bloomberg reporting

제스처 인식이 가능한 라이브러리가 구현된 미들웨어를 가지고 있는데 뎁스Depth 카메라를 이용해 사물의 거리를 측정하고 측정 데이터를 재조합해 실시간 공간 정보를 얻는 데 사용된다. 증강현실을 구현하기 위해서 가장 중요하고 필수적인 기술인데 기존 RGB 카메라만으로는 처리량도 많고, 광량이 부족하거나 야외의 강한 빛에서 오류가 있어 정확한 측정을 위해 반드시 필요한 기술이다.

이후 2015년 〈스타워즈〉의 모션 캡처를 담당했던 스위스 취리히에 위치한 페이스시프트Faceshift와 함께 2003년 폭스바겐에서 분사한 증강현실 소프트웨어 기업 메타아이오Metaio를 인수한다.

메타아이오는 Juneio라는 AR 브라우저를 개발했으며 PC, 웹, 모바일 플랫폼별로 SDK와 함께 메타아이오 크리에이터Metaio Creator 같은 AR 저작 툴을 개발했는데 이때 인수한 기술과 자산이 애플 ARKit의 탄생에 큰 역할을 한다.

다음해에는 얼굴 표정과 미묘한 변화를 스캔하고 인공지능을 이용해 분석해 감정의 상태나 변화를 읽을 수 있는 솔루션을 개발한 이모션트Emotient를 인수한다. 구글글래스에 적용되어 글래스에 장착된 카메라로 촬영한 얼굴 이미지를 분석하는 솔루션으로 활용된 기술이었다. 구글 탱고Tango 프로젝트에 참여했던 플라이바이미디어Flyby Media도 비슷한 시기에 인수하는데 리얼월드의 사물을 카메라로 스캔해 디지털 오브젝트로 라벨링하거나 디지털 스페이스 안에 공유하는 카메라 소프트웨어를 개발한 기업이었다.

이후 이 기술들도 ARKit 안에 흡수되어 적용되었으며 인력들은 애플의 AR/VR을 개발하는 사업부로 재배치되어 애플이 메타버스 시대를 준비하는 데 큰 역할을 맡는다. 당시에는 애플이 적극적으로 AR/VR 개발팀 확충을 위해 노력하던 시기라서 3D 유저 인터페이스User Interface로 유명한 전문가 더그 보우먼Doug Bowman을 비롯해 아마존의 VR 플랫폼 개발을 총괄하던 코디 화이트Cody White, 오큘러스의 유리 페트로프Yury Petrov, 홀로렌즈를 개발했던 아비 바지브Avi Bar-Zeev 등 AR/VR 분야의 고수들이 애플에 하나둘씩 합류하던 시기였다.

2017년에는 애플이 만든 증강현실 개발 환경 ARKit이 발표되면서 헤드셋 하드웨어와 요소 기술들을 보유한 기업들을 적극적으로 찾고 있었고, 본격적으로 메타버스 생태계에 대한 의지를 불태우는데 이때 버바나Vrvana를 인수한다. 캐나다 토론토에 있으며 600만 화소의 카메라가 전면에 장착된 토템Totem이라는 MR 헤드셋을 개발하던 기업이다. 아주 낮은 지연성으로 VR과 AR 모드를 자연스럽고 빠르게 전환할 수 있는 독특한 콘셉트의 디바이스였는데 투명 유리를 통해 직접 물리적인 콘텍스트를 바라보는 방식이 아니라 내장된 카메라가 사용자 앞 실제 세계의 물리적인 공간을 실시간으로 스트리밍해 증강현실의 효과를 만드는 방식이다. MR 모드를 적용한 헤드셋을 실제 개발해 여러 기업과 파트너십을 맺고 비즈니스를 확장하면서 자금이 다소 어려운 시기에 3,000만 달러 규모로 애플에 인수되었다.

1991년 독일에서 창업해 오랫동안 아이 트랙킹을 개발해오던 SMISenso Motoric Instrument도 같은 맥락에서 애플에 합류하는데 SMI는 구글이 인수한 아이플루언스Eyefluence와 유사한 동공 추적 기술을 보유하고 있었고 HTC 바이브 DVK에 적용되기도 했다.

애플의 메타버스 원천기술 확보를 위한 인수전은 이후에도 멈추지 않는데 이미지 센서와 퀀텀필름QuantumFilm이라는 퀀텀닷Quantum Dot 기술을 보유한 인비사지InVisage를 인수해 기존 이미지 센서를 대체하며 낮은 조도에서도 인식이 더 잘되고 화질을 향상시킬 수 있는 솔루션을 확보했고 향후 페이스ID나 AR/VR 디바이스에 적용할 수 있는 가능성이 열었다.

2012년 홀로그래픽 과학자들이 설립하고 AR 글래스 렌즈와 LCoS 마이크로 디스플레이를 적용한 웨이브가이드 등을 개발하는 광학 원천기술을 보유한 아코니아 홀로그래픽스Akonia Holographic를 2018년 인수하는데 200여 개가 넘는 IP를 함께 획득하면서 향후 AR 디바이스를 개발할 수 있는 핵심 기술을 거의 확보하게 된다.

전신 모션 캡처 기술Full Body Motion Capture을 보유한 영국의 아이키

네마iKinema나 스포츠·음악·공연 등을 360도 입체 영상으로 중계하는 VR 방송 솔루션을 보유한 넥스트VRNextVR 등을 추가로 인수하며 원천기술에 더해 생태계를 만들 수 있는 응용 기술들과 솔루션을 차곡차곡 확보하고 있다.

이렇게 애플은 기술적 완성도와 최적의 사용자 경험을 만들기 위해 섣불리 타협하지 않고 원하는 수준을 만들 때까지 인수합병, 협력과 투자는 물론 지속적인 연구와 개발에 엄청난 규모의 비용과 에너지를 투입하고 있다. 언제가 될지 모르지만, 충분히 완성도 있는 기준을 만들 때까지 애플은 AR 생태계에서 최상위 포식자로 남아 있을 것이다.

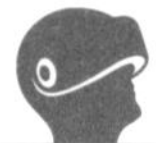

06

애플은 왜 라이다를 스마트폰에 집어넣었는가

애플 ARKit은 WWDC2017에서 처음 공개된다. ARKit은 개발자들이 쉽게 AR 관련 센서와 기능들을 이용해 애플리케이션을 개발할 수 있게 도울 수 있는 툴킷이다. 크게 사물과의 거리를 측정할 수 있는 뎁스Depth API, 가상의 오브젝트를 리얼월드의 좌표에 바인딩해 콘텍스트화할 수 있는 로케이션 앵커Location Anchors, 얼굴 표정이나 신원을 트래킹할 수 있는 페이스 트래킹Face Tracking으로 구성되어 있다.

개발자들도 사용하기 아주 까다롭고 어려운 기술들인데 애플이 만든 툴킷을 활용하면 얼마나 떨어져 있는지 거리도 쉽게 측정할 수 있고 특정 위치에 정보를 쉽게 결합해 사용할 수 있다. 궁극적으로 애플 생태계 내에서 다양한 AR 서비스가 만들어질 수 있는 환경이 구비된 셈이다. ARKit을 통해 RealityKit이나 MapKit 같은 강력한 프레임워크를 활용할 수 있으며 리얼리티 컴포저Reality Composer, 리얼리티 컨버터Reality Converter 같은 크리에이티브 도구를 손쉽게 이용할 수 있다.

여기에 애플은 라이다를 최신 아이폰 프로와 아이패드 프로에 적용한다. 라이다는 공간 3D 스캐너인데 주로 자율주행차나 로봇 같은 곳에 적용되는 센싱 기술이다. 주행 경로에 장애물이 있는지, 회피해야 할 물건이나 사람이 있는지 감지가 가능한 스캐너인데 아주 빠르게 회전하며 레이저를 대상 공간에 촘촘히 쏘아서 반사되는 반사파를 측정하고, 그 시간과 반사파 유무의 여부로 물체의 여부와 거리를 측정할 수 있다. 일반적으로 사이즈가 크고 정밀한 제품인데 MEMS 기술이나 반도체 기술을 적용해 소형으로도 출시되었다. 이런 소형 제품들을 자율주행차가 아닌 스마트폰이나 태블릿에 적용한 것이다.

라이다의 적용으로 얻을 수 있는 장점은 많다. 특히 어두운 공간에서도 빠르게 거리를 측정할 수 있으므로 스마트폰 카메라의 빠른 자동 초점이 가능하고 야간에도 좋은 사진을 찍을 수 있으며 스마트폰 측정 앱으로 거리나 크기를 쉽게 측정할 수 있다.

증강현실에서 공간 인식은 크게 2가지 시스템에 의해 이뤄진다. 시각 시스템과 관성 시스템으로 구분할 수 있는데 카메라로 촬영한 이미지 데이터를 분석해 콘텍스트 정보를 얻는 것을 시각 시스템, 자이로나 가속 센서, 레이더나 라이더로 측정한 데이터를 이용해 파악하는 것을 관성 시스템이라 구분한다.

이 2가지를 결합한 측정법을 시각 관성 측정법VIO: Visual Inertial

Odometry이라고 부르는데 이 방식이 라이다를 적용한 스마트폰에서 가능해지면서 증강현실이 꿈꾸는 분야 중 하나에서 큰 진전이 일어나고 있다. 바로 실내 측위 시스템Indoor Positioning System이다. 위성 신호가 도달하지 않는 실내에서 무용지물인 GPS를 대신해 실내에서 위치와 액티비티를 트랙킹해줄 수 있는 방법이 가능해졌고 포인트 클라우드Point Cloud나 컨피던스 맵Confidence Map 등을 통해 더 정확한 공간 정보와 데이터 측정이 가능해졌다.

때마침 실내 내비게이션 솔루션을 구현하고 있는 영국의 스타트업 덴트 리얼리티Dent Reality를 인수했고 OGCOpen Geospatial Consortium를 통해 애플이 주도한 실내 지도 맵핑 데이터 포맷IMDF: Indoor Mapping Data Format의 표준화가 승인되면서 실내 공간 데이터의 활용이 급물살을 타게 될 가능성이 열린 것이다.

이렇게 라이다를 적용한 아이폰의 효용 가치는 더 높아졌다. 하지만 애플이 라이다를 적용한 이유가 이것들만은 아니다. 정확한 거리의 측정과 실내 측위는 활용할 수 있는 시나리오 중 일부일 뿐이다. 제일 중요한 이유는 증강현실의 생태계를 만들기 위함이다.

아주 오랜 시간 동안 많은 사람이 수많은 공간의 정보를 캡처해 애플의 증강현실 생태계에 축적해주길 바라기 때문이다. 증강현실은 리얼월드의 콘텍스트 위에서 동작해야 하는데 그 콘텍스트가 공간 정보로 변환되어야만 제대로 활용할 수 있다. 하지만 현실은 지도와 GPS 좌표, 사람들이 등록한 POIPoints of Interest 정도가 전부다. 가상의 데이터를 맵핑하는 것은 아직 멀었고 현실세계의 데이터마저 충분히 축적되어 있지 않다.

앞으로 몇 년이 걸릴지 모르지만, 애플에서 AR 글래스가 출시되어 제대로 된 사용자 경험을 제공해주려면 공간에 대한 데이터와 이를 둘러싼 생태계가 충분히 준비되어 있어야 한다. 그래서 애플은 라이다 센서를 집어넣은 것이다. 아이폰과 아이패드로 공간 정보를 측정하고 쌓이면서 생태계가 먼저 만들어지길 바라는 바람이 있기 때문이다.

다양한 AR 앱이 출시될 것이고 스마트폰을 통해 증강된 공간의 정보가 더해지게 될 것이다. 그 공간 정보들은 다시 유저들의 현실을 더 유용하게 증강시켜주면서 플라이휠처럼 선순환을 만들며 돌게 될 것이다. 그때쯤 애플이 내놓을 AR 글래스는 이전과는 다른 확장성과 사용성을 가지게 될 것이며 우리가 원하는 그 무엇이 되어 있을 것이다.

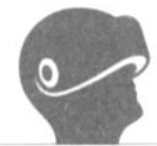

07

왜 페이스북은 호라이즌을 열고 아바타들의 세상을 만들려고 하는가

페이스북에 입사하면 직원들에게 어니스트 클라인Ernest Cline이 쓴 소설《레디 플레이어 원Ready Player One》을 한 권씩 나눠준다는 소문이 있다. 그 안에 만들어진 세계관과 메타버스를 넘나드는 상상이 지금 페이스북에는 간절히 필요하기 때문일 것이다. 그만큼 메타버스 개발에 진심이며 페이스북의 미래가 그 방향에 있다고 믿고 있다.

인터넷이 진화하는 과정에서 페이스북이 탄생했고, 페이스북의 그 다음 모습도 메타버스 안에서 진화하고 있으며, 아주 먼 미래에《레디 플레이어 원》의 오아시스가 소셜네트워크의 미래가 될 수 있다고 상상하고 있는 것이다. 같은 이유로 일찍이 오큘러스를 인수해 FRL을 만들고 많은 개발자와 과학자가 그 메타버스로 가는 길과 도구들을 연구하며 개발하고 있다. 파괴적 혁신 기업들이 스스로를 파괴하는 일들이 종종 있어왔는데 애플이 아이팟 생태계를 아이폰을 만들면서 스스로 파괴하고 새로운 생태계를 만든 것이 가장 대표적이다.

지금은 수십억이 애용하고 있는 페이스북이지만 그 다음 세대 소통의 메타버스가 등장하면 서서히 사용자들은 떠나고 과거의 영광만 남게 되기에 페이스북은 애플이 그랬던 것처럼 스스로 그다음 버전의 소셜네트워크를 메타버스 안에 만들려는 실험에 최선을 다하고 있다.

첫 시도는 2016년 공개한 오큘러스 룸Oculus Room이란 콘셉트다. 오큘러스를 착용하고 VR상에 개인 공간을 만들어 휴식을 취하거나 개인적인 시간을 보내기도 하고, 때로는 친구를 초대하고 그곳에서 파티도 하면서 나만의 방을 중심으로 소셜네트워킹을 하는 기능인데 큰 반향을 일으키지는 못했다. 유사한 방 콘셉트의 인터페이스들을 많은 VR 앱이 적용하고 있어서 새롭지 않았고, 소셜네트워크가 되기에는 제약이 있었다. 결국은 독립적인 서비스로 가는 것 대신 오큘러스 안에서 구현되는 애플리케이션들이 쉽게 방 인터페이스를 구현할 수 있는 개발자 API로 자리를 잡는다.

그다음 해 새로운 시도를 이어가는데 베타로 공개한 페이스북 스페이스Spaces였다. 소셜 VR이라는 이름으로 마크 저커버그가 직접 다양한 시나리오를 시연하기도 했는데, 가장 중요한 콘셉트는 공간인터페이스Spatial Interface였다. 컴퓨터 화면으로 보는 정리되고 일관성 있는 2차원 평면 인터페이스와 다르게 소셜 VR은 공간이라는 한 차원 높은 콘텍스트가 유저들에게 주어지고 그 안에서 다른 유저들과 커뮤니

케이션하고 교류하면서 콘텐츠를 만들거나 소비해야 하기에 그것에 기본이 되는 인터페이스를 만드는 것이 매우 중요하다.

스페이스는 그 인터페이스를 가상 테이블로 설정하고 접속하면 그 테이블을 중심으로 3명의 친구를 초대하고 테이블 위에서 대화하고 게임도 하면서 상호작용을 한다는 설정이었다. 그 테이블은 세상 어디로도 순간 이동할 수 있어 파리의 샹젤리제 거리 위에서 함께 프랑스 여행을 할 수도 있고 알프스 몽블랑 위에서 절경을 감상하며 시간을 보낼 수도 있다. 하지만 유저들의 다양한 니즈를 담기에는 여전히 공간적 제약이 있었고 충분히 많은 사용자와 충분히 다양한 방법으로 교류하기에는 부족함이 많았다. 50명 또는 100명이 만나기도 불가능했고 다양한 시나리오를 접목하기에는 세계관이 협소했다.

2020년이 되자 페이스북의 메타버스에 대한 도전이 더욱더 적극적이 되는데 먼저 오큘러스라는 브랜드를 VR 헤드셋에만 남기고 소셜

VR 관련 서비스는 전부 페이스북 브랜드로 통일한다. 페이스북의 가상세계 개발자 컨퍼런스였던 오큘러스 커넥트Oculus Connect는 7번째 행사부터 페이스북 커넥트Facebook Connect 7로 이름을 바꾸고 메타버스가 더는 오큘러스에 한정된 세상이 아니라 페이스북이 바라보는 미래임을 대중에게 인식시키려는 노력을 시작한다.

베뉴Venue라는 새로운 서비스를 베타 공개하는데 스페이스에서 부족했던 여러 요소를 이벤트 스페이스로 옮기고 모여서 공연과 영화를 보고 수십 명이 컨퍼런스에 참여하고 친구들과 대화를 나누고 새로운 친구를 만나는 등 공간인터페이스의 영역을 테이블 중심에서 동적으로 움직일 수 있는 이벤트 스페이스로 확장한다. 하지만 오큘러스 커넥트 6에서 발표했던 호라이즌Horizon이라는 새로운 서비스를 동시에 개발하고 있었던 중이라 베뉴는 범용 소셜네트워크를 지향하기보다는 특정한 이벤트를 함께 즐기기 위한 버티컬 솔루션에 무게 중심이 있을 것이라 예상해볼 수 있다.

실제로 베뉴는 호라이즌과 다르게 페이스북의 NPENew Product Experiment팀이 맡고 있으며 나스카Nascar 경기를 함께 보면서 교류하는 팬 커뮤니티 서비스 앱을 런칭하기도 했다. 트위터보다 편리하지만, 더 몰입감 있게 스포츠 경기를 관람하면서 이용할 수 있는 세컨드 스크린 앱으로써 다양한 실험을 진행하는 중이다.

2020년 7월, 지금 우리가 사용하는 페이스북 위에 새로운 아바타 시스템이 공개되었다. 다양한 베이스 스킨과 스타일을 옵션으로 주고 자신이 원하는 얼굴의 아바타를 만들 수 있게 했는데 한 번 아바타를

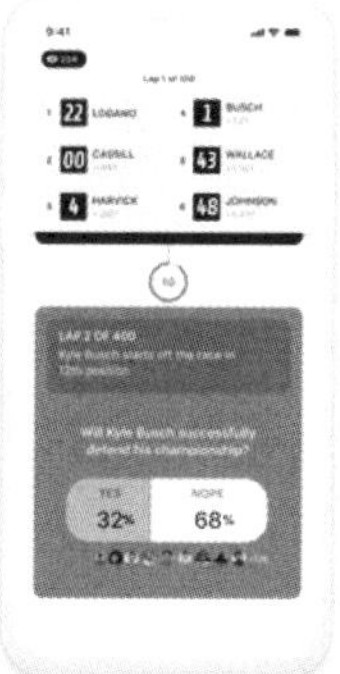

만들면 이모티콘으로도 사용 가능하고 포스팅할 때 다양한 포즈와 얼굴 표정을 함께 삽입할 수 있는 기능도 제공되었다. 주변에도 많은 사람이 아바타를 만들어 사용하고 있는데 신기하게도 보면 볼수록 실제 인물과 닮았다는 느낌이 들곤 했다.

3차원 가상세계 내에서는 기존의 소셜네트워크서비스와는 다른 공간에 어울리는 아바타가 필요하므로 여러 목적을 가지고 아바타 기능을 공개했을 것이다. 그중 하나는 사람들이 실제로 어떤 아바타를 선호하는지 직접 만든 아바타와 자신들이 그동안 페이스북에 올린 사진들과 비교해 분석하기 위함이 아닐까란 추측을 해본다.

자신과 최대한 닮은 아바타를 선호하는지 아니면 선호하는 다른 요소들이 있는지 파악할 수 있는 거대한 데이터 세트가 이번 아바타 오픈으로 확보되고 있을 것이다. 이것을 활용하면 더 정교하면서도 유저들이 원하는 아바타 시스템으로 진화시킬 수 있을 것이다. 페이스북은 현실에서의 아이덴티티를 기반으로 한 유저들이 신뢰망에 기반한 연결과 교류를 이어가는 소셜네트워크서비스라 만화 같은 아바타가 과연 수용될 여지가 있는지 확인할 필요가 있었을 것이다.

2021년 온라인으로 열린 SXSW에서 페이스북은 호라이즌에 적용될 새로운 콘셉트의 3D 아바타 시스템을 발표하는데 최대한 자신과 닮았으면서도 호감이 가고 표정과 특징이 잘 살아 있는 아바타 제작이 가능할 것이란 이야기도 있었다. 기존 페이스북 아바타에서 수집된 데이터들을 많이 활용했을 것이며 3D로 처리해야 하므로 컴퓨팅에 무리를 주지 않으면서도 유저들 간의 상호작용이 충분히 역동적이 될 수 있도록 기술적으로도 많은 고려 사항을 반영했을 것이다.

하나 더 주목해볼 이야기는 이 아바타 시스템을 호라이즌에서만 사용하는 것이 아니라 페이스북 로그인처럼 오큘러스 내 여러 애플리케이션과 공간에서 동일한 아바타로 접속하고 활용할 수 있는 방향으로 발전시키겠다는 내용이다. 즉 호라이즌의 정체성이 전체 오큘러스 가상현실 내 정체성을 대표할 수 있게 해 심리스한 경험이 이어지도록 하면서 호라이즌의 지배력을 높이고자 하는 야심을 함께 표현한 셈이다.

현재 호라이즌은 초대 기반의 베타 상태다. 언제 공식적으로 공개 오픈될지 약속된 바는 없으나 그동안의 여러 정황 등을 놓고 보면 당분간은 클로즈 베타를 이어갈 가능성이 크다. 실험하고 확인하고 개선해야 할 것이 많고 오큘러스 디바이스를 좀 더 보급해야 티핑을 만들 만한 숫자가 나올 수 있기 때문이다.

호라이즌 안에는 〈세컨드라이프〉에서처럼 익숙지 않은 사용자들의 부적응과 이탈을 막기 위해 인공지능으로 동작하는 호라이즌 로컬

Horizon Local이라는 안내인이 존재하고, 도움이 필요할 때마다 대응하고 유저와 유저 사이에 발생할 수 있는 문제들도 핸들링하고 있다. 세이프 존도 설정되어 있다. 마이크를 끄고 다른 유저들로부터 안전하게 또는 편안하게 나를 분리시키는 인스턴트 존을 만들어 언제 어디서든 안전지대로 들어갈 수 있다. 커다란 도시가 설정되어 있지만 유저들에 의해서 많은 것이 만들어지고 세워지게 될 것이다.

호라이즌 안에 유저들은 페이스북 유저 프로파일과 연결되어 있어 현실세계와 디지털로 구현된 현실세계의 라이프로그, 그것과 연계된 가상세계가 하나로 연결된다. 유저는 동시에 3개의 콘텍스트에 존재하게 될 것이며 각각의 세계는 동일한 시간이 흐르면서 돌아가게 될 것이다. 아마도 가장 큰 도전이자 동시에 큰 기회는 호라이즌과 페이스북이 연동되어 돌아갈 때 얻게 되는 유저들의 경험과 상호작용이 얼마나 큰 시너지를 만들 것이냐이며 이것이 어려울수록 페이스북과 호라이즌의 세계는 별개로 분리되는 수순을 밟게 될 수 있다.

페이스북의 친구를 호라이즌의 어느 경치 좋은 카페에서 만나 단둘이 즐거운 대화 삼매경에 빠질 수 있고 친구들과 함께 모여 게임을 하거나 낯선 공간으로 여행을 떠날 수 있다. 비자도 여권도 항공권도 필요 없지만, 그 안에 존재하는 어디든 갈 수 있고 원한다면 뭔가를 건설하고 만드는 경험을 할 수 있다. 거리에는 기업들의 쇼케이스와 브랜드숍들이 넘쳐나고 광고라고 표시하지 않아도 사람들은 재미있어 보이는 공간마다 북적이며 뭔가를 체험하거나 이벤트에 참가할 수 있다.

그 공간 안에서 자연스럽게 유저의 정보와 프로필이 공유되고 기업들의 새로운 타깃 마케팅 플랫폼으로 부상할 가능성이 충분히 크다. 친구들과 함께 영화나 공연을 보고 도시를 떠나 자연에서 캠핑하거나 불멍을 때릴 기회도 주어질 것이다. 수영을 못해도 바닷속으로 잠수해 신기한 어류들이 헤엄치는 모습을 볼 수 있고 아이들은 이곳에 등교해 수업을 들을 수 있다.

코로나19로 떠나지 못하는 현장을 호라이즌을 통해 갈 수 있게 된다면 새로운 여행사나 서비스업들이 호라이즌 안에 생길 수 있고 이 안에서 리브라(디엠으로 명칭을 변경)를 화폐로 쓸 수 있게 되면 커다란 가상경제가 만들어질 것이다. 〈로블록스〉의 유저들이 아침에는 〈로블록스〉로 오후에는 호라이즌으로 출근을 하고 밤이 되어서야 현실세계로 퇴근하는 일이 생길 수 있고, 국제회의나 컨퍼런스가 호라이즌 안에서 열리게 될 수 있다. 유엔이나 WHO가 이 안에 사무소를 열고 새로운 디지털 인권이나 접근권에 대한 국제 사회의 협력을 도모할 수 있고,

환경 오염에 반대하는 그린피스가 사무소를 열고 환경 운동이나 데모를 주최하는 일이 가능해진다.

〈세컨드라이프〉 때 그랬던 것처럼 방송국이나 미디어들이 이 안으로 들어와 호라이즌에서 발생하는 이벤트나 사건에 대해 24시간 취재하고 양쪽 세계에 동시에 방송할 수 있다. 상상하는 수많은 일이 이 안에서 가능해지면 페이스북보다 호라이즌에서 머무르는 시간이 길어지고 페이스북 포스팅마저 리얼월드가 아닌 호라이즌에서 더 많이 하는 사용자들이 생기기 시작할 것이다.

아직까지 이 모든 것은 상상이지만 페이스북이 꿈꾸는 호라이즌의 모습과 그리 다르지 않을 것이다. 어떤 공간인터페이스를 가지게 할 것인지, 어떻게 상호작용하고 커뮤니케이션하게 할 것인지, 어떻게 이 안에서 커뮤니티들이 지속가능하게 만들 것인지, 인센티브와 리워드가 강력하게 돌아가는 가상경제를 어떻게 입힐 것인지에 따라 미래는 아주 달라질 수 있기에 지금 페이스북이 그리면서 만들고 있는 호라이즌이 그동안 시행착오를 겪어온 수많은 메타버스로부터 얻은 교훈과 본질에 대한 깊이 있는 질문들에 답을 찾아가는 여정이 중요할 것이다.

08
페이스북의 아리아 프로젝트

페이스북 내부의 FRL에 아리아Aria 프로젝트가 알려진 건 페이스북 커넥트 7에서였다. 총괄 부사장 앤드류 보스워스Andrew Bosworth와 연구책임자 마이클 애브라쉬Michael Abrash가 기조연설을 통해 아주 자세하게 그들의 비전과 문제의식에 대해 공유했다. 실제로 FRL 시작은 오큘러스팀으로부터였지만, 지금은 규모가 페이스북 전체의 20%가량을 차지할 만큼 많은 인력과 지원을 받고 있는 조직이 되었고 AR과 VR 전체 프로젝트를 총괄하고 있다.

VR은 오큘러스로부터 이어진 성과와 퀘스트2 헤드셋을 출시하면서 얻은 강력한 모멘텀이 있어 강한 확신을 가지고 연구개발을 진행하고 있지만, AR은 미지수가 아주 많은 상황이다. 애플이 그랬듯이 페이

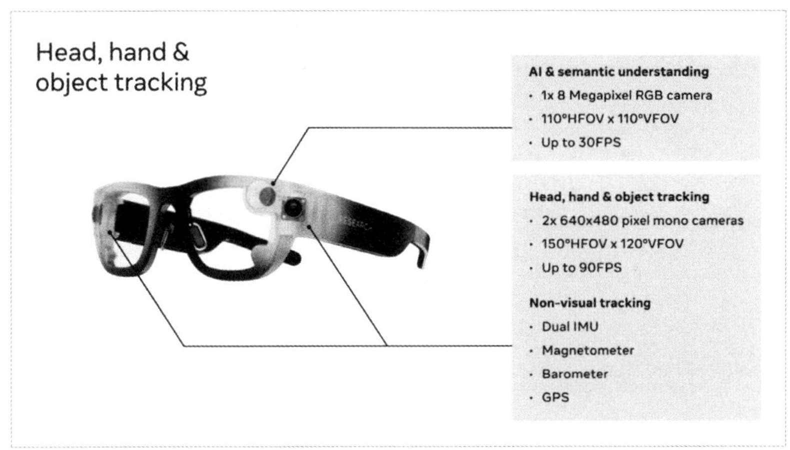

스북도 증강현실이 응용 범위가 아주 넓고 임팩트가 큰 기술 분야임을 인지하고 있으나 완성품으로 만들기에는 아직도 난제와 제약이 산재해 있어 당장 언제 가능하다는 확언을 하기에는 시기적으로 이르다는 것도 인정했다. 다만 시간문제일 뿐 반드시 해결되어 우리 삶에 깊숙이 스며들어 올 기술이기에 회사 차원에서도 총력을 다해 연구개발을 하고 있다는 뉘앙스를 전했다.

AR 글래스는 특히 어떻게 접근해서 어떻게 만들어야 할지 가장 어려운 부분 중 하나라 내부적으로 리서치 프로젝트를 운영하고 있는데 그것이 아리아 프로젝트다. 외부 콘텍스트를 인지하기 위한 8메가 픽셀 카메라 1개와 110도의 FoV를 가지는 디스플레이, 눈 추적과 얼굴 인식을 위한 내부 카메라 2개, GPS, 자이로와 가속 센서 등으로 이뤄진 글래스의 프로토타입을 포함해 헬멧, 웨어러블 팔찌 등 다양한 기술을 연계해 연구하는 프로젝트가 아리아다.

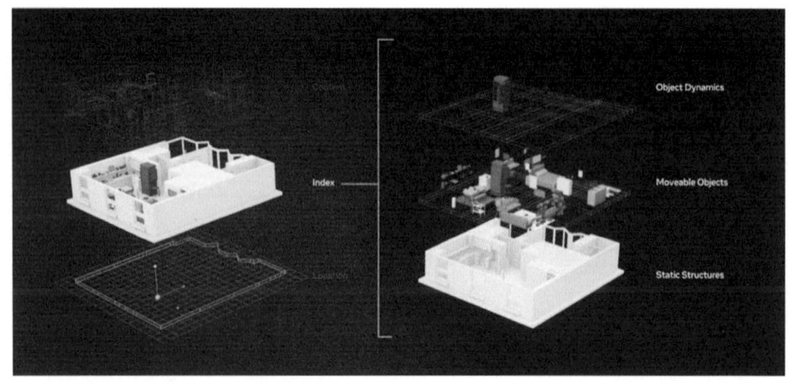

마이클 애브라쉬는 소비자 대상의 사용 제품이 아닌 리서치 용도의 프로토타입이며 페이스북 엔지니어들이 아리아를 착용하고 필드에서 가능한 모든 이슈와 문제, 해결해야 할 상황과 인사이트를 본격적으로 수집하게 될 것이라고 언급하며 아직 어디로 가야 할지 몰라서 매우 중요한 프로젝트가 될 것이라고 부연하기도 했다. 카메라가 촬영하게 되는 프라이버시 이슈, 배터리 사용성, 인터넷 커넥티비티의 지속성, 좌표 데이터와 연계된 표기 정보의 유용성, 사용자 경험이 필요한 이벤트 등을 수집하게 될 것으로 보인다. 물론 웨어러블의 제약과 패션으로써의 가치를 함께 해결하고자 유명 선글라스 메이커인 레이밴Ray-Ban과도 협력하고 있다고 밝혔다.

마이클 애브라쉬는 증강현실을 구현하기 위해 중요한 콘셉트 중 하나인 라이브맵LiveMaps을 발표했다. 리얼월드 위에 존재하는 다중 레이어의 정보 스택인데 정확한 콘텍스트 인지와 오브젝트 맵핑을 위해 꼭 필요한 기술이라고 강조한다. 리얼월드는 크게 3개 레이어로 구성되는

데, GPS나 위치 기반 센서로부터 획득한 정확한 좌표로 이뤄진 위치 레이어Location Layer와 리얼월드를 구성하는 오브젝트들의 콘텍스트를 담은 인덱스 레이어Index Layer, 그 위에 실시간으로 업데이트되는 사람들과 액티비티들의 정보를 담은 콘텐츠 레이어Content Layer가 쌓여 있는 스택이라고 정의한다.

특히 인덱스 레이어가 중요한데 건축물이나 고정된 설치물과 움직이고 이동할 수 있는 오브젝트들, 그 오브젝트들의 변화되는 상태값을 하나로 묶어 인지하는데 사용자들로부터 취합한 엄청난 양의 데이터가 필요한 분야라고 소개했다. 실제로 페이스북은 이 라이브맵을 만들기 위해 특정 지역을 지정하고 그 안에서 카네기멜론대학 인지보조연구실Cognitive Assistance Lab과 협력해 연구를 진행하고 있다.

물론 이 분야의 진척도를 가속시키기 위한 인수합병도 과감하게 진행하고 있는데 2019년 인수한 CTRL-Labs[11]와 2020년에 인수한 싱가포르 렘니스테크놀로지Lemnis Tech[12], 스웨덴 맵필러리Mapillary[13], 스케이프테크놀로지Scape Technology[14] 등이 증강현실 생태계를 만들고자 하는 페이스북의 장기적인 포석들이다.

CTRL-Labs는 뉴럴인터페이스를 연구하는 스타트업인데 손목 팔찌로 뇌전도EEG나 근전도Electromyography를 측정해 근육의 전기적 신호를 입력 디바이스에 활용할 수 있는 기술을 개발한 기술 스타트업이다. 맵필러리는 거리에서 캡처한 이미지로부터 지도 정보를 추출하고 개선하는 기술을 보유한 스타트업이다.

렘니스테크놀로지는 가변 초점 렌즈 기술을 바탕으로 오큘러스 헤드셋과 AR 글래스 모두에서 광학 특성을 획기적으로 해결해줄 수 있는 잠재적 기술을 보유하고 있다. 스케이프테크놀로지는 카메라로 획득한 이미지를 컴퓨터 비전으로 처리해 GPS 정보에 더 정밀한 위치 정보를 결합할 수 있는 영국의 스타트업이다. 시각 기반 위치 정보 기술Visual Positioning Service을 개발했다. 필드 서비스를 개시한 이력이 있어 주목받고 있었는데 페이스북이 조용히, 하지만 공격적으로 인수한 기업이다. 이 기업들의 기술들이 오큘러스 퀘스트 시리즈나 새로운 AR 글래스에 적용된다면 많은 기술적 제약을 해결하는 진일보한 메타버스의 선구자가 될 것이다.

09
엔비디아가 꿈꾸는 미래

엔비디아nVidia는 개인용 컴퓨터 시대에 그래픽 카드를 만드는 것이 주 비즈니스였던 기업이다. AMD 엔지니어 출신이었던 젠슨 황Jensen Huang이 1993년 창업한 이래 GPU를 개발해왔는데 이후 고성능 AP 테그라 개발도 한다. 미디어플레이어, 테슬라나 닌텐도 스위치 라이트 등에 적용되었다.

2010년대 중반 비트코인을 비롯한 암호화폐 열풍이 불면서 매출이 급증했고 자율주행차나 인공지능 관련 산업이 발전하면서 GPU의 쓰임새가 늘어나고 성능이 비약적으로 발전하면서 가장 빠르게 성장한 기업 중 하나다. 성장세에 힘입어 2019년 3월 70억 달러 규모에 멜라녹스테크놀로지Mellanox Technologies를 인수하는데 이를 통해 하이퍼포

먼스 네트워킹 기술을 확보하면서 서버와 데이터 센터 시장의 강자로 등장한다.

그다음 해 역사에 남을 대형 사건이 터진다. 소프트뱅크로부터 무려 400억 달러 규모로 반도체 설계 IP 기업 ARM을 인수하는, 반도체 업계 역사상 최대 규모 딜이 이뤄진 것이다.

ARM은 전 세계 1,000여 개 기업에 프로세서의 IP를 라이선싱하고 로열티를 받으므로, 고객 중 하나였던 엔비디아가 ARM을 인수하면 중립성이 깨지고 독점 이슈가 발생할 수 있어 최종 승인까지는 많은 장애가 있을 것으로 예상된다. 그럼에도 만약 엔비디아의 ARM 인수가 성공적으로 마무리되면 인텔, AMD와 팽팽하게 경쟁할 만큼 CPU와 GPU를 통합 설계하고 개발할 수 있는 막강한 기업으로 재탄생할 수 있는 가능성이 열리게 될 것이다.

이런 엔비디아가 지금 더 큰 꿈을 꾸고 있다. 2020년 10월에 열린 GTCGPU Technology Conference 기조연설에서 젠슨 황이 "메타버스가 오고 있다Metaverse is coming"는 이야기를 시작으로 "새로운 시대가 열리고 있고 중심에 엔비디아가 있다"라는 언급을 했기 때문이다.

메타버스 시대가 오면 거의 모든 데이터가 클라우드를 통해 이동하고 축적되고 계산되어야 하는데 그곳에 엔비디아의 GPU가 들어간다. 가상현실이나 증강현실 디바이스가 스마트폰처럼 확산되고 보급될 텐데 그 안에도 엔비디아의 GPU가 들어간다. 원활하게 메타버스 세계가 지속되고 운영되려면 모든 곳에 인공지능과 기계학습이 동작해야 하는데 그곳에도 엔비디아의

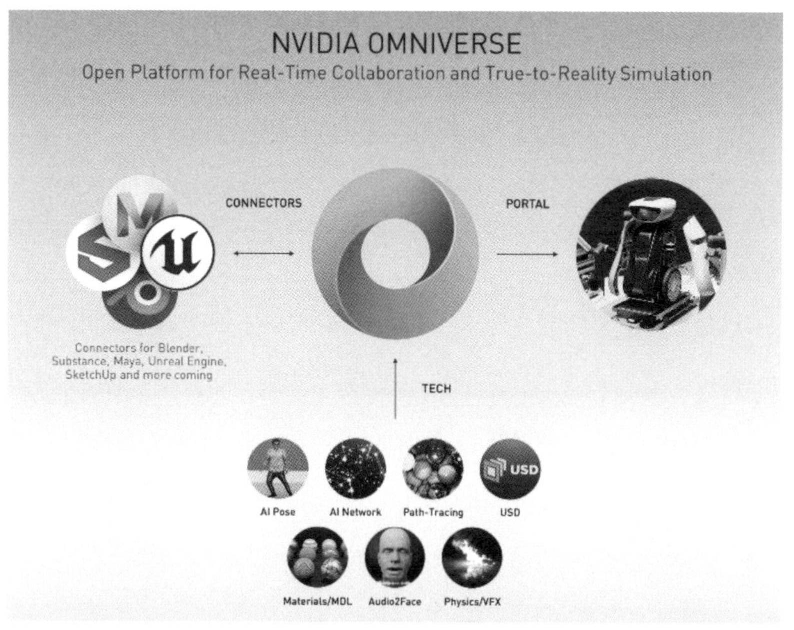

GPU가 들어간다. 메타버스 내의 생태계와 경제가 지속적으로 동작하려면 가상경제와 블록체인이 근간이 되어야 하는데 또 그 안에 엔비디아의 GPU가 들어간다.

한마디로 메타버스의 근간이 되고 확장과 지속을 위한 핵심에는 엔비디아의 기술이 중심이 될 거라는 원대한 비전과 자신감을 내비쳤다. 이 말은 허황된 것은 아니다. 실제로 그렇게 되고 있음이 데이터로 확인되고 있고, 관련 기술들도 서서히 티핑 포인트를 향해 발전하고 있기 때문이다.

이 새로운 시대를 맞이하며 엔비디아는 가상 협업과 실시간 시뮬레이션을 위한 옴니버스라는 오픈 플랫폼을 선보였다. 옴니버스 자체는 메타버스의 콘셉트와는 상관없는 엔비디아의 플랫폼 브랜드로 보는 편이 맞는데 메타버스에 해당하는 실시간 가상 협업과 디지털 트윈 같은 분야도 이 플랫폼을 통해 강력한 성능과 생산성을 얻을 수 있다. 이외에도 미디어·엔터테인먼트·건설·제조 등 다양한 분야에 활용이 가능하다.

분명한 것은 가상세계를 지향하는 메타버스를 구성하는 핵심 요소 기술과 응용 분야가 더 발전하고 확장될 거라는 사실이며 엔비디아의 옴니버스는 강력한 플랫폼을 중심으로 메타버스 확산에 중요한 역할을 할 것이다.

10

〈포트나이트〉에 1,230만 명이 모인 이유

〈포트나이트〉는 3억 5,000만 명의 유저가 애용하는 에픽게임즈가 2017년 개발한 게임 플랫폼이다. 보통은 PVPPlayer vs. Player라고 플레이어와 플레이어들이 배틀을 벌이는 〈LoL〉, 〈플레이어언노운스 배틀그라운드〉와 함께 배틀로열 게임의 대표작이다.

현재 2가지 모드가 더 추가되어 다양한 포맷의 게임을 즐길 수 있다. '세이브 더 월드'는 PVEPlayer vs. Environment 게임으로 컴퓨터가 조작하는 몬스터들과 싸우는 모드이고, '포크리 모드'는 포트나이트 크리에이티브Fortnite Creative의 의미로 사용자들이 직접 건물을 짓고 게임을 만들어 플레이할 수 있는 모드다. 〈로블록스〉와 유사한 콘셉트가 〈포트나이트〉에 적용되어 있다고 보면 된다.

출처: forbes.com[3]

현재 세계적으로 가장 인기 있는 게임 중 하나이고 2019년 넷플릭스가 주주 서한에 가장 큰 라이벌이 〈포트나이트〉라고 언급하면서 인기가 그냥 게임의 인기가 아니라는 것을 세계가 인식하게 만들었다. 실제로 매일 방문해 게임을 즐기는 DAU가 3,800만 명에 달하고 매일 평균 2.5시간 동안 체류한다는데 실제 미국의 10대 40%가 매주 접속하며 그 안에서 게임뿐 아니라 친구들과 소통하고 즐기면서 시간을 소비하는 소셜네트워크로서의 역할을 하고 있다고 한다.

MMORPG 게임은 속성상 메타버스의 특징이 있는데 〈포트나이트〉는 다른 장르의 게임임에도 불구하고 그보다 더 특별한 메타버스의 세계를 구축하고 있다. 2020년 5월에 도입된 '파티로얄Party Royale' 모드 때문이다.

파티로얄 모드에서는 무기를 들고 싸우지 않는 대신 보트 경기를 비

롯한 스포츠나 가벼운 게임을 친구들과 할 수 있고 빅 스크린의 원형 극장에서 공연을 관람하고 공원을 산책할 수 있다. 도시 가운데 있는 플라자는 〈포트나이트〉 내에서 커뮤니티 역할을 하며 사람들이 모여 소통하고 메인 스테이지에서는 소셜 파티나 다양한 이벤트 등에 참여할 수 있다. 일종의 전투가 허용되지 않는 평화 지역을 만들어 배틀 게임이 배틀 없이도 즐거울 수 있다는 경험을 주고 있다.

파티로얄은 등장 이전부터 에픽게임즈에서 잠재성을 인지하고 있었는데 2020년 2월 〈포트나이트〉 배틀로얄 내 플레젠트 파크Pleasant Park에서 열린 DJ 매쉬멜로우의 콘서트가 시작점이었다. 무려 1,070만 명이 참가해 공연을 즐겼는데 온라인에서 개최한 행사 중 역대 최대 인원의 기록을 세웠다. 두 달 뒤 4월 이 기록이 다시 깨지는데, 코로나19로 새 앨범 〈Astronomical〉의 발매 기념 콘서트가 어려워진 래퍼

트래비스 스캇Travis Scott이 〈포트나이트〉 내에서 3일간 5번의 공연을 하게 되면서다.

5번의 공연 동안 게임 내 무려 2,770만 명의 유저가 4,580만 번 콘서트에 참여했고 가장 관객이 많은 공연에는 무려 1,230만 명의 유저가 동시 접속을 하고 공연을 즐겼다. 사상 최대의 기록이며 〈포트나이트〉에서 얼마의 수익이 나왔는지는 공개되지 않았지만, 콘서트 동안 스포티파이의 음원 매출만 30만 파운드를 넘었다고 하니 규모는 가히 압도적이지 않았을까 싶다.

이 역사적인 두 콘서트가 끝나고 나서야 공식적으로 〈포트나이트〉에 파티로얄을 오픈했고 수시로 다양한 공연과 참여형 이벤트를 개최하고 있으니 진정한 메타버스로서의 진화를 거듭하고 있는 셈이다.

〈포트나이트〉 내에서 통용되는 V-Bucks라는 화폐를 이용해 아이템이나 무기를 구매할 수 있고 공연이나 이벤트에 참가할 수 있다. 현실세계에서 배틀패스나 V-Bucks를 구매해 충전할 수 있고 포크리 모드가 도입되면서 사용자들은 자신들이 만든 아이템이나 게임을 통해 수익을 낼 수 있고 거래할 수 있기에 보다 본격적인 가상경제가 운영되기 시작했다고 볼 수 있다. 물론 리얼머니로 역환전되지 않지만, 에픽게임즈와 애플의 플랫폼 과금 이슈로 발생한 문제가 해결되면 〈로블록스〉처럼 더 진화된 경제체제가 구현될 수 있을 것이다.

11
버닝맨이 메타버스에서 개최된 이유

버닝맨은 매년 1번 네바다의 블랙록 사막에서 9일간 열리는 세상에서 가장 큰 커뮤니티이자 축제다. 1986년에 시작된 후 한 해도 거르지 않고 네바다 사막에 블랙록시티로 불리는 도시를 만들고 7만여 명이 넘는 버너가 모여 10개의 원칙을 지키며 자유와 창조, 혁신과 변화, 영혼과 순수, 음악과 예술 등을 넘나들며 이 세상에서 가장 경계 없는 장을 열어왔다.

1,000개가 넘는 설치 예술과 움직이는 아트 카들, 수천 개의 캠프와 빌리지 안에서 수많은 버너가 서로 조우하고 얽히고 연결되면서 30여 년을 이어온 거대한 의식 같은 것이었다. 실리콘밸리의 창업가들과 혁신가들, 전 세계의 예술가들이 한자리에 모여 파괴적 혁신과 새로운

아이디어를 이야기하고 연결을 이어가는 커다란 실험이 이뤄지는 곳이었다. 하지만 전 세계적으로 유행한 코로나 팬데믹은 버닝맨도 피해갈 방법이 없었다. 비행기를 타고 이동해야 하고 좁은 공간에 수십 수백 명이 모여야 하며 하루에도 수천 명의 버너와 교류하고 만나야 하는 버닝맨이 열릴 수 없었던 것은 당연하다.

버닝맨HQ는 버너(버닝맨에서는 참가자를 버너Burner라고 부른다)들에게 리얼월드에서 열리던 버닝맨을 버추얼월드에서 열겠다고 공지한 다음 거대하게 연결되어 있는 버닝맨의 세계관을 가상세계로 어떻게 옮길지 고민했다.

쉽지 않은 일이었다. 수만 명이 아주 넓은 특별한 환경의 사막에 모여 여기저기서 수천 가지의 다른 경험을 동시다발적으로 겪을 수 있는 버닝맨을 온라인에 재현한다는 것은 상상조차 힘들었다. 그래서 이 모든 것에 어떤 제약을 두지 않기로 했다. 버닝맨이 열릴 수 있는 모든 가상세계에서 버닝맨이 열리도록 했고 모든 가상세계를 하나로 묶어 멀티버스Multiverse라고 부르기로 했다.

2020년의 테마도 '멀티버스'로 정한다. 물리적 공간에서 열려도 무한한 상상력이 펼쳐지는 버닝맨이 가상공간으로 가면 어떤 상상력이 더 발현될지 알 수 없기에 그라운드룰 외에는 어떤 제약을 두지 않기로 한다. 9개의 멀티버스에서 동시에 버닝맨으로 들어가는 포탈이 열린다. (1) BRCvr(AltspaceVR 내부), (2) MultiVerse, (3) SparkleVerse, (4) MysticVerse, (5) Build-A-Burn, (6) Ethereal Empyrean Experience: Temple 2020, (7) The Infinite Playa, (8) BURN2, (9)

The Bridge Experience.

가상세계는 어느 하나가 전체를 대표할 수 없고 가상세계별로 색깔과 특성이 다르다. 오큘러스 VR 헤드셋을 착용하고 들어가야 하는 곳도 있고, 컴퓨터의 평면 화면으로 들어갈 수 있는 곳도 있으며, 다양한 형태로 다른 참가자들을 만날 수 있다. 마이크로소프트의 알트스페이스AltspaceVR 안에 만들어진 BRCvr도 있고 자체적으로 엔지니어들이 구현한 가상세계도 있다. 버닝맨이 열리지 않았지만 〈세컨드라이프〉 안에도 블랙록시티를 구현해놓았다.

가상세계에 들어가면 수많은 자원 활동가와 아티스트가 만들어놓은 3D 조형물과 설치 미술이 있고 주변에 둘러서서 이야기를 나누는 버너도 보이고 음악에 맞춰 춤을 추는 버너도 보인다. 각각의 가상세계는 각각의 방식으로 아바타와 캠프를 만들고 버닝맨 스케줄에 맞춰 맨 번Man Burn과 템플 번Temple Burn 행사도 진행한다.

이렇게 메타버스는 오프라인에 모이지 못한 버너들에게 새로운 상상력을 추구하고 세계관에 다양성을 더하는 큰 역할을 하게 된다. 물론 실제 사막에서 열리던 버닝맨과는 비교할 수 없을 정도로 경험의 깊이나 놀라운 세렌디피티를 만나기에는 부족하다. 살을 맞대고 함께 호흡하며 짙게 날리는 모래사막이 가져다주는 자연의 경이로움이 주는 설명하기 어려운 경험을 온라인에서 느낀다는 것은 불가능하다. 게다가 가장 중요한 버너들과 버너들이 만나면서 만들어지는 관계의 화학 반응과 개방된 세계가 주는 열린 마음의 포용성은 가상세계에서는 잘 일어나지 않는 현상이기도 하다.

2021년 한 번 더 공식적인 버추얼 번Virtual Burn으로 진행할 예정이라고 한다. 아마도 한층 더 진보된 메타버스의 가상세계와 그 안의 경험이 디자인되고 만들어질 것이다.

메타버스에서 열린 버닝맨은 그래서 그 자체로 의미가 있다. 블록체인·가상현실·인공지능·인지과학 등 그동안 버닝맨에서 이뤄진 첨단 기술의 실험들이 그다음 가야 할 경험을 했기 때문이다. 코로나19가 종식되고 다시 사막에 사람들이 모여도 이들은 세계 곳곳에서 또 그 사막에서 가상세계로 통하는 포탈을 열고 현실과 가상세계의 경계를 지우는 확장된 메타버스를 만드는 새로운 실험을 하게 될 것이다.

12
마이크로소프트가 매쉬를 발표한 이유

홀로렌즈라는 증강현실 디바이스를 출시하고 마이크로소프트는 꽤 오랜 시간 증강현실을 컴퓨팅의 미래로 보고 그 시장을 주도하기 위한 투자와 노력을 게을리하지 않았다. 그럼에도 하드웨어와 운영체제, 플랫폼과 개발자 커뮤니티가 수직적으로 또 유기적으로 동작해야 하는 생태계를 만드는 일이 수월하지 않기에 속도는 더디다. 게다가 홀로렌즈의 하드웨어 성능이나 사용자 경험이 충분하지 않아 생태계 확장에 어려움이 있던 터라 마이크로소프트는 개선된 홀로렌즈2를 내놨지만 역시나 한계가 있어 보인다.

마이크로소프트는 해마다 기술에 관련된 여러 컨퍼런스와 이벤트를 주최해오고 있는데 그중 개발자들이 많이 참여하는 기술 중심의 컨퍼런스가 이그나잇이다. 이그나잇 2021도 여타 행사처럼 온라인에서 치러졌는데 이제는 완전하게 클라우드 중심으로 전환된 마이크로소프트답게 클라우드를 확장하면서 더 큰 생태계를 만들고자 하는 비전과 방향성을 드러냈다. 이번 행사에서 눈에 띈 부분은 혼합현실 클라우드 플랫폼 매쉬Mesh다. 마이크로소프트 혼합현실 기술 펠로우로 있는 알렉스 키프만이 사티아 나델라Satya Nadella와 함께 '혼합현실의 미래를 바라보는 마이크로소프트의 비전Microsoft's vision for the future of Mixed Reality'이라는 주제로 이야기한 것으로 볼 때 마이크로소프트가 클라우드의 미래를 걸고 싶은 기회로 메타버스를 생각하고 있음이 분명하다.

매쉬는 멀티 디바이스 환경에 대한 고민을 해결한 애저Azure 위에서 동작하는 플랫폼인데 홀로렌즈 같은 AR 디바이스, 오큘러스류의 VR 디바이스, 스마트폰과 PC까지 다양한 디바이스 간 실시간 동기화

는 물론 다른 위치에 있는 다른 사용자 경험을 가진 유저들을 같은 가상공간에서 심리스하게 상호작용할 수 있게 만드는 것이 핵심이다. 실제 기조연설 발표에서도 오큘러스 퀘스트에서 실행된 알트스페이스VR에 아바타로 접속한 참가자들과 홀로렌즈2를 착용하고 3D 캡처링을 통해 프리젠테이션을 하는 알렉스를 동시에 보여줌으로써 혼합현실이 일상에서 가장 흔하게 일어날 수 있는 트렌드임을 확실하게 보여줬다.

깜짝 등장한 제임스 카메론James Cameron은 자신의 오랜 경험 속에서 느낀 가상현실이 가진 스토리텔링의 힘과 영향력을 이야기했는데 그래서인지 〈아바타〉란 영화를 만들면서 묘사했던 세계가 그가 믿고 있는 메타버스의 모습이 아니었을까 생각해본다.

나이언틱랩의 존 행키와는 증강현실의 진화된 경험을 만드는 협업을, 〈태양의 서커스〉의 기 랄리베르헤Guy Lalilberte는 포탈을 통해 접속이 가능한 새로운 엔터테인먼트 플랫폼의 가능성을 선보였는데 현실을 증강하고 공간을 확장해 스토리의 새로운 결을 만들고, 경험의 새로운 겹을 만들겠다는 비전을 잘 보여준 느낌을 받았다.

온라인을 통한 협업이 코로나 팬데믹을 거치면서 확고하게 뉴노멀로 자리 잡았다. 이를 위해 마이크로소프트가 인수한 가상세계 밋업 플랫폼인 알트스페이스VR에 엔터프라이즈 기능을 탑재하고, 협업툴 팀즈와 ERP/CRM 솔루션 Dynamics 365를 연동하는 통합을 제시했다. 이는 메타버스에서 마이크로소프트의 영토를 확장하고 애저의 커버리지를 극대화하려는 포석으로 볼 수 있다.

현재 VR 환경 내에서는 URL 하나를 공유받아서 복사하고 링크에

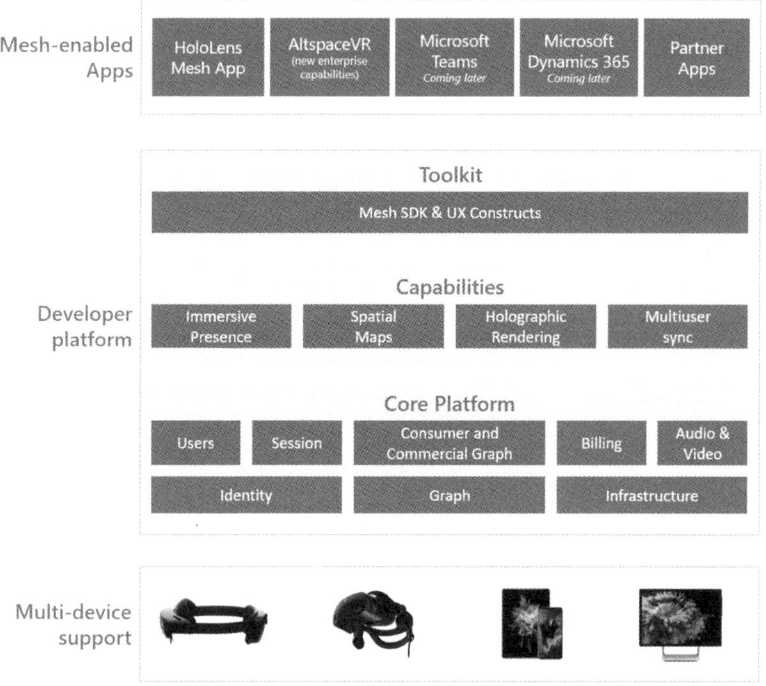

접속하는 것조차 매우 불편하고 번거로운 상황이라 다양한 환경 간을 유연하게 통합할 수 있다면 더 빠른 수용과 확산이 일어날 수 있고, 각각의 강점을 조합할 수 있다면 효율과 생산성도 극대화할 수 있을 것이다. 몰입감과 사실감 있는 가상공간에서의 존재, 공간과 위치 정보, 3차원 공간 표현과 투영, 다중 유저 간 지연 없는 동기화까지 매쉬 플랫폼을 통해 메타버스와 현실세계를 연동하고 비즈니스까지 영역을 확장하는 거대한 계획이다. 바야흐로 PC 시장에서 마이크로소프트가 누렸던 지배력이 클라우드 시장은 물론 메타버스로까지 확대되는 미래를 조심스럽게 예상해볼 수 있는 비전이다.

13
All Digital CES 2021과 SXSW 2021의 차이

해마다 1월 초 미국 라스베이거스에서는 수천 개의 기업이 모여 한 해 동안 변화를 이끌 기술을 선보이고 전략적인 제품이나 서비스를 선보이는 자리를 연다. 세상에서 가장 큰 전시 행사인 글로벌 가전쇼 CES가 열리는 것이다.

20만 명에 가까운 관객이 현장을 찾고 라스베이거스 전역에서 전시와 컨퍼런스가 일주일가량 이어간다. 시대의 변화에 맞춰 모터쇼를 방불케 할 만큼 많은 자동차 기업이 참가해 전기자동차와 자율주행, 전자제품이 되어버린 자동차 산업의 미래를 선보이고, 더 커지고 선명해진 디스플레이, 혁신적인 제품들과 스마트하고 편리해진 가전들이 출품되면서 매일 수만 보를 걸으면서도 사람들은 애써 현장을 찾는다.

너무 넓은 면적에 행사장이 차려지다 보니 대부분 다 보지 못하고 행사는 끝나게 되는데 CES 하나만으로 만들어지는 경제 규모와 효과는 어마어마하다.

하지만 이렇게 영향력 크고 관심 많은 CES가 2021년에는 현장에서 열리지 못했다. 코로나19의 여파가 1년 넘게 지속되면서 여전히 사람들은 모이거나 이동할 수 없었기에 주최사인 미국소비자기술협회CTA: Consumer Technology Association는 CES를 올 디지털All Digital로 개최하기로 한다. 한 번도 해보지 않았지만 할 수 있는 유일한 방법이었기에 마이크로소프트와 협업을 시도했고 팀즈Teams 위에 CES 행사를 올려 호스팅했는데 온라인 특성상 컨퍼런스 위주로 편성되었고 주 기능이었던 전시와 네트워킹은 시늉을 내는 것에 그치고 말았다.

원래 CES가 열리면 대부분 참가자가 컨퍼런스보다 현장에서 열리는 전시와 제품을 체험하는 데 큰 시간을 할애하고 부스 곳곳에서 전문가들과 담당자들을 만나 교류하고 질문하면서 한 해 기술의 방향과 산업의 동향을 파악하는 것을 목적으로 삼았는데, 온라인에서는 그 부분이 거의 동작하지 못한 것이다.

그러다 보니 행사 흥행은 실패하고 예년만큼 뜨거운 관심이나 이슈가 되지 않아 도전에 비해 초라한 성적으로 끝마치고 말았다. CTA의 게리 샤피로Gary Shapiro 회장은 행사 말미에 2022년에는 꼭 라스베이거스 오프라인 현장에서 행사를 개최하겠다고 여러 차례 힘주어 이야기했는데 스스로 온라인 행사의 한계와 어려움을 충분히 공감하고 느꼈음을 시인하기도 했다.

온라인으로 진행된 CES가 실패할 수밖에 없었던 이유가 몇 가지 있는데 전시와 네트워킹이 본질적으로 공간을 기반으로 한다는 사실이 가장 중요한 부분이다. 공간 안에 규모가 있고 분위기가 있고 상호작용하면서 만들어지는 활력과 열기가 있는데, 온라인에 올려진 CES는 아무것도 없었다. 단방향의 정보와 활기 없는 클릭만이 행사를 즐길 수 있는 방법이었고, 참가자들은 훨씬 더 접근하기 쉽고 비용이나 시간이 덜 드는 온라인 행사에 오래 체류하지 못했다. 보고 싶은 내용만 빠르게 확인하는 데 만족했고 기조연설에 발표된 내용만으로 전체 행사를 조망해야 하는 아쉬움을 남겼다.

준비 단계부터 AR이나 VR을 활용하지 않겠다고 선언하고 배제한 까닭에 단조로운 행사는 미완의 도전이란 경험치만 남긴 채 종료되었다. 끝나고 보니 행사 기간 동안 새롭게 만나 교류하기 시작한 인맥은 거의 없고 메일함에 마케팅 메시지만 잔뜩 쌓인 것을 발견했다.

SXSW는 매년 3월 미국 텍사스주 오스틴 전역에 걸쳐 열리는 또 하나의 거대한 페스티벌이다. 해마다 수십만 명의 참가자가 오스틴을 방문하고 기술·예술·음악·영화·교육에 대해 방대하고 다양한 주제를 놓고 이야기하고 공연과 영화제가 동시에 열리는 유서 있는 이벤트다. 넓은 지역에서 동시다발적으로 다양한 행사가 열리고 트위터나 포스퀘어 같은 서비스들이 출시되어 크게 주목을 받았던 곳이기도 하다. 2020년 코로나19로 거의 모든 행사가 취소되는 와중에도 현장에서 행사를 진행하겠다고 꿋꿋이 버티다가 행사 일주일 전에 취소를 공지하는 바람에 항공권과 호텔 취소 수수료를 물어야 했던 기억이 생생하다.

SXSW 2021은 일찌감치 온라인 개최를 선언하고 오랜 시간 준비에 공을 상당히 들였는데 CES의 온라인 행사가 제대로 치러지지 못한 것을 인지한 터라 더 신경 써서 준비하고 진행했다. 컨퍼런스와 공연이 온라인을 통해 스트리밍되었고 온라인에 부족한 네트워킹과 전시를 보완하기 위해 스왑카드Swapcard라는 플랫폼과 협력해 이벤트 사이트를 구축했다. XRExtended Reality을 주제로 많은 어젠다를 커버한 것은 물론 버추얼 시네마 프로그램Virtual Cinema Program을 통해 영화 콘테스트와 스포트라이트 프로그램을 VRrOOm 스토어에서 다운로드받아 감상할 수 있게 해 몰입감 있는 경험을 제공했다.

VRChat 안에 SXSW 버추얼 행사장을 만들어서 참가자 간 네트워킹이나 전시 관람, 쇼케이스 등을 내부에서 체험할 수 있도록 해 온라인에서 취약한 상호작용이나 현존감을 강화하는 신선한 실험들을 시도했다. 여기서 말하는 현존감現存感, Presence이란 어떤 가상공간이 있을 때 그 안에 동화되어 있는 느낌으로서의 지각적 실감을 의미하는 것으로, 흔히 사용하는 현장감現場感과는 다소 차이가 있다.

결론적으로 SXSW는 2가지 성과를 만들었다.

(1) 먼저 콘텐츠·영화·예술·전시·음악 등이 주요 테마인 이벤트의 속성상 코로나19가 지속되는 환경에서 새로운 미디어 환경과 온라인으로 진행할 수 있는 다양한 실험에 대해 스스로 경험할 수 있는 기회와 함께 가야 할 방향에 대해 공감을 만드는 결과를 얻었다.

(2) 무미건조한 온라인 행사들을 다채롭고 인터랙티브하게 만들 수

출처: xrmust.com(아래)[4]

있다는 경험치를 얻음으로 인해 향후 디지털 기술과 다양한 분야가 만나 이룰 수 있는 가능성을 보여준 레퍼런스가 될 수 있었다. 물론 부족하고 미비한 부분이 없지 않았으나 그것마저 인지되어 개선되고 해결될 수 있는 어젠다가 되면서 상당히 의미 있는 과정과 결과를 공유하며 마무리되었다.

14

줌은 메타버스가 될 수 있는가

코로나 팬데믹으로 가장 크게 성장한 서비스는 여지없이 줌ZOOM이다. 출장을 가지 못하고, 등교하지 못하고, 회사에 출근하지 못해도 사람들은 줌을 통해 회의하고 수업을 들었다. 전 세계적으로 모든 국가가 비슷한 상황을 겪으면서 사람들은 밖에 나가지를 못하고 많은 일을 집 안에서 처리해야 했고 집은 새로운 오피스가 되었고, 교실이 되었고, 헬스클럽이 되었다.

모든 사람이 온라인으로 연결되어 있었던 덕에 우리는 코로나19에도 서로 교류하고 소통하며 일상적인 삶을 이어갈 수 있었다. 줌을 비롯한 수많은 화상회의 서비스, 온라인 컨퍼런스 서비스, 협업 도구가 쏟아져 나왔고 사람들이 일하는 방식, 배우고 학습하는 방법, 일상을 영위하는 방식이 달라지고 있다.

줌은 코로나 팬데믹이 극성을 부릴 때, 성장세가 놀라울 정도로 가파른 기울기를 그렸는데 미국의 7대 항공사의 시가총액을 합친 규모를 넘어서더니 한때는 전통적인 IT 강자 IBM의 시가총액마저 넘어선 역사를 만들어냈다. 코로나 백신이 나오고 정상을 향해 회복되려는 가능성이 보이면서 주춤하지만 3억 명 이상의 사용자가 애용하는 필수 서비스가 되었다.

줌 외에도 스카이프Skype, 구글 미츠Meets, 마이크로소프트 팀즈Teams, 시스코 웹엑스Webex 등의 수많은 화상회의가 있었는데 유독 줌으로 사람들이 몰렸고 급성장은 물론 지금도 많은 사람이 애용하는 서비스가 된 데는 이유가 있다. 기존의 AR/VR을 비롯한 많은 기업이 성공하거나 실패할 때도 이유가 있듯 핵심은 고객의 선택을 만든 어떤 가치가 있었기 때문인데 줌은 그것들이 더 특별했다.

사람들이 서로 소통하고 회의해야 할 때 줌만 있었던 것은 아니다. 줌이 선택되었던 이유는 40분간 무제한으로 사람들이 소통할 수 있는 개방성이 있었기 때문이다. 별도로 결제하지 않아도 간단한 회원 가입 이후에 회의를 호스트할 수 있었다. 미리 카드 정보를 넣어놓을 강제성도 없었고 100명의 참가자가 필요한 회의까지 무료로 이용이 가능했다. 그 이상이 필요하면 호스트 한 사람만 필요한 만큼 유료 결제를 하면 됐고 참가자들은 시간 제한 없이 온라인 밋업에 자유롭게 참여할 수 있었다. 게다가 별도의 클라이언트 소프트웨어를 설치하지 않더라도 기본 기능은 사용이 가능했고 스마트폰부터 윈도 PC, 맥까지 하드웨어를 가리지 않고 어떤 디바이스를 통해서든 접속이 가능했다.

이것은 어떤 서비스 플랫폼이든 반드시 갖춰야 할 아주 기본적인 조건이다. 근본적 포용Radical Inclusion이라는 버닝맨에서 추구하는 가치와도 닮았다. 누구나 차별받지 않고 쉽게 접속하고 소통하고 교류할 수 있는 방법을 줌이 제공한 것이다. 뒤늦게 다른 서비스들이 부랴부랴 무료 시간을 개방하고 다양한 디바이스 지원을 했지만 줌에 익숙해진 사용자들을 돌리기에는 역부족이었을 것이다. 이 원리는 메타버스에서도 똑같이 동작한다.

성공한 서비스들은 비슷한 기본기가 있다. 페이스북도 디바이스나 브라우저를 가리지 않았고 최근 뜨고 있는 스페이셜Spatial 가상공간 협업 앱도 거의 모든 디바이스와 브라우저를 지원하고 있다. 사용자들이 쉽게 자신이 선호하거나 보유하고 있는 방법을 통해 같은 곳으로 들어오게 만드는 것이 연결된 플랫폼을 만들 때 매우 중요한 요소인 것이다. 누군가의 초대에 의해 처음 접속하는 사용자에게는 얼마나 큰 진입장벽이 있느냐의 문제이며 회의나 행사를 준비하고 호스팅하는 사용자 입장에서는 어디에서 시작할 것이냐의 이슈이기 때문이다.

하지만 그게 전부는 아니다. 그다음으로 중요한 것이 본질적인 가치다. 화상회의 툴의 본질적인 가치는 얼마나 편리하고 원활하게 소통하며 화상회의를 할 수 있느냐에 달렸다. 줌은 호스트의 권한이 막강하며 원활한 회의 진행을 위해 공동 호스트를 충분히 지정할 수 있고 스크린이나 자료 공유가 매우 용이하다. 회의 도중 참가자 제어나 커뮤니케이션이 쉽고 스피커 지정이나 참가자 관리도 편리하다. 필요하다면 회의 내용을 녹화할 수 있고 공유할 수 있다. 이렇게 편리한 기능 덕에 대부분 줌으로 진행되는 회의는 매끄럽다.

구글 미츠는 무료이나 모더레이션Moderation이나 호스팅 기능이 부족하고 시스코 웹엑스는 사용성이 떨어지고 디테일한 부분이 부족하다. 공동 호스트를 지정하는 것이 어렵고 수의 제한이 있다. 화면 녹화가 안 되거나 참가자 관리도 쉽지 않다.

메타버스 서비스도 기본적으로 사람들이 어떤 목적에 의해 모이고 그 모임에는 호스팅하고 운영하는 주체가 있고 진행되는 도중에는 다양한 관리와 제어가 필요하다. 따라서 참가자들이 편하게 모이고 소통하고 교류하는 본질적인 기능을 만드는 데 최선을 다해야 한다. 특히 웨어러블 디바이스나 별도 장비를 사용해야 하는 한두 단계가 더 있는 경우에는 이 부분이 더 큰 진입장벽이 될 수 있다. 자유롭게 아무나 접근할 수 있는 서비스에 관리자는 있으며 우리는 어떤 목적으로 그곳에 들어가고 반드시 자취를 남기기 마련이므로 그곳이 편리하고 지속가능한 공간이 되려면 운영자의 섬세한 터치가 가능한 환경이 구현되어 있어야 한다는 의미이기도 하다.

게다가 줌은 사용자들의 욕망과 니즈를 채워주기 위한 다양한 기능을 제공한다. 대부분 집이나 사적인 공간에서 써야 하는 화상회의 시스템 특성상 뒷배경으로 집 안이 나올 수 있어 민감한 사용자들은 청소하거나 깔끔한 배경을 얻기 위해 장소 선정에 애를 먹기도 한다. 하지만 줌에서 가상배경을 제공해줌으로써 이 문제를 해결했는데 사용자들이 집 내부의 모습이 보일까 봐 걱정하는 일은 할 필요가 없어졌다. 오히려 그 기능을 이용해서 멋진 공간의 사진으로 바꾸고 분위기를 낸다거나 행사에 관련된 배경 이미지를 만들어 포토존 앞에 앉은 느낌으로 참가하는 일이 비일비재해졌다.

거기에 영상 처리 인공지능 알고리즘을 더해 참가자들의 얼굴을 필터 처리를 해주거나 가상 선글라스나 모자를 착용할 수 있게 해주는 등 자신의 얼굴을 더 잘 보이게 해주는 기능과 다양한 표현까지 가능하게 만들어줬다. 메이크업을 하기 위해 분주하게 준비한다거나 면도하거나 하는 일 대신 편하게 회의에 참여하고 준비하는 데 집중할 수 있게 된 것이다.

아직도 다른 화상회의 툴들은 줌의 화면 처리 기능을 채용하지 못하고 있다. 하더라도 무척 제한적인데, 시스코 웹엑스는 사용자가 업로드할 수 있는 가상배경 수를 3개로 제한해 여전히 불편하고 화면 처리 기능이 없어 기미·잡티·피부 톤이 노출되어 원하는 느낌으로 나오지 않는 탓에 마지못해 쓰는 사용자들이 많다. 초기에 줌에 보안 취약 사고가 발생했고 중국 기업이라는 이미지가 더해져 많은 기업이나 공공 기관에서는 줌 사용을 기피했는데 그 이슈가 아니었더라면 더 많은 사용자의 선택을 받았을 것이다.

메타버스에서도 결국 사람들을 대면하고 교류하는 것이 중요한 기능이 될 것이라서 참가자들이 더 멋지게 보이고 파워풀한 능력을 보유하게 되는 것이 매우 중요하다. 나와 닮았지만, 더 멋진 나, 나는 아니지만 내가 되고 싶은 나를 표현할 수 있는 아바타들, 나의 존재를 담아주는 개인 가상공간들, 공유된 커뮤니티 내에서 나의 레벨이나 실력치 같은 것이 줌에서보다 더 중요하고 더 다양한 스펙트럼의 확장이 가능할 것이다.

마지막으로 줌은 사용자들의 목적과 규모에 맞는 다양한 커뮤니티 기능을 제공한다. 다 같이 모여 함께 이야기를 나누다가 소그룹으로 깊이 있는 토의가 필요하면 자동 분반이나 수동 분반이 가능하다. 목적에 따라 적정한 그룹의 형태와 구성이 있는데 이것을 플렉서블하게 할당하고 제어할 수 있다는 것이 아주 강력하다. 500명이 함께 컨퍼런스를 듣다가 클릭 몇 번으로 10명씩 50개 그룹으로 나눠 토론할 수 있고, 30분 후에 자동으로 모두를 메인룸으로 돌아오게 할 수 있다. 시스코의 웹엑스가 1년이 넘어서야 이 기능을 적용했는데 안정성이 떨어져 자주 오류가 난다고 한다.

가상세계는 이런 관점에서 매우 플렉서블하고 커뮤니티 특성에 맞는 다양한 가상 환경을 적용할 수 있기 때문에 현실세계의 서비스들이 가진 제약은 거의 없지만 가상세계를 표현하는데 꽤 큰 컴퓨팅 성능이 요구되므로 오히려 현재는 동시 참가 인원의 제약이나 단일 공간 공유에 어려움이 있다.

이렇게 기능이 강력하고 3억 명이 사용하고 있는 줌이 메타버스로 진화할 수 있을까? 줌이 커뮤니티 네트워크를 넘어서 메타버스가 되고 싶은 야심이 있느냐는 차치하고, 아직까지 단순한 화상회의 툴을 벗어난 협업 툴로 진화하지 못했는데 섣부른 추측이 아니냐는 의견을 제기할 수 있다. 그럼에도 메타버스로 진화할 수 있는 잠재성과 가능성은 그 어떤 서비스보다 크다. 줌에 접속하는 순간 사람들은 자신이 어디에 있든 줌이라는 공간 안에 다른 사람들과 함께하게 된다. 평면으로 보이는 다른 사람들의 얼굴을 보며 이야기를 나누고 채팅하거나 발표하는 사람의 화면을 같이 쳐다보고 경청을 할 수도, 질문할 수도 있다. 디지털로 연결된 곳에서 리얼월드의 나로 참여하게 되는데 이 세계를 소셜네트워크로 확장하는 것이 가능하다.

클럽하우스처럼 모두가 머무르고 자유롭게 배회할 수 있는 공간이 만들어지고 그 안에서 회의 때만 존재하는 이벤트성 정체성이 아니라 지속적으로 교류하고 서로 친구가 되고 다른 이벤트에 참여할 수 있는 연결성이 생기면 메타버스로서의 첫 자격 조건을 만족하게 된다.

물론 줌이 꼭 메타버스로 진화할 필요는 없다. 지금처럼 온라인 화상회의 툴로써의 핵심 가치를 계속 유지하는 것만으로도 지속가능성은 있어 보이나 결국 사용자들의 니즈와 경험에 대한 욕구는 증대되고 더 진화할 수 있으므로 줌을 대신할 새로운 경험과 편리함을 줄 수 있는 새로운 서비스의 등장은 언제든지 가능하다. 그렇기에 이왕이면 메타버스가 된 줌 안에서 회의하고 일하면서 다양한 사람과 교류할 수 있는 미래를 상상해보면서 그 기대를 담아본다.

6장

메타버스의 핵심 기술과 극복해야 할 숙제들

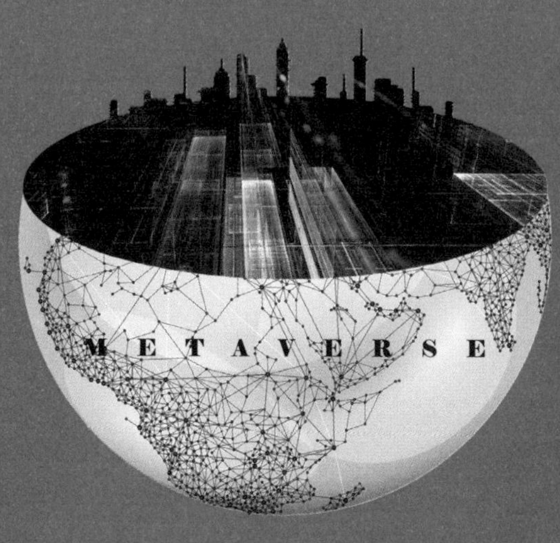

> 양 눈에 서로 조금씩 다른 이미지를 보여줌으로써 3차원적 영상이 만들어졌다. 그 영상을 1초에 72번 바뀌게 함으로써 그것을 동화상으로 나타낼 수 있었다. 이 3차원적 동화상을 한 면당 2K픽셀의 해상도로 나타나게 하면, 시각의 한계 내에서는 가장 선명한 그림이 되었다. 게다가 그 작은 이어폰을 통해 디지털 스테레오 음향을 집어넣게 되면, 이 움직이는 3차원 동화상은 완벽하게 현실적인 사운드 트랙까지 갖추게 되는 셈이었다. 그렇게 되면 히로는 이 자리에 있는 것이 아니었다. 그는 컴퓨터가 만들어내서 그의 고글과 이어폰에 계속 공급해주는 가상의 세계에 들어가게 되는 것이었다. 컴퓨터 용어로는 '메타버스'라는 이름으로 불리는 세상이었다.

닐 스티븐슨의 소설 《스노 크래시》 속, 한 면당 2K 해상도를 가진 고글과 스테레오 이어폰이 연결된 컴퓨터가 만드는 디지털 입체 영상을 통해 가상세계에 들어간다는 콘셉트는 30여 년이 지난 지금과 조금도 다르지 않다. 우리가 요즘 사용하는 헤드셋이 한 눈당 2K 정도이고 하이엔드 버전이 되어야 4K 정도다.

이렇게 소설과 영화 속 세상이 리얼월드에 실현되기까지는 많은 시간과 노력이 필요하다. 기술적으로 진화해야 할 요소가 많고 사용성으로 극복해야 할 수많은 이슈와 문제가 있기 때문이다. 그럼에도 방향은 변하지 않는다. 메타버스는 더 농도 깊고 몰입감 넘치게 실현되고 있으며, 현실세계와 가상세계 사이의 경계가 무너지거나 흐려지는 미래를 향해 우리는 계속 나아가고 있고 그것을 가능하게 만드는 기술이 지금도 끊임없이 진화하고 있다.

메타버스 시대로 성큼 더 들어가기 위해 앞으로 기술은 어디로 가게 될지, 현재 위치는 어디인지, 어떤 핵심 기술이 모여 티핑을 만들 때 완전히 새로운 메타버스의 시대가 열릴 수 있을지 하나씩 들여다볼 필요가 있다.

01
센서

감각 기관에 해당하며 가장 중요한 입력 기술이다. 오감에 해당하는 시각·청각·촉각·미각·후각 등을 디지털 세상에 전기적으로 감지해 비트로 바꿔줄 수 있는 것이 센서다. 오감에 해당하는 센서 외에도 인간이 만든 400여 종의 다양한 센서를 통해 우리는 환경과 콘텍스트의 변화를 읽을 수 있고 다른 사람들의 행동과 의도를 알 수 있다.

시각에 해당하는 이미지 센서는 눈에 해당하는 시각 정보를 인식하고 마이크는 청각 정보로써 오디오 시그널을, 화학 센서들은 후각이나 미각을 감지할 수 있다. 이미지 센서의 대표는 카메라로 사진을 찍고 영상을 촬영하는 목적으로 사용되지만, 센서로써 카메라는 외부에 시각적으로 보이는 모든 이미지를 분석해 주변 환경을 인지할 수 있게 해준다. 적외선 뎁스Depth 센서나 라이다 같은 센서는 ToFTime of Flight 센서로 수백 개의 광선이나 레이저를 쏘아 반사되어 돌아오는 시간으로 물체의 외형·위치·거리를 정확하게 측정할 수 있어 어두운 곳에서도 아주 빠르게 환경 인식이 가능하다. 주로 자율주행 로봇이나 자동차에 적용하는데 요즘은 스마트폰에 내장되어 3D 스캐너의 기능으로 쓰이고 있다.

이렇게 인간의 오감으로 감지하지 못하는 범위까지 센서들은 감지하고 측정하고 있다. 가스 센서로는 공기 중에 일산화탄소CO, 이산화질소NO_2 등 다양한 물질의 농도를 측정할 수 있다. 빛을 측정하는 광학 센서로는 물속 수질과 공기 중 미세먼지 농도를 감지할 수 있다. 온도·기압·습도는 물론 물의 산성도를 측정할 수 있고 용존 산소량을 알 수 있는 센서도 있다. 혈당이나 콜레스테롤 등을 감지하는 효소 센서, 미생물을 감지하는 센서, 면역 센서 등 바이오 센서는 신체의 변화를 측정하고 제약·바이오 산업에 활용되고 있다.

우리가 사용하는 스마트폰에는 20여 개가 넘는 센서가 들어간다. 주변 빛의 밝기를 인식해 화면 밝기를 조절하는 조도 센서, 얼굴이 가까이 닿으면 화면을 꺼주는 근접 센서Proximity, 방향을 감지하는 디지털 나침반 센서, 위성 신호를 받아 현재 위치를 측정하는 GPS(위성 항법 센서), 지문을 인식하는 스캐너와 사람의 손을 인식하는 터치 센서도 있다.

이렇게 인간이 의도한 입력을 정확하게 인식하고 전달하기 위한 목적으로도 센서들을 사용한다. 자이로Gyro 센서와 가속도 센서를 사용해 의도한 동작·움직임·진동 등을 인식하는데 하루에 몇 보를 걸었는지, 달렸는지, 버스에 타고 있었는지 이 움직임과 진동 패턴을 분석하면 실시간으로 감지할 수 있다.

같은 원리로 공중에서 상하 전후좌우 6축으로 움직이는 것을 정확하게 감지할 수 있어 컨트롤러의 기능으로도 쓰인다. TV 리모콘이나 게임용 컨트롤러가 같은 원리다. 컨트롤러의 입력과 거리를 인식하기 위해 적외선 센서도 사용한다. 카메라로 핸드 트래킹을 해 손동작과 손가락의 움직임을 입력으로 활용하고 뇌전도EEG, 근수축 등을 감지해 그 값으로 컨트롤러의 동작을 제어하기도 한다.

음성으로 명령해 제어할 수 있는데 이때는 우리의 청각에 해당하는 마이크로폰으로 음성을 디지털 패턴으로 인식해 그 내용을 이해할 수 있다. 카메라로 눈동자의 움직임을 감지해 포인팅 입력으로 이용할 수 있고 키보드나 마우스처럼 직접적으로 원하는 입력을 받는 버튼과 레이저 송수신을 이용하기도 한다. 센서는 이렇게 다양한 방식으로 인간이 원하는 생각과 명령을 컴퓨터에 전달하는 역할을 한다.

(1) 센서 기술이 중요한 첫 번째 이유는 이렇게 메타버스 내에서 컴퓨터와 상호작용하기 위한 입력장치이기 때문이다. 카메라로 주변을 감지하고 손과 몸을 트래킹해 우리 아바타의 표정·몸짓·움직임을 그대로 가상세계로 옮겨놓아야 하고 그 안에서 실제처럼 듣고 말할 수 있어야 한다.

(2) 두 번째 이유는 눈의 방향, 머리의 움직임, 위치 등 유저의 콘텍스트를 가상세계의 콘텍스트와 실시간으로 완벽하게 일치시켜야 몰입

감과 사실감이 느껴지기 때문이며 여기에 정확한 컨트롤러의 입력과 의도를 반영하고 제어하기 위해서다. 눈으로 보이는 이미지와 귀로 들리는 소리, 나의 움직임이 정확하게 일치하는 순간 사용자는 더는 자신이 어디에 있는지 구분할 수 없게 되는 것이다.

02

광학과 디스플레이

현실세계는 눈으로 보는 것이지만 가상세계는 눈으로 보이는 것이 된다. 그래서 현실세계에서는 이미지 센서가 중요하지만, 가상세계에서는 디스플레이가 중요해진다. 디스플레이를 통해 보이는 세상이 얼마나 리얼하고 사실감 있느냐, 얼마나 자연스럽고 즉각적으로 반응하느냐가 사용자 경험을 좌우하는 중요한 조건이다.

특히 가상현실 헤드셋을 통해 또는 증강현실 글래스를 통해 바라보는 가상세계는 TV 같은 일반적인 외장 디스플레이와는 다르게 각 개인의 눈앞에서 실제와 같이 왜곡되지 않게, 선명하고 생생하게 보이려면 고도의 광학 기술을 함께 적용해야 한다. 사람마다 시력과 초점거리 같은 눈의 특성이 다르고 미세한 움직임에 어지러움이나 멀미감을 느끼는 정도가 달라서 개인에게 최적화된 광학 구조 디자인은 가장 큰 도전이 필요한 분야다. 시야각FoV: Field of View, 아이박스의 크기, 화질, 밝기, 초점의 심도 등 풀어야 할 문제가 산재해 있다.

디스플레이는 현재 오큘러스 퀘스트1에 적용된 OLED와 퀘스트2에 적용된 LCD가 가장 일반적으로 활용되고 있고 피코프로젝터에 적용되었던 LCoS디스플레이가 일부 VR 헤드셋에 들어가고 있다. AR/VR 헤드셋에 적용되는 작은 크기의 고해상도 디스플레이라는 뜻으로 '마이크로 디스플레이'라고 부른다.

현재 PIMAX 하이엔드VR 기종이 4K+4K 수준의 해상도까지 나오고 있고 더 몰입감 있는 영상을 재현하려면 8K+8K까지 올라가야 한다는 주장이 있지만, 그동안 TV나 스마트폰의 디스플레이가 발전해온 과정을 반추해보면 얼마까지 발전할 것이라고 지금은 확신할 수 없다. 다만 더 높은 해상도로 진화할 텐데 이 고해상도의 영상을 처리할 수 있는 컴퓨팅 파워와 해상도에 적합한 콘텐츠가 함께 발전해야 하므로 적절하고 경제적인 균형점에서 한동안 큰 시장이 만들어질 것이다.

디스플레이 자체보다는 오히려 광학계의 이슈를 개선하면서 발전할 가능성이 큰데 대부분 110도 수준의 FoV를 가지는 VR 디바이스가 220도 수준까지 발전하겠지만 인간의 한쪽 눈의 FoV가 60도이고 양안이 120도 내외라 현재 수준으로 대중화될 것이다. 하지만 증강현실 글래스는 아직도 대부분 50도의 FoV를 가지고 있고 90도 수준까지 개선된 실험 제품들이 나오고 있지만 밝은 실외에서 사용할 때 선명도와 가시성이 떨어진다는 문제가 있다.

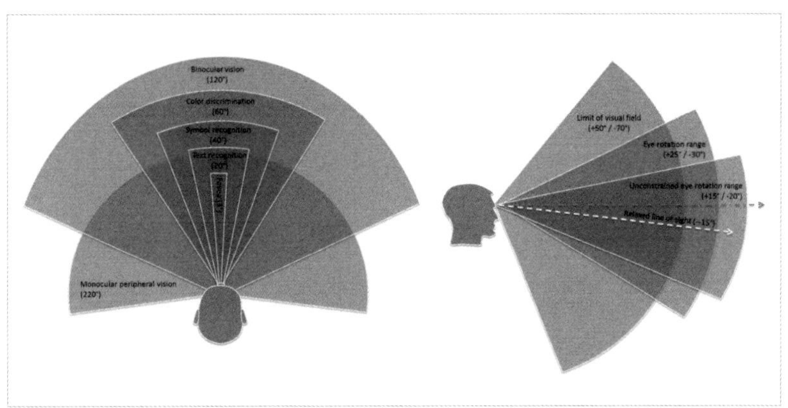

출처: electrooptics.com[1]

게다가 실제 투명한 윈도를 통해 보이는 물리적 환경에 가상화된 콘텐츠를 이질감 없이 자연스럽게 렌더링하면서 유저의 움직임까지 실시간으로 반영해서 디스플레이하는 것이 아직까지 매우 어려운 제약으로 존재하고 있다. 이를 위해 웨이브가이드Waveguide 기술과 단초점 렌즈 기술, 유동 초점 기술, 게이즈 트랙킹Gaze Tracking까지 다양한 기술이 함께 발전해야 하므로 애플이나 페이스북도 개인별 이동 환경에 최적화된 AR 글래스를 빠른 시일 내 출시하는 일은 쉽지 않다.

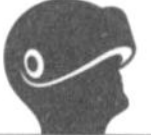

03
공간 음향

두 귀로 들려오는 음원의 방향과 거리, 그 소리가 섞여서 만드는 입체적인 음향은 그동안 오랜 시간 발전해왔다. 스피커 2개로 다채널의 입체 음향을 만들었고 애플의 에어팟 프로로 공간감 넘치는 음악을 듣고 있다. 4장에서 〈하이 피델리티〉의 사례를 통해 공간 음향의 중요성을 언급했지만, 사용자의 움직임과 바라보는 방향 등을 실시간으로 반영해 마치 현장의 그 자리에 있는 것 같은 효과를 만드는 것은 몰입감과 현장감을 만드는 핵심 요소다.

시점이 고정되어 있는 VR 영상은 그곳에서 녹음된 음향으로 충분히 공간감을 재현할 수 있지만 움직이는 시점을 가진 VR 콘텐츠는 시뮬레이션된 음원을 기반으로 재생되므로 아직 어려운 부분이다. 다만 연

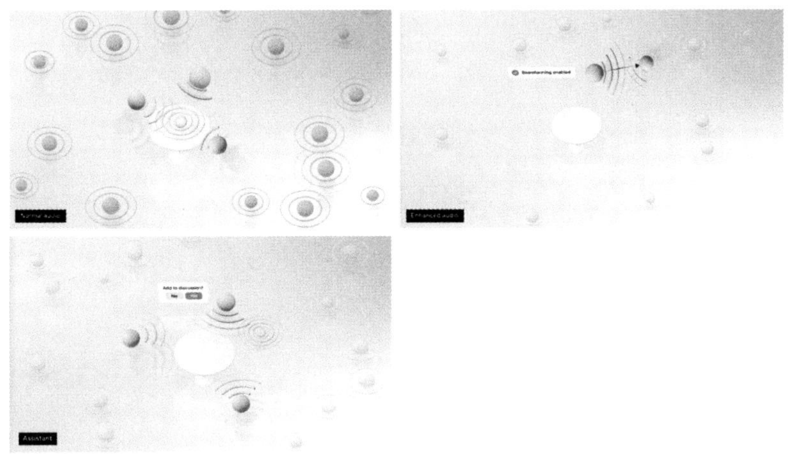

출처: facebook.com[2]

구개발을 다양하게 진행하고 있어 오히려 현장에서 느낄 수 없는 효과와 이점을 만들 수 있을 것이다.

페이스북이 '페이스북 커넥트'에서 발표한 개선된 오디오 전파Enhanced Audio Propagation 기술을 보면 현장에서 주변 사운드를 완전히 뮤트Mute할 수 있고 원하는 상대와만 빔포밍Beamforming으로 대화할 수 있다. 또 같은 테이블에 앉은 지인들과의 목소리만 들을 수 있게 하거나 원격에서 접속한 친구를 대화에 참여하게 할 수도 있다.

이렇게 다양한 형태의 공간 음향과 입체 음장 효과 기술이 가상현실 디바이스와 콘텐츠의 발전과 함께 또 한 번의 비약적인 발진을 거듭하게 될 것이다.

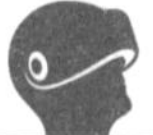

04
카메라와 라이다

현재 오큘러스 퀘스트에는 4개의 카메라가 탑재되어 있다. 2개는 컨트롤러를 감지하고 2개는 물리적 공간과 핸드 트랙킹의 용도로 이용되고 있다. HTC 바이브는 6개의 카메라가 탑재되어 전면과 측면의 공간을 감지할 수 있고 전면 카메라는 실제 물리 공간의 영상을 보거나 촬영할 수 있다. 추가로 외부에 모션 캡처를 위한 외장 카메라를 설치하면 정해진 공간 전체에서 멀티유저와 풀바디 트랙킹이 가능해진다.

VR에서의 카메라는 이렇게 공간 인지와 제스처 트랙킹 2가지 용도로 활용되며 최근 업데이트된 VRChat은 오큘러스 퀘스트의 카메라 4개와 자이로/가속도계 센서의 조합으로 사용자의 풀바디 트랙킹을 가능하게 했다. 향후에는 카메라가 내부로 들어가서 어디를 쳐다보는

지 감지하는 게이즈 트랙킹이나 표정을 읽어내는 페이스 트랙킹이 가능하게 되어 대화할 때 표정이나 눈동자의 움직임까지 실제와 비슷하게 시뮬레이션하게 될 것이다. 더 나아가 감정이나 반응을 감지해 디지털 치료 분야나 마케팅에도 활용될 가능성이 충분하다.

AR 글래스의 카메라는 외부 환경 인지와 공간 맵핑에 주로 쓰이고 있고 영상이나 사진을 촬영하는 용도로 활용이 가능하다. 이동하는 환경에서 사용하는 디바이스의 속성이 강하다 보니 프라이버시 이슈가 있어 확산이나 이용에 제약과 부담이 존재하나 사람과 오브젝트의 정보와의 맵핑과 분석을 위해 카메라 비전 인식이 필수이므로 이 부분에 관한 다양한 연구가 진행되고 있다.

애플은 라이다를 적용해 프라이버시 이슈를 최소화하면서 빠르게 공간 인식과 맵핑을 위한 기술을 개발하고 있다. 페이스북은 VR 디바이스와 동일하게 프로젝트 아리아 내부에 카메라를 달아 게이즈 트랙킹을 연구하고 있다. 퀄컴이 릴리스한 AR/VR 개발 플랫폼인 XR2는 최대 7개의 카메라 제어를 가능하게 초기 사양이 정해져 있어 더 많은 카메라를 적용해 다양한 용도로 활용하게 될 것이다.

05
유니티와 언리얼 엔진

가상세계와 가상현실을 3D로 구현하려면 그래픽 엔진이 필요한데 게임 산업 시장에서 오랫동안 주로 경쟁해온 플레이어가 유니티의 Unity3D와 에픽게임즈의 언리얼 엔진Unreal Engine이다. 실제 광원·그림자·텍스처 등을 가상 콘텐츠에 적용해 실제와 똑같아 보이게 만드는 렌더링이 핵심인데 스크립트 언어와 함께 사용해 매우 디테일하고 사실감 넘치는 영상과 콘텐츠를 만들 수 있다. 에픽게임즈가 발표한 메타 휴먼 크리에이터도 이 언리얼 엔진을 기반으로 한다.

실제 시장점유율은 유니티가 훨씬 높으나 각각의 장단점이 있어[1] 지속적으로 이 두 기업의 경쟁은 유지될 것으로 예상된다.[2] 오랫동안 게임업계에서 이 두 엔진을 이용해 3D 게임을 개발해온 개발자 커뮤니티가 존재하고 오큘러스나 HTC 같은 메이저 플랫폼에 개발이 용이하게 탑재되어 있어 지속적으로 성장하게 될 분야이자 기업들이 될 것이다.

이 두 플랫폼은 쉽게 배울 수 있고 쉽게 개발이 가능한데 3D 오브젝트들의 라이브러리와 재활용 가능한 수많은 리소스가 만들어지고 있어 앞으로 메타버스 개발자가 아니더라도 누구나 쉽게 콘텐츠를 만들고 적용해볼 수 있을 것으로 예상된다. 엔비디아나 AMD의 GPU와 함께 메타버스 산업의 인프라가 될 중요한 분야가 될 것이다.

06
인터페이스와 UX

증강현실이나 가상현실은 완전히 새로운 컴퓨팅 환경이며 새로운 사용자 경험이 필요한 영역이다. 이 분야에서 아직 이렇다 할 성공이 나오지 않은 이유는 새로운 인터페이스에 최적화된 새로운 사용자 경험을 만들지 못했기 때문이다.

디바이스만 만들면 되는 것이 아니라 새로운 폼팩터와 사용 용도에 맞는 사용자 경험의 디자인과 그것을 위한 인터페이스를 함께 만들어야 한다. 스마트폰이 대중화되는 것도 정전용량의 터치스크린과 사용자 경험의 레퍼런스가 만들어지면서 사람들의 습관이 변하고 이어 대중화되었듯, 이 분야도 반드시 거쳐야 할 단계라 할 수 있다. 페이스북의 오큘러스가 집중하고 있는 것도 인터페이스와 사용자 경험이며 그

것을 위해 컨트롤러와 핸드 제스처, 대시보드와 퍼스널 스페이스 같은 것을 개발하고 끊임없이 개선하고 있다.

특히 입력 분야는 멀티모달 인터페이스에 대해 활발하게 연구개발을 하고 있는데, 멀티모달은 터치, 제스처, 음성, 카메라 비전, 아이 트래킹, 가상 키보드, 브레인 웨이브 등 다양한 방식을 동시에 지원하며 여러 가지 센싱 방식을 조합한 더 정교하고 직관적인 사용자 경험을 만들고 있다. 가상현실은 상대적으로 이동하지 않고 고정된 장소에서 최소한의 움직임으로 운용이 가능한 앱들과 사용성을 가지고 있어 기존 컴퓨팅 환경에서의 사용자 경험을 많이 반영했으나, 증강현실은 이동의 여지가 잦고 매일 써야 하는 데일리 유즈의 사용성을 가지고 있어 아직도 큰 진전이 없기도 하다.

애플이 AR 글래스를 개발하고 있다는 소문은 공공연한 사실이지만, 사람들의 기대보다 출시가 더 늦어질 확률이 높다. 인터페이스와 사용자 경험에 신경을 가장 많이 쓰는 기업이 애플이기 때문이다. 현재까지 애플에서 출시한 제품들을 기준으로 추론해볼 때 완성도 있는 인터페이스와 그것에 맞는 UX 디자인이 이뤄져 AR 글래스가 개발되기까지는 더 긴 시간과 노력이 필요하다. 다만 현재 활발하게 관련 업체들을 인수하고 내부 팀에서 높은 우선순위로 연구개발을 진행하고 있기에 요원한 일은 아닐 것이다.

07
웨어러블의 제약

VR 헤드셋이나 AR 글래스는 몸에 착용해 동작하는 웨어러블 디바이스다. 웨어러블이 확산되는 데 가장 큰 장벽은 무엇인가를 착용한다는 것에 대한 불편함이다. 사람의 몸은 익숙하지 않은 것을 받아들이기까지 참아야 할 시간이 필요하다.

하지만 웨어러블이 인내를 할 만큼 사람들에게 가치가 있는가. 인내할 만큼의 가치를 줄 수 없다면 선택되지 못하거나 선택되어도 사람들 곁에 지속될 수 없다. 그래서 요즘 많은 사람이 예전에 구매했던 액티비티트래커나 스마트워치라 불리는 것을 책상 서랍에 넣고 잊은 지 오래다. 그것을 극복하고 성공적으로 안착한 것이 애플워치인데 웨어러블이 가져야 할 2가지 본질을 실현했기 때문이다.

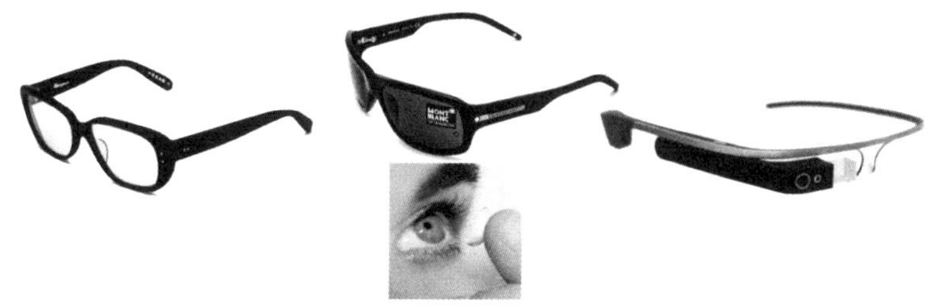

1번째 가치: 불편함을 넘어 습관이 되거나 대체 불가능한 본연의 기능성

안경을 착용한 사람 중에 안경을 끼고 세수한 경험이 있는 사람들이 있을 것이다. 안경을 써보지 않은 사람들은 믿지 않겠지만 오랫동안 착용하다 보면 신체의 일부처럼 체화되어 마치 없는 듯 느껴지기 때문이다. 하지만 처음 착용할 때는 어떨까. 매우 불편하다. 귀도 아프고 코도 아프고, 눈도 따끔거린다.

하지만 그것을 참을 만한 단 하나의 기능이 있다. 안경을 써야 보인다는 것이다. 안경 없이는 TV가 안 보이고 간판 글씨도 잘 안 보이는데 안경을 착용하는 순간 세상이 밝아지고 환해진다. 그래서 불편함을 무릅쓰고라도 쓸 만한 가치가 있다. 그런데 쓰다 보면 불편함이 느껴지지 않는 순간, 즉 습관이라는 것이 만들어지는 때가 온다.

이렇게 안경·선글라스·콘택트렌즈 모두 그것을 착용하지 않을 때와 착용할 때의 기능적 차이가 명확하다. 보청기도 마찬가지다. 이 명확한 기능성 덕에 사람들은 눈이 부실 때는 선글라스, 스키 탈 때는 고글, 수영할 때는 수경, 오토바이를 탈 때는 헬멧을 착용할 수 있다.

그런 의미에서 VR 헤드셋은 최소한의 티핑은 넘어섰다고 볼 수 있다. 가상현실 게임을 하거나 콘텐츠를 즐길 때만 헤드셋을 착용하면 되기 때문이다. 착용해야만 주어지는 혜택이 있기에 사람들은 기꺼이 꺼내 쓰고 있다. 다만 매일 쓸 수 있는 디바이스가 될 수 있을 것이냐는 다른 질문이다. 습관이 되어야만 하는데 아직 해결해야 할 부분들이 적지 않다. 페이스북이 지금은 이것을 매우 잘하고 있다. 매일 착용해야 할 이유를 열심히 만들고 있다.

애플워치가 이 부분을 잘 완성했다. 아이폰과 연동되어 메시지와 알람을 전달해주고, 꼭 필요한 정보들은 아이폰을 꺼내지 않아도 확인할 수 있으며 다양한 기능이 추가로 사람들이 매일 찾아야 하는 제품으로 자리매김했다. 그렇게 매일 사용이 가능하도록 배터리나 충전에 대한 사용자 경험이 최소한의 수준은 훌쩍 넘어섰기 때문이다.

반면 AR 글래스는 습관이 되기에는 너무도 멀었다. 잠깐 착용하는 것도 아직 본연의 기능성마저 충분하지 않다. 인터페이스와 사용자 경험의 심도 있는 디자인이 필요하고 더 나아가 매일 기존의 안경처럼 착용할 수 있는 불편함을 넘어설 가치와 습관으로 진화할 수 있는 대체불가한 기능이 필요하기 때문이다.

2번째 가치: 보는 것이 아닌 나를 보여주는 것

시간을 보기 위해 시계를 착용한다는 사람들이 많다. 하지만 그들에게 시계는 액세서리의 가치가 훨씬 크다. 시간 보는 것을 원하는 소비자들은 쉽게 대체제를 찾아 시계를 벗어버렸다. 모바일폰이나 삐삐(호출기)가 있기 전에 많은 사람이 시계를 차고 다녔다. 그때는 진짜 시간을 보기 위해서였다. 하지만 휴대폰으로 쉽게, 더 정확하게, 알람 기능도 편하게 볼 수 있게 되면서 불편하던 시계를 벗은 사람들이 적지 않다. 지금 시계를 착용한 사람들은 패션으로써의 가치가 더 크므로 불편한 시계를 차고 다니는 것이며 정확하게는 차고 있어 시간을 보는 것이다. 물론 100%라고 일반화할 수는 없다.

지금도 시계를 착용하는 많은 사람은 새로 좋은 명품 브랜드의 시계를 선물받았거나 구매했기에 착용하기 시작한 사람들도 있지만, 대부분은 대체제가 나타났을 때 관성에 의해 계속 시계를 차고 있었던 덕에 습관이라는 행동 패턴이 생긴 소비자들인 경우일 것이다. 습관이 된 이들에게는 시계를 착용하는 불편함은 인지되는 문제가 아니다.

애플워치도 시작은 패션과 힙하다는 애플만의 컬트가 컸다. 애플워치를 착용하면 뭔가 트렌드에 밝고 스마트할 것 같은 느낌이 한몫했을 것이다. 패션이 되기 위해 많은 브랜드와 콜라보레이션했고 수많은 컬러의 액세서리와 다양한 밴드를 출시했다. 나만의 선호를 만족할 만한 조합을 만들 수 있었고 실제로도 예쁘고 팬시했다. 거기에 기능성과 편리함이 더해져 애플워치는 많은 사람에게 다시 습관이 되었다.

시계를 착용하지 않던 많은 사용자가 시계가 아닌 애플워치를 착용하기 시작했다. 구글글래스도 첫 출시 때 잠깐 힙하다는 느낌을 사람들에게 주었지만, 패션으로 신화하는 것도 기능적으로 완성되는 것도 이루지 못했기에 무대 뒤로 들어가고 말았다.

이는 신발·모자·옷과 같이 패션과 기능이라는 면에서 아주 확고한 의류(웨어Wear)가 가지고 있는 것과 동일한 가치다. 여기서 웨어Wear와

웨어러블Wearable의 차이는 본질적인 속성의 차이다. 입고 있는 웨어와 입거나 찰 수 있는 웨어러블은 인간에게 수십 수백 년의 역사 속에서 만들어진 습관을 극복할 가치의 차이에 있는 것이다. 웨어러블은 이 2가지 본질적 가치를 줄 수 있을 때 인간에게 선택될 수 있는 티핑이 시작될 것이다. AR 글래스도 VR 헤드셋도 웨어가 될 수 있는 본질적 가치를 가지게 될 때 자연스럽게 이들은 우리의 습관이 되어 인간의 삶에 한 부분이 될 것이다.

7장

메타버스가 만드는 새로운 미래

그들은 빌딩들을 짓고, 공원을 만들고, 광고판을 세웠다. 그뿐 아니라 현실에서는 불가능한 것들도 만들어냈다. 가령 공중에 여기저기 흩어져 떠다니는 조명쇼, 3차원 시공간 법칙들이 무시되는 특수 지역, 서로를 수색해서 쏘아 죽이는 자유 전투 지구 등. 단 한 가지 다른 점이 있다면, 이것들은 물리적으로 지어진 것들이 아니라는 점이었다. 더 스트리트 자체가 실재하는 것이 아니기 때문에, 더 스트리트는 다만 종이에 적힌 컴퓨터그래픽 규약일 뿐이었다. 아니, 그것들은 광섬유 네트워크를 통해 전 세계에 공개된 소프트웨어 조각들일 뿐이었다.

이런 것들을 건설하기 위해서는, '세계 멀티미디어 규약 단체 협의회'의 허락을 받아야 했다. 더 스트리트의 빈터를 사들이고, 지역 개발 승인을 받고, 각종 허가 사항을 득하고, 검사원들을 매수하고 하는 따위의 일들을 해야 했다. 기업들이 더 스트리트에 건물을 짓기 위해 내는 돈은 협의회의 신탁 기금으로 들어갔다. 그 기금은 다시 더 스트리트를 유지하고 확장하는 비용으로 사용되었다.

더 스트리트는 30년 전 닐 스티븐슨의 소설《스노 크래시》에 만들어진 상상의 세계였지만 지금의 메타버스는 완전히 새로운 디지털 경제 체계를 구축하면서 끝이 어디인지, 어디까지 갈 수 있는지, 무엇까지 할 수 있는지 한계가 그어지지 않은 새로운 세계를 우리는 지금 구현하고 확장해 나가고 있다.

세상 모든 것에 스며 들어간 인터넷이 그랬던 것처럼 세상 모든 가상의 것이 현실세계와 연결되고 새로운 가치를 가지는 시대로 전환되고 있다. 그래서 지금 우리의 잣대로 어떤 미래가 메타버스에 만들어질지 먼 관망과 혜안으로 바라보고 준비할 필요가 있다. 추상적인 미래가 아닌 손에 잡히고 머리로 상상이 되면서 가슴이 뛰는 메타버스의 미래를 말이다.

01
코로나19가 탄생시킨 C세대

2020년, 전 세계적으로 발발한 코로나 팬데믹으로 우리 사회는 크나큰 영향을 받았고 아직도 벗어나지 못한 채 수많은 숙제와 도전을 받고 있다. 바이러스의 전염을 막기 위해 많은 지역이 봉쇄되고 격리되었고 사람들은 해를 넘어 사회적 거리두기를 생활화하고 있다.

예전처럼 오프라인 공간에 많은 사람이 모여 웃고 떠들고 먹고 마시면서 자유롭게 생활하던 일이 지금은 언제 다시 가능하게 될지 불확실한 미래가 되었고 해외여행과 출장은 어지간해서는 쉽지 않다. 직장인들은 반강제적으로 재택근무와 원격근무를 하고 있고, 학생들은 대부분의 수업을 학교에 가지 않고 집에서 온라인으로 수강하고 있다. 1년에 한 번 열리는 입학식과 졸업식도 지금은 학교에 가지 않고 줌으로 웹엑스로, 유튜브로 참가하고 비대면으로 진행되고 있다.

사람들은 마트마저 가지 않고 손가락 하나로 장을 보고, 은행 업무는 모바일로 해결한다. 식당에 가지 못하지만, 더 많은 음식을 집에서 배달시켜 먹고 백화점 대신 인터넷 쇼핑몰에서 옷을 사고 신발을 사며, 생활용품 거의를 인터넷으로 구매하고 있다.

극장과 공연장을 가지 못하니 집에서 넷플릭스와 왓챠를 보고 다양한 OTT 서비스를 구독하더니 이제는 집에 대형 TV와 디스플레이들을 들여놓기 시작했다. 아침에는 헬스장 가는 대신 홈트레이닝으로 운동과 요가를 하고 주말에는 유튜브로 가보고 싶은 모든 곳을 가본다. 모든 것이 비대면으로, 온라인으로, 디지털로 이뤄지고 진행되는 새로운 시간을 살고 있다.

디지털, 온라인, 모바일 전환 같은 변화가 코로나19로 인해 촉발된 것은 아니지만 전환의 밀도와 속도는 코로나19 전후를 확연하게 갈라놓는다. 코로나19가 아니었다면 10년 이상 걸릴 습관과 라이프스타일의 변화가 반강제적으로 1년 만에 이뤄졌고 지금도 진행형이다. 인과관계를 따져가며 어떤 미래가 나타나게 될지 예측하기는 여전히 어렵지만, 코로나19를 겪은 세대의 새로운 가치관과 라이프스타일이 만들어지고 있다는 사실은 분명하다. Z세대의 뒤를 이으며 특히 2020년에 초등학교를 입학하는 연령대로 대표되는 세대인데 이들이 겪는 1~2년 덕에 IMF 세대, 5포 세대 같은 사회 현상을 대변하는 또 하나의 세대가 될 것이다.

이들은 입학하자마자 수업 대부분을 온라인으로 집에서 수강했으며 사회생활이나 방과 후 친구들과의 교류도 온라인의 비중이 높다. 유튜브와 인터넷을 수업 시간에도 맘껏 사용할 수 있었고 줌이나 웹엑스 같은 원격회의 프로그램에 익숙하며 디지털로 비춰지는 얼굴을 보며 친구들을 사귄 세대다. 출근하지 않는 아빠가 집에서 일하는 모습을 보았고 집에서 점심으로 다양한 음식을 배달시켜 먹는 것이 일상화된 경험이 있다.

반 친구들과 온라인으로 만나 놀거나 〈로블록스〉, 제페토, 〈마인크래프트〉 같은 곳에서 만난 친구들이 더 많고, 스마트폰이 신체의 일부라고 생각하는 세대다. 모바일로 주문하는 행위와 페이스북에 들어가 글을 남기거나, 제페토 안에서 현재 있는 곳을 배경으로 사진을 찍어 올리는 등의 모든 행위가 온라인과 오프라인이 씨줄과 날줄처럼 얽혀 있는 우리가 살고 있는 이곳에서 지금 일어나고 있는 일들이다.

스마트폰은 상시 연결의 디바이스로 사람들을 늘 온라인에 있게 만드는 매개체인데 본격적으로 온라인과 오프라인 세계의 경계나 구분을 제대로 인식하지 못하는 세대가 이들이다. 그보다는 인식하고 구분할 필요가 없어지는 세대라고 하는 것이 더 적당한 표현이겠다. 이들이 코로나 세대, C세대Generation Corona인 것이다.

C세대는 그래서 메타버스라는 가상공간에서 머물고 보내는 시간이 리얼월드 오프라인에서 보내는 시간보다 길어지는 최초의 세대가 될 가능성이 농후하다. 다수의 메타버스와 현실세계에서 동시에 존재할 수도, 시간을 보낼 수도 있고 두 세계가 흐린 경계로 연결되어 있을 수 있어 정량적인 시간을 정확하게 측정하거나 구분하는 것 자체가 무리

일 수 있다.

이렇게 그들이 사는 물리적 공간이 모두 메타버스화Metaversification 될 수 있는 미래가 올 수 있으며 이를 주도할 사람들이 우연하게도 코로나19로 촉발된 세대가 될 확률이 가장 높은 것이다.

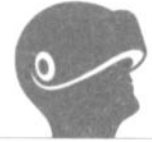

02 리테일의 미래

리테일은 크게 오프라인을 기반으로 하는 전통 상거래 분야와 모바일을 포함한 온라인을 기반으로 하는 이커머스 분야로 나눌 수 있는데, 그동안 디지털 기술의 발전이 온라인 리테일의 급격한 성장을 만들어냈다. 다양한 기술과 스마트폰의 대중화로 오프라인도 이제 온·오프라인 융합의 리테일로 진화하고 있고 이커머스 분야는 메타버스라는 더 깊은 연결을 향해 진화하려 하고 있다.

중국 메이투가 출시한 메이크업플러스라는 앱은 전 세계적으로 2억 다운로드에 매달 1,400만 명 정도의 유저가 사용하고 있는 메이크업 추천 앱이다. 카메라에 비친 얼굴을 분석해 피부 톤과 여러 선호도에 맞춰 화장품을 추천해주고 구매할 수 있게 도와주는 앱으로 이 또한

증강현실의 기본적인 속성을 잘 활용한 사례다. 안경 가상 피팅 서비스 라운즈Rounz는 인공지능으로 실제와 가깝게 카메라에 비친 얼굴에 가상안경테를 써보고 잘 어울리는 안경을 고르면 온라인으로 주문하고 직접 매장에 가서 픽업하거나 배송받을 수 있다.

이렇게 스마트폰을 기반으로 증강현실을 활용해 다양한 고객 경험과 가치를 만드는 시도들이 리테일 분야에 빈번하게 일어나고 있다. 진화하고 있는 고객의 니즈를 찾고 감동을 만들기 위해 어떤 분야보다 새로운 기술을 도입하고 적용하는 데 활발한데 메타버스에서 잠재성이 가장 큰 영역 중 하나다. 고객 접점이 많은 도소매와 유통 전반에 걸친 산업이라 가상현실과 증강현실 자체를 적용할 수 있는 다양한 애플리케이션이 있고 메타버스의 가상세계로 확장될 수 있는 가능성도 충분하다.

이케아 플레이스Place는 AR을 활용해 가상으로 실제 집 안에 가구

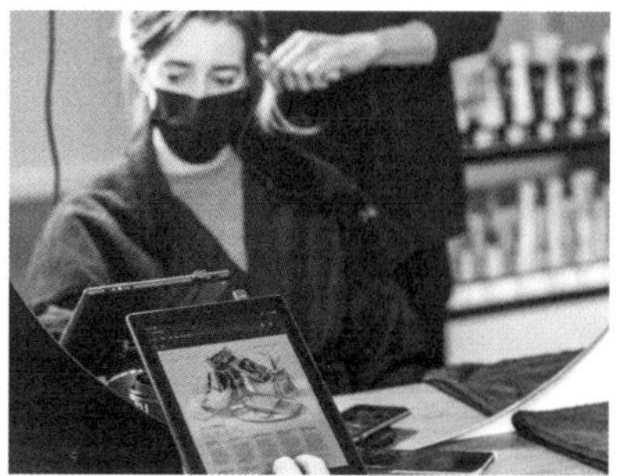

배치와 선택을 도와주고 도미노의 피자 셰프Pizza Chef는 식탁 위에서 피자 도우 위에 원하는 토핑을 올려 실제와 가까운 나만의 피자를 커스텀하는 것을 재미있게 체험하면서 그대로 주문할 수 있는 사용자 경험을 제공한다. 미국의 로우스Lowe's는 홀로그램 테스트 드라이브Hologram Test Drive라는 증강현실 프로그램을 통해 공구를 안전하게 사용할 수 있도록 교육하고 톱숍Top Shop은 ARDoor와 협력해 가상으로 옷을 피팅해볼 수 있는 서비스를 제공하고 있다.

얼타Ulta는 GLAMLab이라는 미용 도구들을 가상으로 체험해보는 서비스를 선보였고 콜Kohl은 스냅챗과 협력해 증강현실로 가상 옷장을 만들어 재미있는 고객 경험을 만들어주고 있다. 루이비통도 디지털 스킨Digital Skins과 AR 퀵룩AR QuickLook을 만들어서 체험과 실제 쇼핑을 도와주는 시도들을 하고 있다.

아마존도 아마존살롱Amazon Salon[1]이라는 미용실 체인을 오픈했는데 증강현실로 사전에 고객들은 자신에게 잘 어울리는 헤어스타일과 염색 컬러 등을 선택해 예약하고, 매장에서는 스타일링 스테이션에 설치되어 있는 아마존 파이어 태블릿으로 다양한 엔터테인먼트를 즐기는 등 새로운 고객 경험을 제공하고 있다.

이렇게 리테일 분야에서 AR이나 VR은 미래가 아닌 이미 와버린 현재형의 시도가 가장 많이 일어나고 있으며 그 결과가 그대로 매출로 이어지기 때문에 빠르게 실험하고 빠르게 포기하거나 피보팅을 하고, 피드백을 받아 다음 단계로 진화하고 있는 전장이기도 하다.

리테일 분야의 미래에서 AR/VR 같은 가상화 기술과 메타버스가 중요한 이유는, 고객의 경험이 확장되고 있고 단순 구매의 니즈보다는 발견 지향적이고 라이프스타일 전반에 걸쳐 질적 향상을 추구하는 구매로 지향점이 이동하고 있기 때문이다. 리테일의 미래에 메타버스 기술이 가져다줄 혜택은 그 지향점에 있다.

(1) 고객에게 더 나은 쇼핑 경험을 제공할 수 있다.

온라인으로 쇼핑하는 경우 실제 그 상품이 어떨지 판단하기가 어렵다. 책을 비롯해 일정한 규격의 소모품이나 공산품, 식품은 사진이나 세부 정보만으로 구매가 어렵지 않아 대부분 온라인으로 구매하는 아이템이다. 하지만 패션·가구·자동차·인테리어·색조화장품 등은 온라인 정보와 사진만으로 판단하기에는 어려움이 따른다. 이때 가상화 기술은 매우 도움이 된다.

실제 방에서 가구나 인테리어를 클릭 몇 번으로 적용해볼 수 있고 오히려 매장에 가지 않고 더 편리하고 유용하게 제품을 선택할 수 있다. 매장에서 벽지를 고를 때나 샘플을 가져와서 실제 집에 대보아도 시공했을 때 얼마만큼 어울리는지, 어떤 느낌으로 바뀔지 쉽게 알 수 없다. 증강현실 기술은 가상으로 전체 시공을 클릭 한 번에 적용할 수 있고, 벽지 수십 종을 시공해보는 것도 시간이 얼마 걸리지 않는다. 게다가 사진을 캡처해서 각각을 비교해볼 수 있고 기존 가구와 어울리는지 확인 가능하다.

가전도 마찬가지다. 표준화된 가전의 시대가 끝나고 이제는 디자인·크기·컬러가 더 중요해졌는데 증강현실을 활용하면 잘 어울리는 가전을 쉽게 고를 수 있고 자동차의 옵션도 카탈로그로 보는 것보다 더 정확하게 선택할 수 있다.

버추얼 쇼룸이나 VR 아케이드는 매장에 가지 않아도 매장에서 느끼는 것과 같은 실감 나는 분위기와 상품들을 체험해볼 수 있어 매장이 많지 않거나 접근성이 떨어지는 경우 오히려 온라인으로 구매를 연계할 수 있어 상대적으로 더 편리한 고객 경험이 가능해진다. 온라인의 가장 강력한 고객 경험이 현재는 빠르게 원하는 것을 찾고 쉽게 주문하고 편하게 받아볼 수 있지만, 더 값싸고 편리한 것은 물론 더 재미있고 몰입감 있는 고객 경험이 더해지게 될 것이다.

특히 메타버스의 가상세계가 자연스럽게 리테일의 공간으로 진화하게 될 텐데 〈모여봐요 동물의 숲〉에 만들어진 LG디스플레이의 OLED 전시관처럼 고객들이 자주 찾고 재미있게 애용하는 공간에 그 세계관에 잘 어울리는 리테일적 요소를 결합하는 일이 일상화될 것이다. 〈포트나이트〉 플라자 광장에 오픈한 스타벅스에서 현실세계로 커피를 배달해 마실 수 있고 친구에게 선물로 보내줄 수도 있다. 광장 앞 마켓컬리에서는 〈포트나이트〉 기념품이나 시즌 상품을 집으로 함께 배송시킬 수도 있다.

아디다스나 나이키 매장은 게임의 아바타에게 월등한 능력치나 레벨업을 시켜줄 수 있는 가상의 신발을 판매할 수 있고, 게임 안 쇼룸에서 현실세계에서 신을 상품을 가상화폐로 구매하는 일도 일어난다. 네이버 쇼핑과 연계된 제페토 매장에서 좋아하는 브랜드의 옷을 구매하면 동일한 모델의 의류가 아바타의 옷장으로 배달되어 현실의 나와 디지털의 내가 같은 옷, 같은 패션을 공유할 수도 있다.

리테일 브랜드들은 독자적인 메타버스를 가상세계 안에 구축할 수 있다. 웹 기반 또는 가상현실을 기반으로 쇼핑 아케이드나 체험 매장을 오픈하면 그 안에서 게임하듯 상품을 구경하고 직접 피팅해보고 서비스 담당 아바타들의 친절한 도움을 받을 수 있다. 인터넷 쇼핑몰에서 제품 정보를 가득 채웠던 모델들의 사진 대신 3D로 리얼하게 렌더링된 모델이 실감 나게 피팅한 모습을 보여줄 수 있다.

싸이월드의 도시 버전이라든가 〈하보호텔〉의 마을 버전이라고 부르면 잘 어울릴 듯한 최근 2D 이벤트 플랫폼으로 많이 알려진 게더타운Gather.town이 있다. 컨퍼런스나 거리 축제 같은 목적으로 최근 많이 이용되는 비대면 이벤트 플랫폼이다. 본격적인 메타버스로 분류하기에는 부족하지만 여러 가지 재미있는 기능이 잘 만들어져 있어 이 안에 신세계 스타필드를 오픈할 수 있다.

공간의 레이아웃과 구조를 스타필드처럼 꾸미고 매장 위치를 잘 잡아서 배치하면, 가상의 아바타들이 평소 좋아하던 매장을 돌아다니면서 링크되어 있는 각 매장의 인터넷 쇼핑몰을 그 안에서 방문할 수 있고, 친구들을 만나 대화하고 게임을 즐기면서 같이 시간을 보낼 수 있다. 리테일 산업에서의 플레이어들이 인터넷의 목적 지향적 쇼핑 행태가 메타버스 안에서는 발견 지향적이 되고 경험과 재미를 추구하는 과정 지향적 쇼핑으로 지향점이 바뀐다.

오프라인의 변화는 더 거세다. 특정 상품을 고르고 구매하는 것을 목적으로 삼지 않고 고객의 라이프스타일의 멋진 변화와 즐거움을 제안하기 위한 큐레이션 기능이 극대화된다.

가상화 기술을 이용해 제품을 선택하면 관련된 정보를 디스플레이에 스트리밍하고 추천 상품이나 사용법 등을 함께 보여준다. 상품에 대해 쉽게 이해하게 도와주며 고객은 스마트폰의 증강현실 앱을 이용해 아주 쉽게 매장의 상품을 보다 자세하게 검색하고 가격 비교나 평점 등을 확인할 수 있다.

아마존의 고 스토어나 알리바바의 스마트스토어에 구현된 기술이 대중화되어 원하는 상품을 바로바로 디지털 장바구니에 넣을 수 있고 결제도 가능하다. 시간이나 현재 위치 등 특정 조건에 맞춰 고객들이 실시간으로 프로모션이나 이벤트에 참여할 수 있게 만들고, 오프라인 매장에서도 온라인으로 쇼핑하듯 2가지의 장점을 극대화해 이용할 수 있는 다양한 고객 경험의 혁신이 이뤄진다.

원하는 상품을 전부 들고 피팅룸에 가서 일일이 갈아입기보다 가상 피팅 스크린을 통해 다양한 옷을 아주 빠르게 피팅해보고 그중 맘에 드는 몇 가지만 실제 입어보면 쇼핑에 드는 시간과 노력을 줄일 수 있다. 피팅하는 도중에 마음에 드는 옷과 피팅 영상이 있으면, 소셜미디어에 포스팅하고 친구들과 즐거움을 공유할 수 있고, 다른 고객의 선호도 데이터를 디스플레이에 함께 표시해서 구매에 도움을 줄 수 있다. 피팅하는 동안 측정된 데이터를 활용해 고객이 미처 매장에서 찾지 못했지만 어울릴 만한 상품도 인공지능 알고리즘에 의해 큐레이션해줄 수 있고 데이터가 축적될수록 더 만족도 높은 추천이나 서비스를 제공할 수 있게 된다.

온라인에서도 증강현실과 스마트폰 카메라를 활용해 피부 톤이나 피부 상태에 맞는 화장품을 추천해줄 수 있지만, 매장에서는 더 정확하게 스캔할 수 있으므로 적당한 색조화장품이나 스킨케어 용품들을 더 빠르게 추천해줄 수 있다. 동시에 현장에서 직접 체험해야 하는 화장품 수를 줄여 비용을 절감할 수 있고 선택 폭은 크되 스트레스는 최소화할 수 있다.

식료품이나 생필품을 취급하는 오프라인 리테일에도 증강현실 기반의 스마트 스크린이나 카메라를 이용해 상품의 영양 정보나 칼로리, 유효 기간, 추천 레시피 등을 고객이 잘 볼 수 있게 표시해주고 구매를 위해 장바구니에 담으면 가격이나 주의사항을 스마트폰을 통해 업데이트해줄 수 있다.

카페나 레스토랑 같은 식음료 매장에서는 증강현실이나 가상화 기술이 적용된 키오스크가 다양하게 발전하면서 도입될 것이다. 선택한 음식들을 한꺼번에 가상화해 상차림된 영상을 화면에 디스플레이해줌으로써 고객이 주문할 때 도움을 주거나 선택된 메뉴에 어울리는 페어링이나 메뉴를 같이 추천해줄 수 있어 다양한 분야에서 고객의 쇼핑이나 구매 경험을 더 편리하고 효율적으로 만들 것이다.

(2) 인스토어 내비게이션과 인스토어 고객참여가 극대화된다.

위성 GPS 신호가 닿지 않는 실내에서의 위치 기반 서비스IPS: Indoor Positioning System는 매우 제한적이었다. 비콘Beacon이나 지그비Zigbee 등을 이용해 다양한 방법으로 실내 내비게이션을 구현하려는 시도는 많았지만 여러 제약으로 큰 성과를 만들지는 못했다. 넓은 지역에 설치하는 것도 이슈지만 고객의 스마트폰과 연계해 서비스를 만드는 것도 어려움이 따랐다. 고객참여를 위해서는 근접 센서들을 활용해 인접 마케팅을 한다거나 QR코드를 이용하는 수동적인 방법들을 활용하고 있는데 이 역시 제약으로 인해 효과가 제한적이다. 매장들이 밀집해 있고 유동 인구가 많은 대형 상가나 백화점은 온라인으로 전환된 고객들의 구매 습관 변화로 인해 매출은 감소하고 있지만, 획기적인 전기를 만들기에는 힘에 부치는 모습이다.

증강현실을 이용하면 이렇게 물리적 공간을 기반으로 하는 리테일이 다시금 고객 중심이 되어 온라인에 빼앗긴 고객의 발길을 돌릴 수 있는 잠재성을 지니고 있다.

먼저 인스토어 내비게이션In-store Navigation을 통해 고객이 편리하게 쇼핑할 수 있는 위치 보조의 역할이 가능해진다. 위성 GPS 신호가 없어도 스마트폰 카메라로 입력된 공간 이미지는 인공지능의 도움으로 공간데이터Spatial Data로 변환된다.

이후 다양한 시설물과 매장 간판, 일부 비콘 데이터들과 결합해 분석되면 상대적 공간 정보Spatial Information가 추출된다. 그러면 그 공간 정보들을 연결하고 엮어서 연속된 전체 공간의 위치 정보와 이와 연계된 콘텍스트를 얻을 수 있게 된다. 이를 실내 맵 데이터와 연동하면 넓은 실내공간에서 고객은 자신이 가고 싶은 곳까지 안내를 받으며 빠르게 이동할 수 있게 되며 고객의 위치를 기반으로 마케팅이나 프로모션을 더 쉽게 진행할 수 있게 된다.

스마트폰 카메라나 AR 글래스를 이용해 사람들은 코엑스나 스타필드같이 넓은 지역에서도 원하는 목적지까지 안내가 가능한 실내 내비게이션을 이용하고, 쇼핑 플래너 같은 서비스들이 쏟아진다. 동선에 최적화된 방문지들의 순서와 위치를 알려주고 중간에 중요한 정보나 프로모션 등도 놓치지 않는다.

현재 사용하고 있는 맵과 내비게이션에 연동되면 출발지에서 목적지까지를 대략적인 건물의 입구까지로만 설정할 수 있었던 것을 도어 투 도어의 수준까지 정밀하게 올릴 수 있게 된다. 좀 더 정확한 소요 시간을 파악할 수 있게 되고 실내에서 길을 잃지 않아 지체되거나 허비하는 시간을 최소화할 수 있다.

여기에 더해 인스토어 고객참여In-store Engagement는 더욱더 활발해질 수 있다. 매장들은 사전에 회원 가입되어 있거나 위치 정보 공유에 동의한 고객의 위치를 정확하게 파악할 수 있게 되어 좀 더 적극적이고 정확한 프로모션에 나설 수 있게 되고, 관심 있는 고객의 참여도 함께 커질 수 있다.

매장에 들어온 고객은 증강현실이 적용된 브랜드 앱을 이용해 상품 정보나 특징을 쉽게 확인할 수 있는데 이때 앱을 이용해 고객에게 적극적으로 신제품이나 추천 상품 등을 안내할 수 있고 설문이나 이벤트에 참여할 수 있게 적절한 순간에 알림을 보낼 수 있다. 매장에서 증강현실을 이용해 숨겨놓은 쿠폰이나 이벤트 상품을 발견할 수 있게 하면 고객은 적극적으로 매장을 방문하고 부여된 미션을 수행하게 되는데 이런 방법을 고객참여를 극대화하는 데 활용할 수 있다.

(3) 경험비즈니스의 시대가 열린다.

적극적인 고객참여는 MZ세대 고객의 가치 변화에도 관계가 있다. 자신들이 좋아하는 것들은 더 소비하고 지인들에게 알리고 자랑하는 행동이 이전 세대와의 차이인데 이 과정에서 적극적인 참여가 자연스럽게 일어난다. 최신 기술 트렌드에 민감하고 익숙하게 잘 다루는 세대이기도 해서 메타버스가 점점 더 관심과 인기가 높아지는 것에도 이들의 영향을 무시할 수 없다.

특히 단순한 소비보다 직접 체험하고 재미있게 즐기면서 깊이 있는 관계를 형성하는 과정을 매우 중요하게 여기는데, 그런 이유로 이들이 찾는 매장이나 브랜드는 뭔가를 체험하고 직접 경험할 수 있는 장치나 프로그램이 잘 운영되는 곳이 많다.

증강현실이나 가상현실은 물리적으로 그런 경험을 할 수 있게 만드는 기술이므로 오큘러스 퀘스트2의 판매가 호황인 것도 무관하다 볼 수 없는데 이런 가상화를 통한 메타버스 기술은 경험을 기반으로 한 비즈니스를 만드는 데 최적의 조건을 가지고 있다.

〈포켓몬 GO〉 같은 증강현실 게임이 인기인 이유도 현실세계를 기반으로 그 위에 포켓몬 세계를 겹치게 만들어 사용자들은 게임이면서도 재미있는 체험을 하는 느낌을 동시에 받는다고 한다. 특정 매장이나 브랜드들과 함께 진행되는 프로모션들의 경험이 비즈니스화되는 대표 사례라고 볼 수 있다. 드라마 〈알함브라 궁전의 추억〉에서도 증강현실 세계에서 소비한 에너지를 보충하려면 현실세계 편의점에서 특정 음료를 사 마셔야 하는 에피소드가 나오는데 이런 것들이 본격적인 경험비즈니스의 상상력이다.

스마트폰 초기에는 포스퀘어Foursquare나 고왈라Gowalla 같은 앱이 나와 매장에 직접 방문하면 쿠폰을 주기도 하고 그 매장의 메이어가 되고 빼앗기도 하면서 유저들의 참여를 이끄는 단순한 차원의 체험이 결합되었다면 이제부터는 탄탄한 스토리와 실감 나는 경험들을 연계하는 산업들이 크게 성장하게 될 것이다.

증강현실을 활용해 코엑스나 스타필드 전체에 아이템과 이벤트를 연결해놓고 고객들이 적극적으로 즐기면서 혜택을 획득할 수도 있고 보물찾기나 스캐빈저 헌트Scavenger hunt 같은 체험 프로그램을 만들어 처음부터 고객들이 그 게임을 하기 위해 방문했다가 부수적으로 퀘스트가 연계된 매장에서 소비하게 되는 주객전도의 해프닝도 충분히 일어날 수 있다. 적극적으로 정보를 확인하려는 고객들을 한 차원 높은 경험의 세계로 끌어들일 수 있고, 매장들은 더 많이 방문할 수 있는 인센티브를 재미있게 디자인할 수 있다. 포인트를 얻기 위해 일부러 이동하면서 카카오택시를 타게 만들 수 있고, 버거킹에서 버거를 먹고 포장지 속에 들어 있는 코드를 스캔하게 할 수 있다.

현대자동차 쇼룸에서 증강현실로 차량 내부의 인테리어를 바꾸고 트렁크 속에 있는 코드를 스캔하면 특별 선물을 받을 수 있어 자연스럽게 많은 고객이 자동차 내부를 체험해보는 효과를 만들 수 있다. 이마트는 매장의 다이내믹 프라이싱 디스플레이를 이용해 오프라인에서 획득할 수 있는 포인트나 쿠폰을 감춰둘 수 있고, LG전자는 전시된 TV의 특정 콘텐츠를 스캔하면 이벤트에 응모되게 하거나 즉석 할인의 혜택을 줄 수 있다.

올리브영은 CJ One 카드 앱에 증강현실을 적용해 맨눈으로는 보이지 않는 할인 정보를 앱 카메라로 보이게 만들어 고객들의 체류 시간을 늘리고 프로모션이나 마케팅을 자연스럽게 진행할 수 있게 된다. 오프라인에 존재하는 거의 모든 매장과 모든 상품에 적용할 아이디어가 넘쳐나는 경험비즈니스의 세상이 되고 있는 것이다.

온라인과의 연계에서도 경험디자인은 빠질 수 없다. 가상세계에 브랜드 매장을 오픈하고 그 안에서 상품을 구매하고 체험하는 것은 〈세컨드라이프〉부터 시도되었던 버추얼 경험비즈니스인데 메타버스의 트렌드가 가속화되면서 이제는 온·오프라인을 넘나드는 경험비즈니스도 성행할 수 있는 조건들이 갖춰졌다.

LG디스플레이가 모동숲에 구현한 쇼룸도 이런 시도에 해당하고 제페토에 구찌가 가상아이템을 착용해볼 수 있게 만든 것도 단순하지만 경험비즈니스가 될 수 있다. 물리적인 상품 대신 가상의 상품이나 체험을 통해 매출을 만드는 활동 모두가 경험비즈니스라 볼 수 있다.

SPC그룹이 해피월드라는 가상세계를 오픈하고 리얼월드의 공간에 있는 실제 매장들을 맵에 전부 올려놓으면, 고객들이 게임하듯이 매장을 방문하고 가상세계에서 생기는 이벤트가 현실세계와 연계되는 경험을 만들 수 있다. 현실세계의 던킨커피에서 커피를 마시면 가상세계 내 인근 파리바게뜨에 할인 쿠폰이 뜨고, 가장 많이 방문한 매장의 가상 점장이 되면 매일 한 잔의 커피를 친구들에게 선물할 수 있는 권한이 생기게 할 수 있다. 전국 매장을 다 가보고 싶은 유저가 생길 수 있고 강력한 록인Lock in 효과 덕분에 고객의 충성도도 상승할 것이다.

이케아가 〈마인크래프트〉 안에 매장을 오픈하고 직접 실제 가구를 똑같이 만들어 공유하면 유저들이 평가하게 하고 가장 점수가 높은 고객에게 해당 가구를 선물 해주는 교환 가치를 경험비즈니스로 구현할 수 있게 된다.

가상현실 헤드셋을 이용하면 가장 실감 나는 체험을 디자인할 수 있는데 직업을 체험하거나 요리를 만드는 등의 체험을 테마로 하는 앱들이 출시되어 있다. 호텔신라에서 가상 파티세리 앱을 출시해 고객들이 가상현실 내에서 직접 케이크를 만들어 꾸미고 원하는 글자를 쓰면 똑같이 만들어 실제 세계로 배송해줄 수 있고, 집 도면을 입력하면 자동으로 이케아 가구로 채워진 가상의 방으로 바뀌고 직접 헤드셋을 끼고 체험해볼 수 있게 된다. 개발비용과 시간이 들지만 머지않은 미래에 많은 기업이 메타버스 세계에서의 경험비즈니스를 리얼월드로 연계하는 트렌드는 계속 확산될 것이다.

⑷ 버추얼 커머스와 버추얼 인플루언서의 시대가 열린다.

케이블TV가 등장했을 때 홈쇼핑이 생겼고, 인터넷이 등장했을 때 이커머스가 탄생했다. 마찬가지로 유튜브의 성장은 비디오커머스 시장을 견인하고 있고 소셜미디어의 대중화는 소셜커머스 시장을 만들어 냈다. 지금은 여러 가지가 혼재되어 융합적이고 복합적인 다양한 커머스의 시도가 이어지고 있는데, 메타버스 등장에 이제는 버추얼 커머스Virtual Commerce라는 새로운 장르까지 시작되고 있다.

온라인을 통한 모든 쇼핑의 경험과 형태는 이커머스를 기반으로 구현되므로 엄밀하게 이야기하면 비디오커머스, 소셜커머스와 함께 버추얼 커머스도 이커머스의 세부 카테고리 중 하나라고 볼 수 있다. 다만 사실감이나 몰입감이 실제 쇼핑 경험에 가장 가깝고 오프라인에서와 같이 상세한 체험과 검토가 가능하다는 장점을 가진 새로운 시도다.

가장 먼저 현실화된 콘셉트가 홈플러스에서 시도한 가상이미지들로만 이뤄진 쇼핑 선반인데 고객들이 선반 위의 상품 사진을 보고 고른 후 주문하면 연결된 자동판매기에서 나오거나 집으로 배송해주는 형태였다. 공간이 협소하고 실제 상품을 비치하지 않아도 운영이 가능한 버추얼 스마트스토어의 콘셉트를 실험한 것이었는데 상호작용이나 설명이 필요한 제품은 판매에 어려움이 있었다.

이제는 가상현실 안에 구현된 쇼룸이나 매장에 들어가서 상품을 직접 만져보고 사용해볼 수 있고 체험해볼 수 있다. 버추얼 커머스 안에서 버추얼 아바타가 나와서 자세하게 설명하고 구매할 수 있게 도와주는 본격적인 실감형 버추얼 커머스로 진화하게 될 것이다. 많이 알려진 버추얼 인플루언서가 등장하는 버추얼 커머스 플랫폼이 출시되면 구매에 끼치는 영향력이 커지고 1년 365일 24시간 내내 오픈하는 스토어가 일상화될 수도 있을 것이다. 버추얼 커머스는 특히 직접 가서 체험할 수 없거나, 자세히 보지 않고서는 구매 결정이 어려운 상품들을 위한 시장에서 효과가 더 클 것으로 보이는데 운동기구나 성인용품, 패션 관련 분야에서 두각을 나타낼 것이다.

⑸ 개인화된 상품과 개인화된 마케팅이 실현된다.

온라인 매장들은 개인화된 상품을 고르고 조합하거나 개인의 프로필에 기반한 마케팅을 하고 있다. 오프라인 매장들은 그런 관점에서 경쟁력을 가지지 못했고 20여 년간 계속 온라인에 자리를 빼앗기고 있었다. 하지만 증강현실과 사물인터넷을 비롯한 다양한 기술이 오프라인에 들어오면서 오프라인의 역습이 시작되고 있다.

스마트스토어의 매장 곳곳에 있는 카메라와 센서들은 고객들의 움직임이나 동선, 상품들에 관한 관심이나 체류하는 시간 등을 트랙킹해 화장품이나 옷 같은 상품을 보여줄 때 고객에게 특화된 큐레이션을 해줄 수 있다. 의류나 가구 등 다양한 상품을 구매할 때도 매장의 키오스크나 태블릿을 이용해 가상화된 조합을 직접 변경하거나 개인화해 오래 기다리지 않고도 상품을 제작하고 구매하는 것이 가능해진다. 온라인의 장점과 오프라인의 장점을 결합한 하이브리드한 콘셉트의 매장으로 진화를 하고 있는 것이다.

컨버스는 오프라인에 직접 커스텀할 수 있는 플래그십 스토어를 운영하고 있는데 이 스토어를 가상현실 안에 구현할 수 있고 고객들이 증강현실을 이용해 자신의 발에 착용해볼 수 있다.

가장 잘 어울리는 제품을 찾고 개인화된 상품을 구매하되 개성이 넘치고 감성과 재미까지 포기하지 않는 고객들이 스마트스토어를 찾는다. 오프라인에서 줄 수 없는 가치를 온라인에서 줄 수 있는 장점과 버무려 제공하는 것이 트렌드의 핵심인데 이를 위해 리테일 기술과 증강현실 기술들이 활용되고 있는 것이다.

최근 애플이나 페이스북이 AR 글래스나 VR 헤드셋을 개발하면서 아이 트래킹 또는 게이즈 트래킹 기술을 활발하게 개발하고 있는데 특히 개인화에 큰 잠재성을 가지고 있다. 가상현실 세계 안에서 눈의 움직임이나 머무르는 시간, 초점이 맞춰져 있는 대상이 무엇인지 분석이 가능해지고 사용자들의 관심사가 무엇이고 어떤 정보나 대상에 관심을 기울였는지 분석된 결과가 산출 가능해진다.

AR 글래스에서도 리얼월드의 거리에서 어떤 대상에 관심을 주었는지, 무엇을 쳐다봤는지 추적해 분석하고 개인에 최적화된 추천과 큐레이션이 가능해진다. 프라이버시나 개인 정보 보호에 관한 문제만 해결된다면 더 다양한 분야에 적용이 가능해질 수 있다.

디지털 사이니지Digital Signage도 카메라와 센서들을 채용해 고객들의 반응과 군집도, 프로파일링에 따라 최적화된 광고와 영상을 내보낸다. 일방적으로 재생되던 방식에서 사람에게 반응하는 방식으로 진화하고 있다. 미디어월이나 디지털 사이니지 기둥, 키오스크 등에 센서가 도입되어 콘텍스트 변화에 대한 입력을 받고, 프로젝션 맵핑이나 증강현실 등을 활용해 디스플레이는 물론 벽이나 바닥에까지 반응형 영상을 투사할 수 있다.

고객이 움직이거나 서 있는 물리적 공간 자체를 증강시켜서 메시지 안에 몰입되거나 흥미를 느끼게 만드는 강력한 마케팅이 계속 더 발전하면서 리얼월드에 도입될 것이다.

사람이 지나가거나 쳐다보면 반응하고 입고 있는 옷이나 가방을 인지해 관련 있는 상품을 디스플레이하고, 흡입력 있는 스토리를 만들어 콘텐츠에 빠져들도록 하는 일들을 강남역 플랫폼에서, 코엑스 아케이드에서, 갤러리아백화점 미디어월에서 만나게 될 것이다.

03
미디어의 미래

증강현실과 가상현실은 미디어에서 폭풍의 눈이다. 변화의 한가운데 들어왔는데 많은 미디어 기업은 모르고 있다. 콘텐츠와 뉴스를 만들고 소비하는 방식이 바뀜은 물론 몰입감과 경험의 깊이가 기존과 완전히 다른 차원을 가지고 있음에도 익숙지 않은 전통 미디어 기업들은 겉모습만 보고 성장의 가능성을 애써 무시하고 있다.

전통 미디어의 시대가 가고 디지털 미디어와 뉴미디어의 시대가 오면서 단순한 사건 보도나 정보 전달은 고객들의 선택에서 외면받고 있고 효과도 꽤 떨어졌다. 현상유지와 기득권을 지키기 위한 몸부림이 심한데 신문사들은 보지도 않을 신문을 아직도 수십만 부씩 더 인쇄하고 있고, 독자와 시청자가 떠난 미디어들은 여전히 광고주들을 찾기 위해 애쓰고 있지만, 세상은 그런 저항에도 아랑곳하지 않고 변하고 있다. 스토리텔링이 여전히 미디어를 가르는 중요한 기준이 되고 있고 얼마나 이것을 잘해내느냐가 미디어 생존에 필수 요소가 된 것도 사실이다. 하지만 메타버스 시대가 도래하면서 미디어의 지형은 또다시 새로운 균열과 함께 급진적인 기회를 동시에 마주하고 있다. 미디어의 미래를 고민할 때 메타버스가 가져올 변화와 영향을 심각하고 중요하게 여겨야 할 시대를 살고 있다.

스마트폰 보급과 함께 증강현실에 관한 관심이 시작되었지만, 미디어에 영향을 미친 것은 최근 일이다. 기술적으로 필요한 조건들이 이제야 티핑 포인트에 다다른 완성도를 보이고 있고 독자나 시청자의 선택을 받을 만한 수준에 이른 콘텐츠가 시도되고 있기 때문이다.

게다가 서사적인 스토리텔링만으로 만족하지 못하는 미래 핵심고객이 될 Z세대가 출현하면서 단순히 이야기를 잘 전달하는 것으로부터 독자들이, 시청자들이 직접 그 이야기에 참여할 수 있고 이야기 자체가 그들의 일상이 되어 이를 공유하고 공감하면서 스토리 일부로 남게 되는 스토리리빙Story Living을 지향하기 시작했다. 상시 스마트폰으로 연결된 첫 세대로서 그들은 언제 어디서든 스토리 일부가 될 수 있는 환경 속에 살고 있고, 공감과 공유가 모든 이야기의 지향점이 될 수 있는 문화를 겪으며 성장을 해왔기 때문이다.

이런 변화의 기류에 떠밀리지 않기 위해 〈뉴욕타임스〉는 VR 담당 부서를 만들어 360도 동영상으로 취재한 토픽을 매일 1개씩 데일리 360Daily 360 섹션에 올리고 있다. 〈더 가디언〉도 〈타임스〉도 CNN도

출처: area.autodesk.com[1]

VR이라는 기술을 최대한 활용할 수 있는 테마와 토픽을 찾아 실험을 멈추지 않고 있다. 페이스북 같은 소셜미디어나 유튜브도 이런 변화를 놓치지 않고 담아내기 위해 플랫폼에 변화를 주고 있고 새로운 기술과 기능을 끊임없이 실험하고 있다. 몰입감을 높이면서 스토리텔링을 넘어 스토리리빙으로 진화해가는 새로운 미디어의 모습과 마주하게 될 변화의 트렌드는 무엇일지 진중한 고민과 준비가 필요하다.

실감미디어의 시대가 온다

증강현실과 가상현실이 가진 가장 강력한 기능은 실감 나는 콘텐츠를 만들 수 있다는 것이다. 마치 현장에 있는 것처럼, 마치 지금 일어나고 있는 것처럼, 마치 함께하는 것처럼 만들 수 있다. 몰입감이라고 부르는 상황 안에 푹 빠질 수 있는 실감을 담은 실감 저널리즘Immersive Journalism이 부상하고 있다.

디스커버리 채널Discovery Channel은 야심 차게 Discovery VR이라는 새로운 채널을 만들고, 자연·하늘·바다에서 실감형 미디어를 제작해 방송하는 프로젝트를 시작한다. 그들 스스로도 탐험해보지 못한 새로운 영토지만 도전해야 한다는 변을 남기고 런칭했는데 시작부터 쉽지는 않았다. 낮은 퀄리티의 동영상과 오류가 많은 소프트웨어는 시청자들이 지속적으로 머무르기는커녕 채널을 떠나게 만드는 요인이 되었고 결국 채널을 닫게 되는 결과를 불러일으켰다. 다만 아직 오큘러스 VR 안에 앱으로 명맥을 유지하며 다시 떠오르는 실감미디어의 시대를 느끼고 있는지 모르겠다.

반면 디지털 기술이 만드는 혁신을 향한 도전에 머뭇거리지 않았던 BBC는 'BBC Connected Studio'[2]를 열고 다양한 시도를 하는데 그들이 제작한 〈Home–A VR Spacewalk〉은 마치 우주에서 직접 유영하는 듯한 실감 나는 콘텐츠로 평가받으며 실감미디어의 지평을 열었다. 내부의 BBC News Labs은 데이터 기반의 혁신과 새로운 디지털 기술들을 이용해 어떻게 독자들에게 혜택을 줄 것인지 연구하고 있고 BBC Taster라는 실험적인 아이디어들을 공개하는 플랫폼을 열어 새로운 기술들을 이용해 만든 파일럿 콘텐츠를 직접 독자들에게 평가받고 있다. 이곳을 통해 시리아 난민들의 인터뷰를 바탕으로 만든, 그들이 겪은 고통스러운 경험과 그들이 느끼는 희망과 두려움에 대한 VR 스토리를 오큘러스 스토어 안에 공개하고 있다.

〈더 가디언〉의 특집 취재도 빼놓을 수 없는 명작이다. 〈6×9: explore solitary confinement in 360〉이란 기사인데 23시간 동안 6×9피트의 독방에 갇힌 죄수의 심리적 변화와 격리가 주는 두려움을 직접 체험해볼 수 있는 VR 다큐다. 편집과 영상미가 수작이며 전달하고자 하는 메시지가 살아 있어 지금도 회자되는 실험이다.

실감형 미디어의 특징을 아주 잘 살린 콘텐츠로 스마트폰 VR 앱과 카드보드나 데이드림을 통해 쉽게 체험이 가능하다. 내셔널지오그래픽은 Explorer VR[3]이라는 앱을 개발해서 오큘러스 안에 릴리스하고 전용 콘텐츠를 만들고 있다. 카약을 타고 빙하를 탐험하며 펭귄의 마지막 황제를 찾기 위해 눈보라를 뚫고 행군하거나 마추픽추와 잉카문명을 탐사하는 등 실감 나는 미디어를 만들어 호평받고 있다.

스팀VR에는 HTC 바이브나 Valve Index용으로 만들어진 VR 다큐멘터리도 있다. 〈그린란드가 녹고 있다Greenland Melting〉[4]라는 그린란드의 빙하가 녹는 영상을 360도로 촬영해 탐험대와 함께 있는 듯한 느낌과 피오르가 녹고 있다는 다양한 데이터의 수집과 관찰을 제3자가 아닌 당사자가 된 느낌으로 몰입해서 볼 수 있는 콘텐츠다.

스위스의 솜니액스Somniacs가 개발한 버들리Birdly는 하늘을 나는 듯한 오감을 만들어줄 시뮬레이터 하드웨어와 콘텐츠로 진정한 실감미디어가 무엇인지 보여준 시도로 주목해볼 만하다. 이렇게 실감형 미디어와 실감저널리즘은 가상현실이라는 새로운 하드웨어 플랫폼을 통해 얻게 된 미디어의 새로운 포맷으로 자리 잡게 될 것이며 오

퀄러스 퀘스트2의 보급이 촉발한 VR의 대중화에 가장 먼저 발전하고 성장할 분야임이 자명하다.

스페이셜 저널리즘이 시간과 공간을 보도한다

증강현실과 가상현실은 공간을 기반으로 한다. 그것이 리얼월드의 공간이냐 가상세계의 공간이냐의 차이만 있을 뿐 그 공간과 공간이 존재하던 시간을 담기에 최적의 미디어다. 실감형 미디어가 현장감을 느끼는 것에 초점이 맞춰져 있다면 스페이셜 저널리즘Spatial Journalism은 공간과 시간에 담긴 스토리가 중요하다. 시공간이라는 콘텍스트를 지면이라는 2차원에 말과 글로 풀어내는 방식이 아니라 3차원의 공간을 담은 영상과 인터랙티브한 참여로 풀어내는 것이 스페이셜 저널리즘이라 할 수 있다. 때로는 실감저널리즘과 중복될 수 있기에 이 둘의 구분

이 완벽하게 나눠질 수 없겠지만 보는 이가 주목하는 대상이 무엇이냐에 따라 경중은 따져볼 수 있겠다.

〈타임〉은 Immersive App을 개발해서 공개하고 아폴로 11호의 달 착륙을 담은 〈Landing on the moon〉[5]을 함께 공개했다. 1969년 아폴로 11호가 달에 내릴 때의 사진과 데이터를 담아서 그 공간이 가지고 있던 사건과 이야기를 담아냈고 당시 닐 암스트롱이 입었던 우주복을 보여줌으로써 독자들의 흥미를 한껏 부추겼다.

아마존의 자연이 파괴되고 있는 실상을 담은 〈Inside the Amazon: The Dying Forest〉[6]를 공개하는데 제인 구달 박사와 함께 아마존의 부락들을 방문하고 어떤 위협과 파괴가 그곳에서 일어나고 있는데 눈앞에 아마존을 펼쳐놓고 자세히 들여다볼 기회를 제공한다. 직접 갈 수 없는 아마존을 직관적이면서도 다양하게 담아 단순한 사실 전달을 넘어 공감하고 행동하게 만드는 동기를 부여하는 콘텐츠로 소문이 나

면서 〈타임〉의 독자가 아닌 전 세계 사람들이 함께 콘텐츠를 소비하는 플랫폼을 만들고 있다.

〈뉴욕타임스〉도 비슷한 시기에 증강현실을 이용해 〈Explore InSight, NASA's Latest Mission to Mars〉라는 인간의 화성을 향한 도전을 담은 특집 콘텐츠를 만든다.[7] 〈뉴욕타임스〉 앱을 통해 직접 책상 위에 화성 착륙선을 올려놓고 어떻게 동작했는지 자세하게 살펴볼 수 있는 깊이 있는 콘텐츠였는데 이후에도 Immersive라는 섹션을 통해 기획기사들을 계속 싣고 있다.

〈뉴욕타임스〉의 데일리 360에 공개된 기사 중 잊지 못할 사건은 2016년 월드시리즈에서 108년 만에 시카고컵스가 우승한 날이다. 당시 일반 기사들은 텍스트나 사진으로 경기장과 선수들을 담았다면

〈뉴욕타임스〉는 경기장 밖 환호하는 팬들과 인파를 담았다. 360도 영상으로 승리하는 순간 환호하는 사람들을 한 공간과 한 시간에 담아 남긴 정말 살아 있는 취재가

아닐 수 없다. 그 순간 그 자리에 있던 사람이 아니라도 마치 그 자리에 함께한 사람처럼 공감할 수 있는 영상이고 오큘러스 VR 헤드셋을 착용하고 유튜브를 시청하면 마치 인파 한가운데 내가 있는 것 같은 느낌을 받을 수 있는 실감 나는 역사적 기록이다.

2018년 CNN VR이 만든 스페인 팜플로나 소몰이 축제 취재는 축제의 시작과 끝까지 엄청난 역동성은 물론 미처 보지 못한 면과 숨겨진 이야기까지 360도 비디오에 서사적으로 잘 담아낸 레전드급 시도였다. 〈Running with the bulls in Pamplona〉라는 제목의 유튜브 영상을 보면 지금도 그 현장에 있는 듯한 경이로움을 느낄 수 있다.

이렇게 시간과 공간을 함께 담아내는 미디어는 AR/VR 기술이 없었다면 불가능했을 포맷인데 지금은 제작도 소비도 무척 쉽고 비용도 현저히 줄어 문턱값이 아주 낮은 수준까지 도달했다. 스페이셜 저널리즘은 디지털 미디어 기업에 더는 선택이 아닌 시대가 된 것이다.

합성미디어와 리얼미디어의 경계가 무너졌다

미디어 업계의 큰 이슈 중 하나가 가짜 뉴스다. 정보가 넘쳐나는 시대에 디지털 도구의 대중화와 소셜네트워크의 확산으로 이제는 어떤 뉴스라도 쉽게 만들고, 쉽게 공유하고, 쉽게 퍼지는 시대가 되었다. 텍스트만이 아니다. 이제는 동영상 뉴스도 인공지능과 기계학습, 컴퓨팅 파워의 발전으로 똑같이 쉽게 가짜 뉴스가 될 수 있다. 인공지능과 컴퓨터그래픽으로 우리는 SF영화를 만들고 게임을 만든다. 이제는 거의 모든 동영상을 만들 수 있게 되었고 그것을 이용해 도널드 트럼프나 힐러리 클린턴과 꼭 닮은 인물이 직접 하지 않은 연설을 하고 영국 수상이 춤을 추거나 톰 크루즈의 페이크 영상이 유튜브에 올라온다. 어떤 인공지능 업체는 가짜 동영상을 가려주는 기술이 있는데 80% 이상을 구분할 수 있다고 뉴스에 나온다.

이렇게 떠들썩한 이슈를 만드는 것이 합성미디어Synthetic Media의 부상 때문이다. 기술적 완성도와 적당한 비용 구조가 만들어져 합성 영상을 쉽게 만들 수 있는 시대가 되었고 그 영상에 등장하는 인물이 진짜 사람인지 아닌지 구별할 수 없는 수준이 되었다.

6장에서 언급한 것처럼 유니티와 언리얼 엔진의 발전과 렌더링 기술의 진화, GPU를 비롯한 컴퓨팅 파워가 함께 비약적으로 좋아지면서 아주 쉽게 버추얼 휴먼을 만들고 그럴싸한 미디어를 합성할 수 있게 된 것이다. 합성미디어의 발전은 결국 가상세계의 사실감을 높이는 요인이 될 것이며 컴퓨터만 있으면 방송국을 차릴 수 있는 시대가 되었음을 의미한다.

합성미디어는 AI-generated media, Generative media라고도 불리는데 인공지능의 알고리즘이 딥러닝을 통해 학습한 후 만들기 때문에 딥페이크Deepfake라는 부정적인 단어로도 자주 불린다. 미디어에서 합성미디어가 중요한 이유는 메타버스 생태계 자체가 합성미디어와 속성이 동일하기 때문이다. 디지털로 세상도, 사람도, 경제까지도 다 만들어지는데 그동안 리얼월드와 가상세계는 분명하게 분리되어 있었지만, 이제는 아니기 때문이다. 가상세계에도 진짜와 가짜가, 현실세계에도 진짜와 가짜가 공존할 수 있는 기술 생태계가 만들어진 데다 가상과 현실의 구분이 의미가 없어진 세대가 우리와 함께 살고 있다.

합성미디어의 발전으로 부정적으로는 가짜 뉴스와 가짜 정보와 싸워야 하고 구분하기 위해 노력과 비용을 들여야 하는 한편 긍정적으로는 사람이 없어도 사람을 대신하고 사람을 위해서 역할을 해줄 방법이 생겼다는 것이다. 그것이 미디어 산업에 큰 영향을 미칠 수 있는 변곡점까지 얼마 남지 않았다.

유비쿼터스 미디어와 하이퍼콘텍스트의 탄생

증강현실과 가상현실을 사용자 중심으로 보면 퍼스널 미디어에 가깝지만, 공간 중심으로 보면 디스플레이가 있는 곳 어디나 이제는 미디어가 될 수 있다. 증강된 환경과 콘텍스트 자체가 미디어가 될 수 있는 것이다. 벽에 붙은 디지털 사이니지도, 아파트 엘리베이터에 붙은 스크린도, 전철역 기둥에 붙은 LED패널도 모두 미디어다.

이런 관점에서 증강현실과 가상현실은 유비쿼터스 미디어Ubiquitous media라고 볼 수 있다. 가상현실은 VR 헤드셋을 착용한 상태에서 나를 둘러싼 모든 것이 가상화된 콘텍스트이며 어디에라도 정보를 표현할 수 있게 된다. 가상현실 내 세계 자체가 모두 디스플레이이자 어디든 디스플레이가 될 수 있다. 어디라도 뉴스가 나오고 콘텐츠가 재생될 수 있으며 어디라도 광고가 나올 수 있다.

물론 인터넷 광고가 그랬듯이 사람들이 불편해하고 싫어하는 광고가 넘쳐나기는 어렵겠지만 공간이 가진 특성 때문에 브라우저의 레이아웃보다는 더 자연스럽게 거슬리지 않게 광고나 콘텐츠를 만들어 올릴 수 있다.

증강현실도 콘텍스트가 현실의 물리적 공간이라 가상현실보다는 제약이 있지만, 위치와 관심도, 시간과 환경에 최적화된 광고를 디스플레이할 수 있고 증강현실 콘텐츠를 보여줄 수 있다. 눈앞에 디스플레이는 현실 공간 어디라도 디스플레이로 만들 수 있는 가능성을 가지고 있다. 프로젝터 맵핑으로 길 위에, 벽 위에 쏘는 콘텐츠도 현재 미디어로 활용되고 있지만, 가상현실과 증강현실이 만들 수 있는 프레임의 크기와 확장성에 대해서는 비교할 바가 안 된다.

메타버스의 다른 영역 중 가상세계도 무시할 수 없다. 〈세컨드라이프〉나 〈포트나이트〉 안은 미디어들이 스며 들어가 있다. 〈로블록스〉도 〈마인크래프트〉도 마찬가지이며 〈모여봐요 동물의 숲〉이나 제페토도 크게 다르지 않다.

어떤 공간이 어떻게 미디어화되어 있는가의 차이는 있지만, 가상세계의 유저들을 대상으로 각자의 특성에 맞게 미디어가 자리 잡고 있고 그 위에 콘텐츠와 광고가 유통되고 있다. 웹브라우저 위에 올라왔던 미디어들이 가상공간을 찾아 들어가고 있는 것이다. 이렇게 디지털로 구현되어 있고 인터넷에 연결되어 있는 메타버스는 디지털 미디어에 신대륙이며 발견되지 않는 땅이자 기회다.

이렇게 유저는 특정 콘텐츠를 소비하는 제한된 콘텍스트를 넘어서

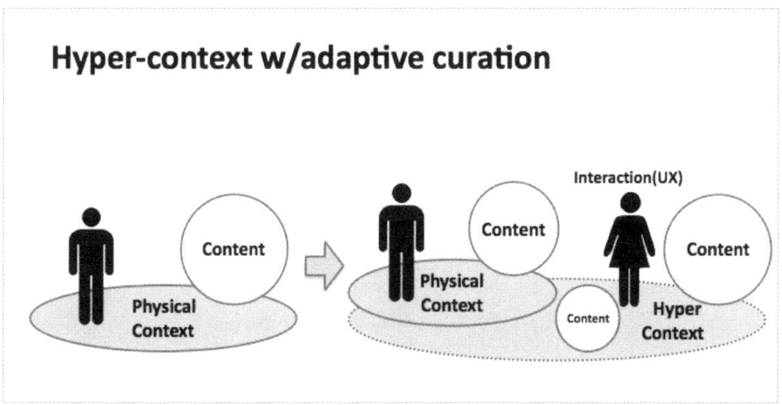

다수의 콘텍스트를 인지하고 다양한 콘텐츠를 소비하며 다른 유저들과 상호작용하면서 과거와 비교할 수 없는 스펙트럼의 미디어를 경험하게 될 것이다. 이렇게 유저와 콘텐츠를 중심으로 한 물리적인 콘텍스트를 넘어 연결을 통해 확장된 콘텍스트들과 그 안에서 소비하고, 참여하고, 상호작용하는 유저들을 포함한 콘텍스트의 최상위 집합을 하이퍼콘텍스트Hyper-context라 정의한다.

하이퍼콘텍스트는 또 다른 하이퍼콘텍스트와 연결될 수 있으며 크기보다는 유저 중심의 관계성과 연결성이 더 중요하다. 연결의 진화가 가져오는 새로운 시대는 초개인화, 다양성과 디테일의 극대화, 미디어를 넘나드는 융합과 연결된 맥락의 시대다. 공급자 관점의 대중적 취향 대신 소비자 관점의 개인적 다양성은 더 높아지고 실시간성과 콘텍스트에 따른 유저들의 몰입도와 참여도는 증가할 것이며 연결된 유저들이 만드는 상호작용과 경험이 콘텐츠 일부가 되는 하이퍼콘텍스트 시대가 열릴 것이다.

트랜스미디어

디지털 미디어가 부상하면서 하나의 콘텐츠를 다양한 포맷으로 여러 플랫폼에 활용하는 OSMUOne Sourse Multi Use는 크게 유행하고 있는 트렌드다. 웹툰을 원작으로 드라마나 영화가 만들어지고 책 내용을 연극으로 만들고 그것이 다시 드라마로 만들어지고, 소설을 원작으로 게임이 만들어지는 등 하나의 스토리는 다양한 형태로 재생산되고 확산되었다.

트랜스미디어Trans Media란 2006년 헨리 젠킨스Henry Jenkins가 책 《컨버전스 컬처Convergence Culture》에서 하나의 스토리 세계가 다양한 미디어를 거쳐 여러 포맷으로 유기적으로 연결되고 연계되어 전달되는 스토리텔링이라고 정의한 바 있다. 예를 들어 하나의 이야기 서두는 소셜미디어에서 시작되고 그다음 연결이 인터넷으로 이어졌다가 다음 연결은 유튜브 영상으로, 결말은 웹툰으로 이어지는 스타일의 스토리텔링을 트랜스미디어라 부르는 것이다.

〈부산행〉이라는 영화가 나왔고 그 이전 프리퀄 스토리가 나중에 〈서울역〉이라는 애니메이션으로 출시되었는데 이것도 트랜스미디어라 볼 수 있으며 마블이나 디즈니 세계관에서도 자주 활용되고 있다.

증강현실이나 가상현실은 이런 트랜스미디어 확산에 아주 중요한 역할을 하게 될 것이다. 다양한 미디어 플랫폼을 넘나들며 스토리가 이어져야 하는데 메타버스야말로 스토리가 전개되고 몰입감 있게 참여하기에는 최적의 플랫폼이기 때문이며 다양한 형태의 미디어를 또 이 안에서 활용할 수 있기에 앞으로 큰 잠재성이 실현될 수 있다. 트랜스미디어는 구현이 어렵고 복잡하며 스토리를 여러 미디어 플랫폼을 넘나들며 끌고 가야 하는데 투입비용 대비 효율성이 떨어지고 플랫폼이 걸쳐지면서 참가자들이 계속 줄어들 수 있어 그동안 크게 확대되지 못했다. 하지만 개인화되고 선택된 스토리를 좋아하는 유저들이 늘고 있고 메타버스 기술의 발전으로 적은 비용으로 몰입감 높은 스토리 플랫폼을 구현할 수 있기 때문에 앞으로는 양상이 달라질 것이다.

극장에서 영화를 보기 전에 가상세계에서 배경 이야기를 경험하고 영화를 본 후에는 가상현실에 들어와 열린 결말 중 하나를 선택해 스토리를 이어갈 수 있고, 중간에 스토리와 광고가 연계된 콘텐츠를 자연스럽게 이어서 볼 수 있을 것이다. 아주 다양한 스토리라인이 만들어질 수 있고 참가자가 자신의 스토리를 중간에 끼워 넣거나 그날 청중의 선택에 따라 달라지는 스토리리빙이 본격적으로 확산되는 데 기폭제 역할을 하게 될 것이다.

04
엔터테인먼트와 스포츠의 미래

PwC의 글로벌 엔터테인먼트&미디어 부문 수장인 데보라 보선Deborah Bothun은 "미디어와 엔터테인먼트의 차이를 만드는 다음 시대는 실시간으로 몰입감 넘치는 경험을 공유하고 싶어 하는 고객들에 의해서 결정될 것이다"라고 주장하면서 "지금의 고객들은 온·오프라인의 경계를 넘어 더 가까워지고 싶어 하고 더 많이 참여하면서 그들이 좋아하는 스토리에 연결되는 것을 원하고 있다"[8]고 마켓 리서치 보고서에서 밝힌 바 있다.

앞서 언급한 미디어의 미래에서와 크게 다르지 않게 고객들이 원하는 가치들이 실현되는 사용자 경험을 제공할 수 있느냐 없느냐가 엔터테인먼트 분야에서도 매우 중요한 조건으로 부상했다. 엔터테인먼트 산업의 경쟁 구도가 산업 내부를 넘어 외부로 확장되면서 타 산업의 누구라도 경쟁자가 될 수 있는 환경이 만들어졌고, 이는 기존 전통 엔터테인먼트 플레이어들이 제공하지 못하는 몰입감 넘치는 참여형 콘텐츠나 포맷, 플랫폼에 대한 강력한 전략과 대응 없이는 살아남을 수 없는 상황으로 변화되고 있다. 이것은 스포츠 산업도 유사한데 기술의 발전이 가능하게 만드는 새로운 고객가치를 얼마나 빠르게 잘 실현되게 만드냐가 중요하다.

가상현실과 증강현실 기술은 특히 지금 고객이 원하는 니즈를 만족시켜줄 수 있으며 새로운 사용자 경험을 만들 수 있는 핵심 기술이라 트렌드와 미래에 더 주목할 필요가 있다.

이머시브Immersive 스토리텔링과 참여형 포맷

곽경택 감독과 구범석 기술감독이 함께 만든 영화 〈기억을 만나다〉는 VR 포맷으로 만들어진 38분 분량의 로맨스 영화다. 4DX 영화관에서 상영할 수 있게 진동과 촉감 등이 일부 구현되어 있어 온몸으로 관람하는 영화라 볼 수 있다. 일반 영화 대비 3~4배 긴 후반 작업 시간이 걸릴 정도로 가상현실 작업이 쉽지 않았음을 알 수 있는데, 해외에는 선댄스영화제나 칸영화제, The Boulder 국제 영화제BIFF 등 영화제에 VR 분야가 생기고 있어 대세 트렌드임은 분명하다.

가상현실 영화의 가장 큰 장점은 실제와 같은 몰입감이며 현장 가운데 들어가 있는 듯한 현장감, 내가 쳐다보는 대로 변하는 앵글이 주는 사실감들이다. 기존 영화의 문법으로 담기 어려운 디테일과 다양성을 감안해 제작되어야 하며, 관객이 주인공을 쳐다보지 않을 수도 있고 한쪽 평면에 모든 메시지와 스토리를 담는 것과는 확연히 다르게 360도 전체를 담아야 하는 어려움이 있다.

그럼에도 보는 순간부터 몰입해 어떤 콘텐츠보다 깊이 체화되고 직접 경험하는 듯한 느낌을 주는 장점이 있어 여러 기술적 제약이 개선되면서 급성장하고 있다.

〈허수아비 VRC〉는 실시간 소셜 VR 공연이다.[9] 비대면 소셜 공연 분야로 선댄스영화제 뉴프런티어 부문에 초청되기도 했다. 허수아비와 힐러 역할의 배우 2명과 전 세계에서 VR 헤드셋을 착용하고 VRChat으로 접속한 관객 2명이 가상스테이지에 모여 실시간으로 공연은 시작된다. 에메랄드 동산에서 함께 상호작용을 하며 엔딩을 만드는 플롯으로 진행되는데, 참가한 관객들에 따라 상호작용의 호흡이나 밀도가 달라 배우들은 매번 새로운 공연을 하는 느낌을 받을 수 있고 관객들은 실시간으로 반응하는 공연 전체의 콘텍스트가 특별하고 매력적인 체험이 될 수 있다.

〈허수아비 VRC〉는 가상현실을 이용한 소규모의 공연을 통해 사람들의 연결과 교류가 주는 의미를 전달해낸 멋진 시도였다. 덕분에 작품을 만든 한국예술종합학교 아트앤테크놀로지랩은 SXSW에도 초대를 받았고 영국 레인댄스영화제에서는 수상까지 하며 호평을 받았다.

이렇게 몰입감을 통해 콘텐츠에 깊숙이 참여하게 만드는 콘텐츠가 부상하고 있다. 상호작용할 수 있는 장치들도 중간중간에 배치할 수 있어 넷플릭스의 인터랙티브 영화 〈블랙 미러: 밴더스내치〉 같은 콘텐츠가 평면 화면을 뚫고 나와 공간에 구현될 수도 있다. 일반적으로 3D 어드벤처 게임에 주로 적용되던 콘셉트와 방식이 콘텐츠에 적용되었다고 보면 쉽게 이해되는데 이전의 3D 입체 영화와 비교하면 한쪽 면에 디스플레이되는 입체 영상을 보고 있느냐, 360도로 디스플레이되는 공간 중심에 내가 있느냐의 결정적인 차이가 있다. 기존 3D 영화는 입체감 있게 내 눈앞으로 창이 날아오고 유령이 다가오는 평면 입체 영상이라서 현재 180VR 비디오 포맷에 가깝다고 볼 수 있다.

이렇게 VR로 제작되는 영화·드라마·오락 프로그램들이 점차 늘어나게 될 텐데 기존 공중파나 OTT 사업자들의 플랫폼에서는 재생되지 않으므로 초기에는 주로 영화나 유튜브 콘텐츠 위주로 증가하게 될 것이고 그사이 전용 플랫폼 사업자나 오큘러스 퀘스트 스토어, HTC 바이브 스토어에 전용 앱을 출시하는 스타트업이 다수 나타날 것이다. 가상현실 콘텐츠는 개인별로 VR 헤드셋을 착용하고 즐기는 포맷에 특화되어 있어 거실의 TV 같은 공동 시청 행태가 아닌 개인화된 공간과 시간에 소비되는 분야에 적합하다. 따라서 콘텐츠 제작은 물론 시청·배포의 모든 과정이 기존 방식과 다를 수 있는데 몰입과 참여가 부각되는 특별한 콘텐츠 시장의 성장을 크게 견인할 것으로 예상된다.

특히 K-POP의 열기와 함께 뮤직비디오나 무대 위 공연 영상 등이 VR로 많이 제작되고 있는데, 팬들은 아티스트들과 근접해 함께 있다는 느낌을 받을 수 있고 현장감 넘치는 공연을 시청할 수 있어 엔터테인먼트 분야에서 가장 잠재성이 큰 응용 분야 중 하나라고 볼 수 있다. 여기에 공간 음향이 적용되면 관객이 서 있는 위치와 방향에 따라 음장 효과가 적용된 실감 나는 음악을 들을 수 있다.

버추얼 스테이지와 슈퍼스케일 공연의 르네상스

코로나 팬데믹으로 공연업계의 침체가 계속되고 있다. 디지털 기술을 활용해 새로운 활로를 모색하는 아티스트들과 기업들의 노력이 이어지고 있고 기대 이상의 성과를 거두고도 있다.

2020년 4월, 레이디 가가Lady GaGa가 주도하고 글로벌 시티즌이 주최한 〈One World: Together At Home〉은 무려 8시간 동안 온라인을 통해 실시간으로 공연을 중계하고 1억 2,700만 달러의 모금 수익을 올렸으며 2,000만 명이 넘는 관객이 전 세계에서 온라인으로 참여했다. BTS가 온라인으로 개최한 〈방방콘〉에도 75만 명이 넘는 팬이 참여해 성황리에 콘서트를 마쳤다.

유명한 뮤지션들은 온라인으로 공연을 개최하고 있고 팬들의 참가 규모는 오프라인 대비 10배에서 최대 수십 배까지 거대하다. 온라인 디지털 플랫폼이 유명한 셀럽 뮤지션들에게 오히려 오프라인에서 상상할 수 없었던 규모의 슈퍼스케일 무대를 가능하게 해주고 있는 것이다. 〈포트나이트〉에서 열린 콘서트는 역사상 최대 규모였는데 공간의 크기와 상관없이 대규모의 인파를 모을 수 있는 시대가 열린 것이다.

대규모의 가상세계는 물론 가상현실 공간 안에도 새로운 버추얼 스테이지가 만들어지고 있다. 기존 온라인 공연들이 일반적으로 평면 화

면을 통해 전달되다 보니 현장에서 직접 아티스트들과 호흡하고 함께 하는 관객들의 열기와 환호를 느끼는 공연에 비하면 현장감이 부족하고 아쉬움도 많다.

이 부분을 보완하면서 새로운 시도들이 가능해질 수 있는 것이 가상현실 안에 구현된 3D 버추얼 스테이지다. VR 헤드셋을 착용하고 접속해서 몸으로 느끼는 공연 관람이 가능한데 VRChat같이 풀바디 트래킹Full Body Tracking이 가능한 경우 온몸으로 춤을 추며 공연을 즐길 수 있다. 장 미셸 자르JEAN-MICHEL JARRE는 가상현실 내에서 이렇게 버추얼 스테이지를 열고 공연하고 있다.

마이크로소프트가 이그나잇 2021에서 매쉬를 발표하는 마지막 부분에서 〈태양의 서커스〉 창립자였던 기 랄리베르헤가 스테이지에 올라와 알렉스 키프만을 포탈로 데리고 간다. 순간 이동으로 하나이월드Hanai World로 들어가는데 그곳

에 혼합현실로 구현된 거대한 버추얼 스테이지를 만들어놓고 다 함께 공연을 즐기는 모습을 보여준다. 버추얼 스테이지의 미래를 보여주는 장면이었다.

매쉬 위에서 동작하게 될 하나이월드에는 어떤 디바이스를 이용하든 접속해 실감 나는 공연을 즐기고, 함께하고 있는 사람들과 교류하고, 대화를 나누고, 애프터파티를 열 수 있다. 지금처럼 버추얼 스테이지에서 공연만 하고 끝나는 것이 아닌 뮤지션과 관객이 환호하며 교류하고, 관객과 관객이 만나고 어울리고, 다양한 경험과 공연을 함께하는 오프라인에 가까운, 하지만 더 큰 상상이 가능한 버추얼 스테이지의 르네상스가 우리에게 다가오고 있다.

팬덤 유니버스로서의 메타버스

리얼월드에서는 수많은 아이돌과 아티스트가 탄생하고 있다. 각자의 세계관이 있고 그 세계관을 추종하는 팬 커뮤니티와 상호작용하며 온·오프라인에 그들만의 팬덤Fandom이 만들어진다. 팬들을 둘러싼 디지털과 인터넷 환경이 발전하면서 자연스럽게 그 세계관은 가상세계로 스며들고 있고 팬덤은 온·오프라인을 가리지 않고 확장되고 있다. SM엔터테인먼트의 '리슨Lysn'이나 NC소프트의 '유니버스Universe' 같은 팬덤 커뮤니티가 앱 서비스로 런칭되었고 하이브는 전 세계 230여 개국의 1,300만 명이 멤버로 있는 '위버스Weverse'를 V LIVE와 통합해 더 큰 플랫폼으로 만들고 있다.

메타버스에서 탄생한 아이돌도 있다. 2018년 한국에서 월드 챔피언십을 개최했을 때 라이엇게임즈는 이를 기념하기 위해 인기 있는 게임 〈LoL〉 안에 가상 캐릭터들로 구성된 4인조 걸그룹 'K/DA'를 데뷔시켰다. 당시 AR을 이용해 현장 공연에서 발표했던 데뷔곡 〈POP/STARS〉는 한때 아이튠스 케이팝 차트 1위를 달성하기도 했고 2020년 말까지 유튜브 조회 수는 4,700만 뷰가 넘었다. 별도로 공개한 공식 뮤직비디오는 4억 뷰를 넘을 정도로 대단한 인기를 구가했다.

'K/DA'의 리드보컬이자 리더인 아리, 리드보컬 이블린, 래퍼 아칼리와 댄서 카이사로 구성되어 있다. 이후 인디 싱어송라이터 세라핀이 조인하면서 5인조가 되었고, 마치 현실세계의 아이돌처럼 팬들과 소통하며 활동하고 있다.

현실세계와 메타버스를 연계한 세계관을 가지고 태어난 아이돌 에스파aespa는 2020년 11월 〈Black Mamba〉라는 곡으로 데뷔했다. 몇 달 만에 1억 4,000만 뷰의 조회 수를 기록할 만큼 인기가 많다. 에스파는 태생부터 다국적 걸그룹인데 리더인자 메인댄서 카리나는 한국, 리드보컬 닝닝은 중국, 리드댄서인 윈터는 한국, 래퍼 지젤은 일본 출신이다.

SM엔터테인먼트가 그들의 컬처유니버스SMCU를 런칭하기 위해 기획한 그룹인데 이 4명의 멤버는 각자 자신의 분신 아바타가 광야라는 곳에 살고 있다.

이름도 각자의 이름 앞에 '아이ae'를 붙여 부르며 싱크SYNK라는 방식으로 서로 커뮤니케이션을 하는데, 나비스NAVIS라는 인공지능 친구가 이들을 서로 연결해주고 리콜REKALL을 통해 현실세계로 넘어올 수 있어 함께 만나거나 공연할 수 있다는 설정이다. 다소 억지스러운 면이 없지 않지만, 현실세계와 메타버스를 연결하는 세계관과 동기화된 실제 활동을 만들어냈다는 것은 꽤 신선한 시도이며 이후 확장될 세계관에 의미 있는 시작점이 될 수 있을 것이다.

이렇게 가상세계와 현실세계는 엔터테인먼트 분야에서는 경계 없는 영역이 되었고 이에 맞춰 세계관도 메타버스로 확장되어가고 있다. Z세대나 이후 알파 세대까지 모바일과 메타버스에 친숙한 그들에게는 더할 나위 없이 잘 어울리는 변화가 가속화되고 있고, 그사이 어디라도 공연이 개최될 수 있고 팬 사인회나 라이브 이벤트가 열릴 수 있게 된 것이다.

라이브 VR 스트리밍의 부상

코로나19 이후 확실히 니즈가 증가한 분야는 라이브 스트리밍이다. 현장에 갈 수 없고 모일 수 없으나 실시간으로 경험해야 하는 것이 택할 수 있는 옵션이 라이브 중계다. 컨퍼런스·방송·스포츠 등 다양한 영역에 걸쳐 라이브 중계를 하고 있는데 동영상을 통해 일방적으로 송출하는 형식이라 현장감과 몰입감이 떨어지는 한계가 존재한다. 이를 극복하고 더 나은 관객 경험을 만들기 위해 VR을 이용한 라이브 스트리밍이 다양하게 시도되고 있다.

멜로디VRMelodyVR 가상현실 라이브콘서트 플랫폼은 주로 음악 공연과 이벤트를 VR 라이브로 송출했는데 코로나19가 있기 전부터 영국의 와이어리스Wireless 페스티벌을 비롯해 여러 이벤트를 가상현실로 중계해오고 있었다. 가상현실이 코로나19 같은 특별한 상황 탓이 아닌 아티스트들과 팬들이 더 깊이 있게 연결되고 상호작용할 수 있는 방법이라고 믿기 때문이라고 멜로디VR의 앤소니 매쳇Anthony Matchett은 이야기했다.

애플이 인수한 넥스트VR도 음악 라이브 공연과 스포츠 라이브 중계를 코로나19가 유행하기 한 해 전부터 본격적으로 했으니 사회적으로나 기술적으로 임계점에 다다르고 있었던 시기임은 분명하다.

라이브 VR 스포츠 중계도 많은 경기에 시도되었는데 BBC, Fox 스포츠 등 메이저 방송국들과 PGA, NBA, NCAA 등이 협력했다. NCAA March Madness Live VR에서 남자 배구 경기를 스트리밍하면서 VR 티켓을 별도로 판매했고, VR 스타트업 라이브라이크LiveLike와 파트너십을 맺은 Fox스포츠는 VR 라이브를 시청할 수 있는 플랫폼을 열고 중계하기도 했다.

아직까지 라이브 VR에는 여러 제약과 한계가 있다. 송출 시 360도 고해상도 영상을 촬영할 수 있는 특수 카메라와 현장에서는 고속 통신 네트워크가 필요하고, 몰입감 있는 영상을 위한 촬영 기술도 요구된다. 물론 청중은 각자 VR 헤드셋을 구비하고 있어야 한다. 다행히 오큘러스 퀘스트2의 보급이 확산되면서 VR 라이브 스트리밍이 앞으로 더 크게 성장할 가능성이 열렸다. 코로나19로 비대면이 요구되는 환경에서도 현장감 있는 실시간 이벤트를 위해 도움되지만, 가상현실이라는 기술 자체가 주는 특별한 기능들이 라이브 VR을 대중화시키는 데 큰 역할을 하게 될 것이다.

가상현실은 사용자가 자신의 앵글을 자유롭게 이동시킬 수 있으므로 다양한 위치에서의 특별한 앵글을 구매할 수도 있다. 야구 경기라면 실제 스타디움의 VIP 좌석이나 치어리더 앞자리 또는 선수들의 덕아웃 자리 가운데나 포수 뒤 심판석 등을 선택할 수도 있다. 실시간으로 치어리더를 가장 가깝게 보면서 함께 응원한다거나 선수들의 시선에서 경기를 관람할 수 있다면 매력적일 수밖에 없다. 오프라인에서는 제한된 좌석일 수 있지만, 온라인상에서는 무한대로 판매할 수 있는 장점이 있다. 배구·축구·농구 등 각각이 줄 수 있는 특별한 앵글을 라이브로 체험해볼 수 있으며 실시간으로 선수·관중 모두와 호흡을 함께할 수 있는 현장감을 전 세계로 공유할 수 있게 되는 것이다.

출처: vrscout.com[2]

증강 라이브 중계가 만드는 새로운 사용자 경험

증강현실은 가상화된 정보를 어떤 화면에도 상호작용하게 오버레이로 만들 수 있다. 방 안에 나만의 경기장을 가져올 수 있고 테이블 위에 나만의 콘서트장을 올려놓을 수 있다. 증강현실을 통해 미래의 경기장, 미래의 콘서트장, 미래의 공연장을 내 손끝으로도 가져올 수 있다. 기존의 스크린을 통해 중계되는 화면에 오버레이를 올리는 것이 가장 쉽게 접할 수 있는 형태다. TV 중계 화면이나 스마트폰 위에 증강된 영상을 보여주는 것인데 단순히 영상을 보여주는 것보다 훨씬 더 인터랙티브하게 경기나 공연을 관람할 수 있다.

증강 중계는 오래전부터 미국 스포츠 중계에 적용하고 있어 풋볼 경기에서 팀별 공격 패턴이나 주행 경로, 공격 루트별 확률 등을 화면에 함께 표시해 중계해왔고 축구나 야구에도 다양하게 활용하고 있었

다. 이외에 경기장 내의 화장실이나 출구 정보 표시는 물론 정해진 좌석을 찾거나 가상 전광판을 통해 경기 통계를 보여주는 등 고객이 필요로 하는 다양한 정보를 제공하고 있다. 기술이 발전하면서 라이브방송에 좀 더 다이내믹한 콘텐츠와 인공지능으로 분석된 정보를 덧붙여 증강된 라이브 중계Interactive Augmented Live Streaming를 시청할 수 있게 되었고 모바일 디바이스를 활용해 버추얼 2-스크린을 만들 수도 있게 되었다.

NBA 농구의 경우 마이크로소프트의 스티브 발머Steve Ballmer 전 CEO가 회장으로 있는 LA클리퍼스는 스타트업 코트비전Court Vision의 기술을 적용해 팬들을 즐겁게 하고 있다.

중계 화면 위에 뛰고 있는 선수들이 누구인지 필요할 때마다 캡션 오버레이를 넣어 팬들이 쉽게 확인할 수 있고, 애니메이션처럼 중간에 적절한 말풍선을 넣어서 마치 선수들이 말하는 것처럼 보여줄 수도 있다. 축적되어 있는 경기 기록들을 활용해 슛을 던질 때 성공 확률이나 통계적으로 어느 루트로 슛이 많았는지 등 데이터와 확률을 실시간으로 표시해 팬들의 즉각적인 이해를 돕는 것도 가능하다.

ESPN은 NBA 공식 파트너인 세컨드스펙트럼Second Spectrum의 기술을 적용해 방송하는데 선수들의 달리는 속도나 궤적, 패스 경로 등을 화면에 표시해 다이내믹하고 눈에 잘 들어오는 경기를 시청할 수 있다. 슬로비디오나 다시보기는 시청자들이 경기를 보다 쉽게 이해하며 재미있게 시청할 수 있도록 인공지능으로 화면을 다시 구성해 보여주고 있다.

현장에서 실제 경기를 관람하면서 스마트폰으로 경기장을 비추면 화면 위로 현재 경기의 통계와 여러 가지 유용한 정보를 확인할 수 있음은 물론 방송에서 보던 동적인 애니메이션 오버레이를 보면서 경기 관람을 보조해줄 수 있다. 프리미어 축구, 메이저리그 야구에도 적용되고 있고 향후 올림픽 경기를 비롯해 시청할 수 있는 모든 경기가 증강되어 우리 눈앞으로 스트리밍될 것이다.

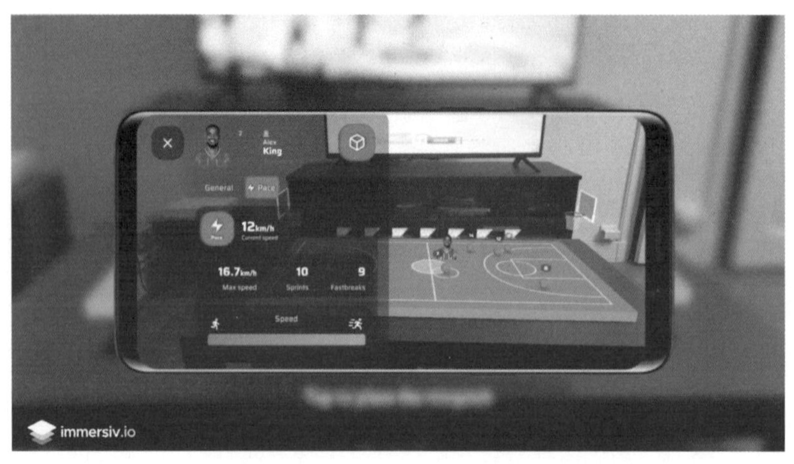

경기장에 가지 않더라도 TV 시청을 하며 스마트폰으로 경기장을 거실 테이블 위로 가져올 수 있다. 이머시브Immersiv.io는 증강현실을 적용해 실시간 스포츠 중계를 집에서 시청하면서 스마트폰으로 화면을 비추면 가상 경기장과 정보대시보드 오버레이를 불러와 이것을 원하는 곳에다 배치할 수 있다. 현재 경기 내용이 그대로 AR 가상 경기장 위로도 스트리밍되는데 선수의 스피드, 현재 위치, 득점·통계 정보는 물론 선수들이 뛰어다니는 정보들이 다양하게 표시된다.

증강 중계는 광고 시장에도 큰 영향을 미칠 수 있다. 중계되는 화면의 광고를 AR 오버레이를 이용해 경기장의 광고와 다른 것으로 대체할 수 있고, 특정 지역이나 개인별로 특화된 맞춤 광고를 특정 디바이스에만 대체해 스트리밍할 수 있기 때문이다.

미국에서 중계되는 축구 경기에 국내에서 사업을 하지 않는 브랜드의 광고 대신 국내 광고를 스마트폰 스크린으로 불러온 가상 경기장은 개인별로 타깃팅된 광고로만 채울 수 있고, 구매 효과가 높은 상품을 경기의 흐름에 맞춰 보여줄 수도 있다. 버추얼 하이브리드 디지보드Virtual Hybrid Digiboard 시스템으로 이전부터 활용되어왔는데, 이제는 이 기술이 각 개인의 스마트폰으로, OTT 사업자의 서비스로 최적화될 수 있게 된 것이다.

05
교육의 미래

코로나 팬데믹으로 가장 큰 영향을 입은 분야 중 하나가 교육이다. 바이러스의 확산으로 학교에 갈 수 없는 학생들이 비대면으로 온라인 수업을 듣고 과제를 하면서 가장 긴 시간을 보냈기 때문이다. 처음 시작할 때만 해도 웹캠 문제, 컴퓨터 문제, 익숙지 않은 줌이나 수업 환경 문제, 네트워크 문제 등 산재한 문제들 속에서 거의 모든 학교 모든 교사가 혼란에 빠졌었고 학생들과 학부모도 적응하기 어려웠던 비대면 수업이 이제는 습관이 되었고 익숙하게 정착되고 있다. 10년 이상 걸려 점진적으로 일어날 것으로 예상했던 교육의 온라인화가 1년 만에 반강제적으로 진행되었고 사회에 수용된 것이다.

기본적으로 교육은 대면으로 해야 하며 학교라는 공간이 주는 사회성과 경험을 어떤 것으로도 대체할 수 없는 가치라 여겼던 우리의 교육 현장이 한 번에 리셋되고 디지털과 온라인으로 모든 것을 만드는 사회적 미션을 시행착오를 겪어가며 이뤄가고 있다.

1년 중 학교에 간 날이 3분의 1도 안 되는 학생들이 대부분이고 친구들은 줌으로 만나고 집이 절반의 학교가 되었다. 해를 넘어서도 코로나 팬데믹의 효과는 계속되고 있어 많은 학교가 여전히 온라인으로 수업을 병행하고 있다. 이렇게 장기화되는 동안 온라인 화상회의 툴과 학습 도구들은 급격하게 발전하고 있고 유튜브나 무크 같은 온라인을 기반으로 하는 콘텐츠 플랫폼도 크게 성장하며 콘텐츠의 양이 팽창하고 있다. 더불어 메타버스 생태계도 함께 발전하고 있다.

비대면 수업이 집중력을 오래 유지하기 힘들고 학습 효과 확인도 어려운 탓에 다양한 학습 보조 도구와 소프트웨어를 사용해 부족한 부분을 보완해왔는데 그중 메타버스를 교육 현장에 활용하는 데서 가장 큰 효과를 확인했다.

오래전부터 구글은 Google for Education이라는 프로그램을 통해서 디지털 리터러시와 학습 도구들의 활용을 지원하고 육성하기 위해 많은 활동을 해왔는데 팬데믹 상황은 어느 때보다 그 역할이 큰 힘이 되고 있다. 온라인 학습 도구들과 구글의 카드보드 VR, Google Expedition의 Tour Creator 같은 프로그램이 비대면으로 멈춰진 교육 현장에서 다양하게 활용되고 있다.

비대면은 졸업식과 입학식 같은 중요한 연례행사마저 온라인으로 치러야 하는 상황을 만들었다. 대부분 학교에서 줌이나 유튜브를 활용

해 진행되었는데 제대로 모여 색다르게 행사를 치르고 싶었던 일부 학교들은 그것을 메타버스로 옮겨 만들기도 했다. 버클리대학 학생들이 〈마인크래프트〉 안에 만들어 놓은 버클리캠퍼스 'Blockeley University'에서 2020년 가상졸업식과 2일간 이어지는 뮤직페스티벌이 열렸다. 학생들과 교수들이 〈마인크래프트〉의 아바타가 되어 참석하고 그 안에서 서로 교류하며 실제 행사를 진행했고, 라이브스트리밍 스튜디오가 붙어서 매일 5시간 동안 행사를 트위치Twitch를 통해 실시간으로 방송하기도 했다.

졸업식 연설은 〈마인크래프트〉를 만든 모장의 리디아 윈터스Lydia Winters와 트위치의 저스틴 칸Justin Kan, 게임회사 레이저Razer의 CEO 탄 밍 리안Min-Liang Tan이 맡았다. 마지막에 〈마인크래프트〉 아바타들이 함께 학사모를 하늘에 던지는 장면은 잊을 수 없을 만큼 멋졌다.

팬데믹이 이어지면서 현장에서 직접 모여 행사를 진행할 수 없게 된

출처: blackmagicdesign.com[3]

출처: hankyung.com[4]

순천향대학은 2021년 입학식을 SKT가 만든 점프VR에서 열었다. 입학생 모두가 Z세대이니 이들이 익숙한 방법으로 만들자는 동기로 메타버스 안에서 열기로 했고 학교 운동장과 캠퍼스 일부를 구현했다. 학교점퍼를 아바타 의상으로 선물했고, 행사 당일 실제로 모바일VR을 이용해 2,527명의 입학생(실제로는 2,300여 명 참석)이 참석해 가상공간에서 셀카도 찍고 친구들을 만났다.

유튜브로 열렸다면 수동적으로 보고 끝났을 입학식이 기억에 남는 행사가 되었을 것이다. 물론 첫 시도이다 보니 부족한 부분이 많았지만, 물리적 공간의 이벤트를 가상세계에서 열었다는 시도만으로도 입학생들은 앞으로 살아갈 시대에 맞이하게 될 디지털 전환을 몸소 경험하게 된 의미 있는 이벤트가 되었다.

마켓리서치퓨처Market Research Future에 의하면 세계 가상교실 시장Global Virtual Classroom Market이 2017년부터 10%씩 성장해 2023년이면

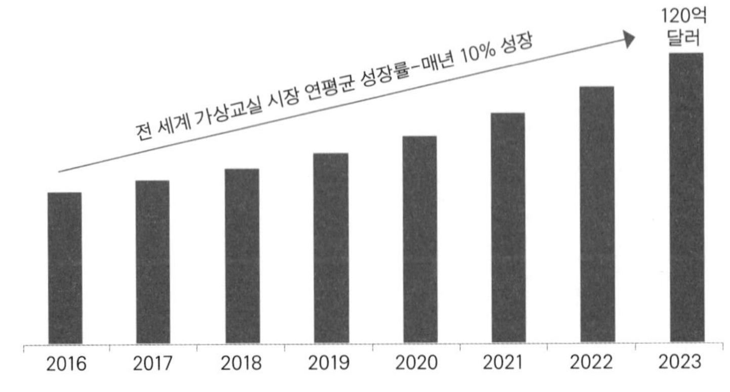

출처: marketresearchfuture.com[5]

120억 달러 규모로 커질 것이라고 예측했는데, 코로나19가 터지고 나서 발표된 MDFMarket Data Forecast 보고서에는 매년 16.24%씩 성장해서 2024년에 196억 달러 규모가 될 것이라고 예상하고 있다. 이 두 보고서의 내용을 보면, 코로나19 이전부터 온라인을 기반으로 하는 가상교실에 대한 변화가 진행되어오고 있었다는 것과, 코로나19 이후에는 더 가속화되었다는 것을 알 수 있다. 즉 지금 우리가 겪고 있는 변화는 원래 진행형이었다는 것이며 앞으로 가야 할 방향이었다는 사실이다. 그런 이유로 코로나 팬데믹을 위기로 보기보다는 교육의 패러다임을 바꿀 새로운 기회이자 전환점으로 삼아야 하며, 이것을 겪은 세대는 디지털 교육 혁신을 주도할 수 있는 리더들이 될 수 있는 경험을 계속 시도하고 축적해야 할 것이다. 이들이 살아갈 교육의 미래는 다행히 지금보다 나아질 것이며 더 밝을 것이기 때문이다.

상호작용과 참여감이 극대화된다

오프라인 교실의 최대 장점이 학생들 간의 상호작용과 참여감이었다. 그러나 입시 위주의 교육으로 바뀌고 경쟁 기반의 과정이 운영되면서 어느덧 교실에서 그 장점은 사라지고 있었다. 코로나 팬데믹으로 다시 그 본질에 대한 인식이 돌아오고 비대면으로 진행했던 경험들이 녹아들면서 앞으로 교실은 더욱더 상호작용과 참여감이 극대화되는 공간이 된다.

비대면 화상 수업을 통해 효율적이고 집중적인 수업을 이어가면서 교실에서는 증강현실 콘텐츠를 활용해 즉각적으로 학생들이 참여하거나 상호작용할 수 있다. 집에서 가상현실을 통해 접속하는 경우 떨어져 있다 해도 밀도 있는 상호작용이 가능해진다. 교육용으로 만든 〈마인크래프트〉는 학생들이 함께 접속해 상호작용하면서 다양한 실습과 체험을 진행할 수 있는데 활용 자원이나 모드가 늘어나 학생들의 학습에 활용될 수 있다. 〈로블록스〉를 활용해 학생들끼리 주어진 미션에 맞는 게임이나 학습용 프로그램을 만들면서 배우고 친구들과 함께 참여하면서 즐겁게 피드백을 주고받을 수 있다.

디지털 교육에 증강현실과 가상현실 기기, 메타버스 소프트웨어를 활용하면서 그 문화를 어릴 때부터 익숙하게 받아들인 세대에게는 기존 교육 방식보다도 더 빠르게 상호작용을 만들면서 수업에 참여하는 효과를 극대화할 수 있게 된 것이다. 이것은 비단 초중등 교육에만 국한되지는 않는다. 대학이나 성인의 학습 과정에서도 VR 기기를 활용해 참여감을 높일 수 있고 스마트 기기를 활용한 증강현실 소프트웨어는 콘텐츠와의 상호작용도 매우 높으며 다른 학습자들과 같은 물리적 공간에서 대면적 상호작용을 자극하는 요소가 되기도 한다. 원격지에 각자 따로 떨어져 교실에 입장했지만, 가상세계 버추얼 교실에서는 함께 있는 듯한 느낌을 받을 수 있고 토론하거나 팀 과제를 할 때도 참여감이 더 커질 수 있다.

개인화된 학습 경험이 가능해진다

각자가 원하고 선호하는 학습 환경은 사람마다 다르다. 하지만 물리적 공간에 만들어진 교실은 모두를 위해 표준화되고 일반화되어야 하다 보니 특별히 누군가에게 최적화되기 어렵다. 집에 있는 개인들의 공부방은 개인화의 여력이 더 크지만, 물리적인 공간이다 보니 한번 설정해놓으면 변경이 어렵고 상상하는 모든 것을 다 반영할 수도 없다. 하지만 가상공간 안의 환경은 소프트웨어가 구현해놓은 한계 안에서는 마음껏 튜닝하고 최적화할 수 있다. 게다가 학습하고자 하는 콘텐츠에 맞는 환경을 만들 수 있어 개인화된 학습 공간을 만드는 데 최적이다. 온라인을 기반으로 한 학습 과정은 개인들의 학습 역량이나 진도, 관심도에 따라 개인화가 가능해졌지만, 학습 경험은 아직 그렇지 못했다.

가상현실이나 가상세계 내의 개인화된 학습 경험은 물리적 공간에까지 영향을 미칠 수 있는데 증강현실 소프트웨어를 이용해 필요한 교재나 학습 자료를 방 안 곳곳에 배치해놓고 자세하게 들여다보면서 공부하는 것이 가능하다. 가상현실에서는 내 공부방을 깊은 산속의 외딴 오두막 안에 만들 수도 있고, 파리의 에펠탑이 보이는 전망 좋은 3층 방이 될 수도 있다. 친구를 초대해 옆에서 같이 공부하며 토론할 수도 있고, 바다가 보이는 인도네시아 발리섬의 카페에 앉아 책을 읽을 수도 있다.

학습이 물리적으로 책을 펼쳐놓고 밑줄을 그어가면서 노트에 정리하는 것만이 아닌 배우고 싶은 곳을 찾아가고 만나고 싶은 사람을 만나고 보고 싶은 것을 찾아보는 것이 더 중요한 학습의 패러다임이며, 원하는 학습 내용을 가장 최적의 방법과 도구를 활용해 학습할 수 있게 되면서 개인화란 의미가 더는 진도와 과목의 차이만 한정하지 않는 학습하는 환경의 개인화까지 확대될 것이다. 공부방이 크지 않아도 커다란 세계를 공부할 수 있고 나만이 집중할 수 있고 상황에 따라 기분에 따라 달라질 수 있는 공간으로 진화하고 있는 것이다.

실감 학습과 학습 효과의 극대화가 실현된다

가상현실을 활용해 몰입감 있는 학습이 가능하다. 공부에 관심 없어 하던 아이들까지 가상현실 안으로 들어가서 탐험하고 무언가 미션을 해결하고 돌아오는 일은 좋아라 하며 즐긴다. 학습이 아닌 게임의 영역이라 느끼므로 내적 동기와 학습 목표가 강해진다. 스스로 재미있어서 하는 데다 실패하거나 잘못되어도 괜찮다. 새로 시작하면 되고 처음 하는 거라도 배우면 되니까 적극적이 된다.

이런 조건이 사람들을 몰입하게 하고 푹 빠져 학습할 수 있는 환경이 된다. 실감 나는 현장과 콘텐츠에 몰입하는 동안 책이나 글로 습득한 지식보다 학습 효과는 몇 배가 크다. 몸으로 눈으로 귀로 익힌 지식과 경험이라 이해가 빠르고 잘 잊히지 않는다. 지루하거나 재미없지도 않다. 게임처럼 퀘스트도 주어지는데 마치 현장에서 수행하는 현장학습 같아 코로나19로 아무 데도 가지 못했던 답답함이 풀린다.

가상현실과 증강현실이 주는 가장 강력한 효과는 현장에서 직접 배우고 겪는 것 같은 느낌을 준다는 것이다. 게다가 그 현장은 어디든 될 수 있고 인간이 갈 수 있는 곳이 아니라도 좋으며 시간과 공간, 스케일과 속도의 제약 자체가 존재하지 않는다.

증강현실을 이용해 태양계나 우주 성운, 목성의 위성계와 보이저호의 탐사 경로, 화성의 표면이나 달의 뒷면을 내 책상 위에 올려놓을 수 있다. 전지적인 신의 시점에서 우주를 조망하고 전체적인 원리를 이해할 수 있고 달의 분화구를 깊이 자세하게 확대해서 들어갈 수도 있다. 원자나 소립자를 확대해서 쿼크와 랩톤을 찾아보고, DNA 나선 구조를 분해해서 구조를 학습한다.

가상현실은 화성 위에, 달 위에 서 있거나 뜨거운 태양의 흑점 안 가까이 들어가는 것도 가능하게 해준다. 동물을 해부할 때 더는 생명을 빼앗지 않아도 되며 특별한 도구 없이 아주 자세히 살펴보고 해부를 통해 배우고 싶은 것들을 충분히 몇 번이고 반복해서 학습할 수 있다. 태평양 가장 깊은 해구 아래나 남극의 빙하로 내 의자에 앉은 채 순간 이동으로 학습한다.

건축·역사·의학·물리·화학·생물·지구과학 등 어떤 분야 어떤 과목도 이제는 실감 나게 학습Immersive Learning할 수 있는 가능성이 열렸다. 수많은 콘텐츠가 3차원 메타버스 안에 다시 자리 잡게 될 것이며 이 분야에 새로운 콘텐츠 기업과 크리에이터들이 대거 탄생하게 될 것이다. 2차원으로 존재하던 인류의 지식과 경험이 3차원으로 또는 시간을 넘나드는 4차원으로 진화하면서 시공간을 여행하는 것이 새로운 학습의 패러다임으로 변화하게 될 것이다.

협력과 공동 학습의 시대로

메타버스에는 혼자만의 세계와 함께하는 세계가 공존한다. 혼자 바다 밑을 탐험하고 미술관에서 고흐의 작품을 볼 수 있지만, 친구들과 함께 블록을 쌓아 건축물을 만들고 주어진 문제를 풀거나 다른 그룹과 대항전을 벌일 수도 있다.

그동안 학습은 개인 중심의 과정들이 많았고 협력하는 과제들도 주로 소규모 모둠이나 그룹 프로젝트 수준이었다면 메타버스에서는 더 대규모의 협력적 학습도 가능하다. 단백질의 폴딩 구조를 함께 학습하고 리서치하거나 증강현실로 역사 유적에 함께 라벨링하면서 공동 프로젝트를 수행할 수 있다. 과학 원리를 〈마인크래프트〉의 블록으로 함께 구현해서 같이 실험하고 바닷속 생물을 함께 채집해서 팀별로 퀘스트 경쟁을 한다거나 역사 현장에 함께 들어가 같이 토론하면서 역사 퀴즈를 풀 수 있다.

인터넷을 통해 교실을 넘어 전 세계 친구들과 경계 없이 만나 함께 배우며 디지털 지구인이 되고 있는 아이들이 메타버스 안에서는 얼마나 더 큰 스케일의 협력과 배움에 참여할 수 있게 될지 기대가 크다.

실무 학습의 미래

VR이나 AR의 기술적 장점은 실감 나는 경험과 제약 없는 상호작용을 만들 수 있다는 것인데 이는 실무 학습Practical Learning이나 전문 교육Professional Education에 매우 유리하다. 다양한 실험 도구나 재료의 특성 등을 실제 도구나 재료 없이도 기술적으로 정확하게 구현된 내용을 실습하고 사용법을 트레이닝할 수 있고 각종 장비나 도구 사용법도 직관적으로 배울 수 있다.

의학 분야는 특히 사람의 신체나 장기가 필요하고 위험한 도구나 수술 장비를 학습해야 하는데 가상현실이나 증강현실로 프로그램을 구현하고 나면 아무런 제약이나 리스크 없이 중요한 절차나 신체 특징 등을 반복해서 자세하게 트레이닝할 수 있다. 생명에 관련된 부분이다 보니 기회를 만드는 것도 제약이 크고 비용이 많이 드는 데 반해 AR/VR 기술을 활용하면 그 모든 문제와 제약이 사라진다.

폭발물 취급이나 위험물 처리도 아주 적합하다. 생명에 위협이 될 수 있고 비용을 적잖이 들여야 하는데 가상현실 내에서 충분히 트레이닝을 거치고 난 후 실전에서 마무리 트레이닝을 진행하면 여러 면에서 유리하다. 이런 이유로 군사적인 목적으로 활용이 활발하다. 무인기 조종이나 비행기 조종, 탱크나 중장비, 미사일 발사기 등을 시뮬레이터로 먼저 트레이닝하고 실전에서 추가 훈련을 진행하는데 시뮬레이터를 개발하는 핵심 기술들이 AR/VR이다.

기업들은 새로운 장비가 도입되거나 소프트웨어가 들어오면 AR/VR 디바이스와 소프트웨어를 활용해 학습하는 것이 일반화될 것이다. 기계나 장비가 복잡해져서 수시로 확인과 재교육이 필요한 부분에서도 매우 유용하게 활용될 것이며 기계 정비나 전기 수리같이 고도의 전문성과 숙련도를 요구하는 분야 또한 증강현실의 가이드 학습을 통해 실무 능력을 강화할 수 있다. 실무에 투입된 후에도 AR 글래스를 활용하면 업무를 수행하면서 지속적으로 학습을 이어갈 수 있고 방대한 데이터들을 활용하거나 중요 포인트를 놓치지 않고 습득하는 것도 훨씬 유리하다.

AR/VR의 도입으로 직업 연수Vocational Training에 큰 변화가 불고 있다. 오큘러스 퀘스트용으로 만들어진 〈Job Simulator〉라는 게임이 있는데 이를 통해 재미 삼아 특정 직업들을 간접 체험해볼 수 있다. 게임이지만 재미있게 퀘스트를 수행하면서 그 직업의 기능·역할·책임에 대해 체험해보고 학습할 수 있는 매우 유용한 방법이기도 하다.

실제로 기업들이 OJTOn-the-Job Training를 위한 다양한 소프트웨어와 콘텐츠를 만들고 있고 이를 신입직원들의 교육에 활용하고 있는데 용도가 직업 체험용으로 확장되면 사전에 희망하는 다양한 직업이나 업무를 경험해보고 본인의 취향이나 업무 역량이 예상한 것과 유사한지 파악하는 것이 가능해진다.

구직자나 특정 직업을 희망하는 학생들이 사전에 충분히 경험해보면서 자신이 원하는 직업을 찾는 데 도움을 줄 수 있고, 전직이나 새로운 업무를 하고 싶어 하는 구직자에게도 크게 유용하다. 초고령화 사회로 접어들면서 새로운 경제 활동을 추구해야 하는 시니어들에게도 도움 되는 분야로 성장할 것이다.

06

디지털 치료와 의료의 미래

디지털 기술이 진단·측정을 보조하는 기능을 넘어서 질병을 치료할 수 있다는 접근이 디지털 치료Digital Therapeutics다. 최근 들어 규제가 완화되고 다양한 센서 기술과 스마트폰 앱들이 발전하면서 약물 중독 치료 앱이 FDA 승인을 받는 등 다양한 디지털 기술을 좀 더 적극적으로 의료 분야에 적용할 수 있게 되었다. 디지털 신약이라는 다소 과장된 표현을 가끔 사용하는 것을 보면 새로운 가능성이 잠재된 분야임은 확실하다.

디지털 치료는 특성상 센서로부터 센싱된 데이터를 기반으로 소프트웨어적인 치료 효과를 만들어야 하다 보니 아직까지 제약이 많고 활용 분야가 한정적이다. 그럼에도 당뇨·불면증·우울증·치매 등 다양한 분야에서 지금도 끊임없이 연구개발이 진행되고 있으니 향후 기대할 만한 성과들이 계속 나오게 될 것이다.

그런 관점에서 이 분야에 다크호스로 떠오른 것이 가상현실과 증강현실이다. 스마트폰 앱이나 컴퓨터 소프트웨어의 여러 제약을 극복할 수 있는 인터페이스의 장점이 있으며, 더 몰입감과 사실감 있는 상호작용을 할 수 있는 이런 기능이 필요한 분야에 큰 도약을 이룰 수 있기 때문이다. 특히 뇌와 관련된 분야는 활용도가 매우 크다.

Virtuleap의 Enhance VR 앱은 브레인 트레이닝을 위한 라이브러리 플랫폼을 개발하고 기억력 향상, 인지 능력 향상, 방향 지각 능력이나 문제 해결 능력 같은 다양한 분야에 활용되고 있다. 유아들의 학습 능력 향상에도 활용할 수 있지만, 특히 초기 치매 증상을 보이는 시니어들의 치료나 치매 진행을 완화하는 효과가 있다고 한다. 치매의 경우, 일생 동안 촬영한 사진이나 동영상을 활용해 단계적·반복적 트레이닝 프로그램을 만들어 손상된 기억을 복구해주거나 낮아진 인지 능력을 향상시켜줄 수 있고, 반응에 따라 적절한 몰입감의 가상현실로 재현하는 것은 효과가 크다고 보고되고 있다.[10]

두려움, 외상후장애PTSD나 공황 증상 등도 가상현실을 이용해 치료하면 매우 효과적이라고 알려져 있다. 실제 국내 병원 중 가상현실치료센터를 운영하는 곳[11]이 있고, 다양한 방법으로 활용하고 있다.

고소공포증이 있는 환자들에게 지속적으로 높은 곳에서의 실감 나는 가상현실 영상을 반복적으로 노출시켰을 때 증상이 완화되는 효과가 있다는 보고가 있으며 실제로 많은 기업과 병원에서 현장에 적용하고 있다.[12]

거기에 더해 스트레스, 대인공포증, 강박장애, 괴롭힘, 왕따, 거식증, 불안, 트라우마 등 심리적인 요인이 있는 증상에 최적화된 가상현실 솔루션들이 개발되어 적은 비용과 높은 효과로 디지털 치료 우수 사례로 자주 인용되고 있다.

일찍이 베트남 파병 군인들의 PTSD를 치료하기 위해 가상현실을 이용한 '버추얼 베트남Virtual Vietnam' 프로그램[13]이 임상을 진행했는데 좋은 효과가 입증되어 그 후로도 파병 장병들을 위한 프로그램으로 더욱더 개선되며 이용되고 있다. '버추얼 아프카니스탄Virtual

Afghanistan', '버추얼 이라크Virtual Iraq' 등 후속 프로그램을 계속 만들고 활용하면서 PTSD가 생긴 지점의 사건이나 경험을 추적하거나 치료를 위해 반복 노출 후 심리 치료 같은 다양한 시도가 진행되었고[14] 지금도 유사한 증상에 적극 활용하고 있다.

30여 년의 연구 경험을 기반으로 본격적으로 VR 치료 솔루션을 개발한 기업 어플라이드VRAppliedVR은 현재까지 240여 개가 넘는 병원과 협업하고 있고, 약 3만 명이 넘는 환자에게 가상현실 디지털 치료를 시행해오고 있다. 만성통증 치료, 급성 수술 후 통증, 불안장애 치료에 효과적인 임상 결과와 효과 검증을 완료했고 FDA에 승인을 받고 일선 병원에 적용되고 있으며 일반 통증이나 불안장애 관리에도 가장 적극적인 치료법으로 활용되고 있다. 가상현실은 이렇게 앞으로도 디지털 치료 분야에서 폭발적으로 사용되고 발전될 것이다.

의료 연구의 새로운 국면이 열린다

가상현실은 디지털 치료 목적 외에 선행 의학 연구에도 큰 역할을 하고 있다. 유전체를 비롯해 빅데이터에 기반한 제약 연구에 적극적으로 활용되고 있는데 작은 유전체의 정보나 다양한 신약 후보 물질을 다양한 각도로 돌려보고 확대해보면서 더 다각적이고 디테일한 연구를 진행할 수 있게 도움을 주고 있다. 연구자들이 현미경으로 함께 보면서 다양한 토론과 실험을 하기에는 제약이 있었는데 손으로 터치할 수 있는 수준의 크기로 확대해서 같이 보며 연구할 수 있어 시각적인

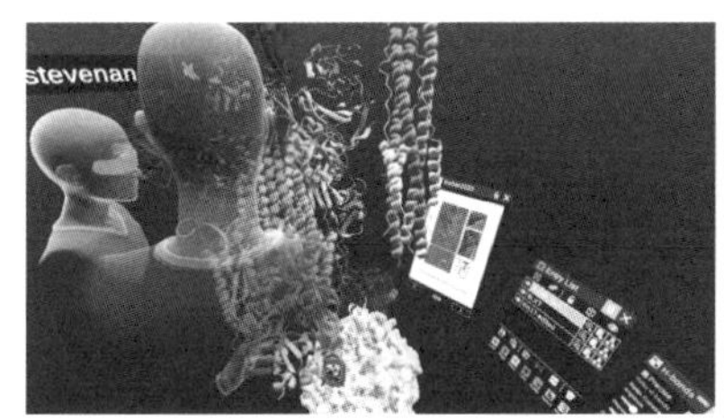

정보가 주는 효과가 매우 크며, 다각화된 관점과 앵글에서 문제를 분석하고 다양한 아이디어가 도출될 수 있다.

대표 사례인 블룸vLUME은 나노세포 초고해상도 현미경 데이터를 기반으로 만들어진 가상현실 소프트웨어 패키지로 캠브리지대학과 LumeVR[15]이 함께 만든 시각화 분석 툴이다. 자신의 세포를 볼 수 있으며 수백만 개의 데이터 포인트를 가진 방대한 데이터 세트에서 데이터 패턴을 추출해 공동 작업을 할 수 있다.[16] 노바티스Novartis는 가상현실 분자 구조 디자인 스타트업인 나놈Nanome과 함께 신약 후보 물질을 발견하기 위한 가상 협업을 VR로 진행하고 있다.[17]

게다가 코로나 팬데믹으로 인해 많은 연구실이 폐쇄되거나 운영될 수 없었는데 가상현실을 이용해 원격에서 공동 연구가 가능하게 만든 일등 공신이 가상현실 환경이다. 중요 장비나 실험실에 접근할 수 없는 때도 VR을 이용해 가상화된 실험이나 연구를 진행했고 원거리에 떨어진 동료들과도 가상현실 환경에서 협업을 이어갈 수 있었다.

팬데믹 탓에 오랜 시간이 걸려 도입될 뻔한 원격 진료나 원격 의학 연구 시스템들이 빠르게 발전되고 적용되었을 뿐 아니라 연구진들의 연구 습관이나 환경에 큰 변

화를 불러일으켰다. 오히려 원격 협력을 더 진작시키는 효과를 일으켜 스코퍼스SCOPUS, 구글 스칼라Google Scholar, 펍메드PubMed, 리서치게이트ResearchGate 같은 연구 데이터베이스를 중심으로 가장 활발한 연구와 글로벌한 협업이 진행되었다. 특히 코로나19 관련 연구는 더 활발했는데 코로나19 확진 판정을 받은 환자나 의심 환자들과 격리된 상황에서도 비디오스트리밍과 VR을 이용한 연구를 매우 유용하게 활용할 수 있었다고 한다.[18]

디지털 치료의 대중화

스마트 기기의 발전과 보급에 따라 디지털 치료는 본격적으로 대중화될 것이다. 국내는 규제에 묶여 있는 원격 진료나 처방이 코로나 팬데믹을 거치면서 일부 유예되었지만, 여전히 큰 제약으로 작용하고 있어 국가별 양상은 다르게 전개될 것이다.

특히 스마트 기기와 연계하고 가상현실을 활용한 분야들이 급물살을 타고 있어 많은 데이터가 축적되고 있다. 데이터가 많아질수록 치료 효과는 더 높아지며 다양한 솔루션과 치료용 콘텐츠가 계속 개발되고 있어 적용과 확대는 이어질 것이며, 대중적인 이해와 인지가 생기면서 저변이 확대될 것이다.

물론 현재 판매되고 있는 VR 기기들은 게임이나 엔터테인먼트에 적합한 수준으로 개발되었기에 디지털 치료나 의료용으로 활용되기에는 부족하거나 적합하지 않은 면이 많다. 따라서 이 분야에 적합하고 충족할 만한 성능과 기능을 가진 특화된 목적의 VR 기기들의 연구개발이 함께 이뤄질 것이다.

재활 치료에도 가상현실과 증강현실의 도입이 더 가속화되고 있고 전통적인 재활에서의 근골격계 물리치료에 더해 뇌손상이나 다른 여러 분야에 확장되고 있다. 반복되고 지루한 재활 훈련의 특성상 가상현실의 다양한 게임적 요소와 실감 나는 콘텐츠는 환자들이 쉽게 싫증을 느끼지 않으면서도 지속적으로 치료 효과를 만들기에 적합하며 치료보조사가 없어도 자가로 진행할 수 있어 편안한 장소, 편안한 시간에 재활 치료를 이어갈 수 있다.

가상 시뮬레이터를 활용한 트레이닝의 확산

의료진들의 트레이닝에서 가상현실은 가장 주목받고 있는 분야 중 하나다. 기증된 사체나 동물이 필요하고 적합한 환부를 가진 환자가 있어야 하며 환자의 동의와 복잡한 절차가 필요한 데다 케이스가 많지 않아 제대로 트레이닝하기에 늘 어려움이 따랐다. 하지만 가상현실에 트레이닝 프로그램이 개발되고 그 콘텐츠가 발전하면서 지금은 가상현실 시뮬레이션을 활용한 트레이닝Virtual Practice Surgeries이 전방위적으로 활용되기 시작했다. 특히 가상현실 시뮬레이터를 통해 다양한 시술과 케이스를 반복 훈련한 의사들은 전통적인 방법으로 실습한 의사들 대비 의료 사고 수도 현저히 낮았고, 실제 퍼포먼스도 높게 나왔다는 연구 결과가 공개된 바 있다.[19]

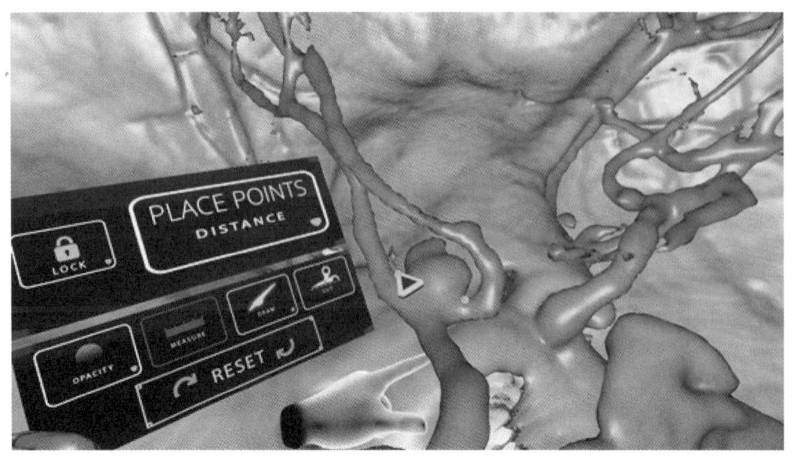

가상현실 시뮬레이터를 활용하면 비용과 시간이 절감된다. 실습 준비를 하는 데 필요한 대부분 절차가 필요하지 않게 되고 준비와 실습 시간을 현저하게 줄일 수 있어 매우 효과적인 방법이라 볼 수 있다. 여기에 최소한의 스텝과 운영 인력으로 많은 의사의 트레이닝이 가능해지게 되면서 의료 사고도 비약적으로 감소시킬 수 있고 가상현실 콘텐츠의 특성상 윤리적인 문제나 거부감을 최소화할 수 있다. 3D로 만들어진 프로그램 특성상 전통적인 트레이닝보다 훨씬 빠르고 자세하게 인체 내부를 살펴보고 수술 실습을 반복해 진행할 수 있어 의사들이 실제 수술 전 레퍼런스가 될 만한 시뮬레이션들을 트레이닝함으로써 좋은 성과를 낼 수 있다.

이머시브터치ImmersiveTouch와 메디컬리얼리티스Medical Realities, ORamaVR, SimX, zSpace, OMSOxford Medical Simulation 등 많은 기업이 다양한 시뮬레이터를 개발해 실제 필드에서 적극적으로 활용하고 있다. 햅틱Haptic 기술과 센서 기술을 더해서 더 다양한 분야에 특화된 시뮬레이터들이 쏟아져 나올 것이며 거의 모든 분야에 적용될 것이다.

개인화된 원격 진료와 버추얼 케어

바쁜 시간과 번거로운 병원 예약이나 방문은 현대인들이 건강 관리와 예방을 소홀하게 만드는 원인이다. 가상현실을 활용하면 아주 빠르고 편리하게 정기 건강 상담이나 자가 테스트, 예방을 위한 진단 등을 받을 수 있다. 멀리 떨어진 사람이 함께 있는 것처럼 느껴지게 만드는 것이 가상현실의 장점 중 하나이므로 가상 병원에 방문해 가상 주치의에게 또는 실제 주치의에게 진찰을 받고 상담이나 처방까지 가능해진다. 필요하면 실제 병원에 내원하면 되는데 정기적이고 편리한 접근은 비용 절감과 함께 시간과 효율 면에서도 매우 긍정적이다.

디지털 기술과 센싱 기술의 발달로 원격에서도 간단한 스마트 기기만 구비하면 많은 분야의 생체 데이터를 측정할 수 있게 되었다. 게다가 애플워치 같은 웨어러블 밴드로 심전도까지 측정할 수 있어 여기에 스마트폰 카메라를 통한 화상 진찰까지 더해지면 병원에 직접 방문한 것과 같은 효과를 얻을 수 있다. 규제 대상이라는 제약을 차치하면 아주 손쉽게 개인화된 원격 진료가 가능해지는 셈이며 즉각적이고 효과적인 버추얼 케어Virtual Care를 받을 수 있게 된다.

버추얼 케어가 빛을 발하는 또 하나의 분야는 스트레스, 불면증, 마음챙김·명상 같은 심리적인 안정과 웰빙을 추구하는 디지털 케어의 제공이다. 일방적으로 소비하는 심리 치료나 명상 콘텐츠에서 벗어나 코치나 심리상담사, 주치의 등과 양방향으로 연결되어 치료에 도움되는 디지털 솔루션 처방을 받고 스마트 기기를 통해 실제 치료를 받으며 상담과 피드백을 긴밀하게 지속할 수 있다.

보통은 병원을 방문하지 않고 무시하기 쉬운 증상들도 문턱을 낮추고 대면해야 하는 부담을 줄여서 현대인의 다양한 성인질환이나 심한 증상으로 진전되는 현상을 사전에 예방하고 건강하게 살 수 있도록 선제적인 도움을 줄 수 있는 분야다.

협력적 진료와 증강 수술

컴퓨터단층촬영CT이나 자기공명영상MRI을 통해 정밀한 의료 정보를 획득할 수 있고 이제는 그 데이터를 토대로 3차원 모델링까지 가능해졌다. 아주 자세히 그것도 입체적으로 증상 부위를 살펴볼 수 있고 분석할 수 있게 되었다. 이 데이터는 원격에서도 쉽게 접근해 함께 보면서 증상이나 치료법에 대해 논의하는 등 다양한 협업이 가능하다.

이렇게 가상현실과 증강현실의 확대는 원격지 전문의들의 도움을 받아 더 정밀하고 효율적인 진료를 가능하게 만들었다. 병원 네트워크 내에서만 진료와 치료를 해오던 한계를 벗어날 수 있게 된 것인데 의료 분야의 개방형 협업과 혁신을 가능하게 만드는 중요한 마중물이 되고 있는 것이다.

앞서 가상 트레이닝의 효과와 연계해 증강 수술Augmented Surgeries을 적용하면 실제 수술실에서도 홀로렌즈 같은 증강현실 글래스 위로 수술에 관련된 중요한 정보들은 적절한 타이밍에 맞춰 수술진에게 전달할 수 있고 원격에서 함께 수술에 참여하는 전문의들의 조언이나 도움을 실시간으로 받을 수 있다.

프랑스 수술실 로봇을 7,000킬로미터 떨어진 미국에서 원격 조종해 수술에 성공한 '린드버그 수술'의 창시자이자 프랑스 소화기암연구센터 IRCAD의 자크 마레스코Jacques Marescaux 교수는 증강 수술을 적용하면 계획부터 효율적인 수술법을 찾을 수 있으므로 높은 정확도를 확보할 수 있음은 물론 실제 수술 시간도 5분의 1 수준으로 단축이 가능하다고 주장한다.[20]

국내에서도 척추 수술을 비롯해 다양한 분야에서 이를 활용하고 있으며 내시경 시술이나 로봇 수술 등과도 연계해 발전하고 있어 제도의 보완이 따라준다면 앞으로 더 발전할 수 있는 분야다.

07
제조의 미래

자동화가 가장 많이 이뤄진 분야가 제조와 연관된 산업들이다. 프로세스화될 수 있는 부분들이 시스템에 녹아들면서 전통 제조 산업처럼 사람의 눈으로 볼 수 있거나 손으로 할 수 있는 것들이 점점 사라지고 있고 더욱 고도화되고 있다. 물리적 공간에서의 삶이 여전히 우리에게 주이기에 제조가 만드는 가치의 시간은 멈추지 않는다. 고도화된 만큼 더욱 진화된 아톰Atom을 기반으로 한 경제는 다품종 소량 생산과 대량 맞춤 방식Mass Customization이라는 트렌드를 가속화시키고 있다. 이런 추세 속에 AR/VR의 발전과 제조에의 응용이 더 확대되고 있다.

협력적 디자인

제조의 선행 단계인 디자인과 개발에서 AR/VR 기술이 가장 활발하게 활용되고 있다. 마이크로소프트의 매쉬를 포함해 다양한 AECArchitecture, Engineering, and Construction 협업 도구가 나오고 있는데 함께 디자인과 설계를 진행하는 데 높은 생산성과 효율을 올릴 수 있다. 원격에서 전문가들과 담당자들이 함께 CAD 파일이나 디자인 파일들을 가상공간에 올려놓고 아이디어를 논의하고 수정할 부분이나 이슈들을 논의하면서 작업할 수 있기 때문이다.

자동차 회사라면 완성된 디자인 렌더링을 관련 직원들이 가상현실 공간에 함께 모여 공유하고 품평회를 진행할 수 있고, 가전제품이나 가구 등의 디자인을 다양한 실내 인테리어나 분위기를 바꿔가며 실제 적용했을 때의 느낌을 같이 보면서 작업할 수도 있다. 오프라인이라면

함께 모이기 힘든 위치나 시간대에 있는 사람들과도 협업이 쉬워지고 시간이나 비용을 대폭 절감할 수 있다.

특히 다양한 분야의 전문가와 협력하며 디자인을 고도화하는 것이 가능해지면서 협력적 디자인Collaborative Design 문화와 경험이 기업들의 핵심 역량으로 자리 잡게 될 것이다.

디지털 트윈

CAD 기술과 시뮬레이션 기술의 발달로 디지털 트윈Digital Twins이 다양한 분야에서 활용되고 있다. 실제 장비나 설비를 만들기 이전부터 시뮬레이션을 수행하면서 사전에 문제를 발견하고 개선할 수 있고, 설비가 운용되는 동안에는 효율 향상과 관리를 최적화할 수 있다. 데이터가 축적되면서 실제 시뮬레이션의 정확도가 더 높아지면 전체 SCM과 연계한 스마트 생산과 대량 맞춤화도 가능하다.

엔비디아가 옴니버스를 통해 정확도 높고 효율적인 디지털 트윈 솔루션을 제공하려는 것도 고도의 시뮬레이션을 높은 정확도로 수행할 수 있는 플랫폼 기술을 개발했기 때문인데 이를 통해 공장 전체를 가상화해 생산 라인 조정이나 로봇 배치 등을 사전에 시뮬레이션해볼 수 있다.

물리 엔진인 피직스PhysX에 재료기술 언어 MDL을 이용하면 입자나 재료는 물론 유체 등의 시뮬레이션이 가능하고 디지털 휴먼을 시뮬레이션에 적용해 실제 작업자의 워크 플로나 테이블 높이, 자재 선반의 위치 등 작업 환경의 세부 설정까지 조정이 가능하다. 실제로 포드자

동차는 디지털 트윈으로 시뮬레이션을 최적화한 결과 직원들의 부담이 70% 이상 경감되었다.

가상 트레이닝

가상현실과 증강현실은 트레이닝에서 완전히 다른 차원의 경험을 제공해준다. 위험하거나 복잡할 수 있는 시스템을 유사하게 가상화해 실제 환경에서 장비를 조작하고 운용하는 것과 같은 경험을 구현할 수 있고 이를 통해 트레이닝을 받은 작업자들의 업무 효율 향상은 물론 안전사고 발생 확률이 현저히 줄었다는 다수의 보고가 있다. GE리뉴어블에너지GE Renewable Energy는 풍력 터빈의 트레이닝을 Upskill 앱을 통해 진행하는데 실제 생산성이 34% 이상 개선되었다고 한다.

가상 트레이닝Virtual Training을 통해 얻은 사용자 데이터를 실제 설비에 반영해 생산 시 발생할 수 있는 작업자의 실수를 방지하고 동선을 최소화할 수 있다. 반복 트레이닝이 용이하고 비용과 시간을 절감할 수 있는 것은 물론 작업자별 수준 파악과 개인화된 트레이닝이 가능하기에 현장에서의 가상 트레이닝은 더욱더 확산될 것이다.

증강된 보조

생산 현장에서의 증강현실은 매우 유용하게 활용되고 있고 앞으로 가장 많이 확산될 분야다. 증강현실 앱이나 AR 글래스를 착용하면 지휘본부와 빠르게 핸즈프리로 커뮤니케이션할 수 있을 뿐 아니라 현장 상황과 진척도를 실시간으로 공유할 수 있으므로 관리 측면에서 매우 유리하다. AR 글래스는 장착된 센서들을 활용해 중요한 알람이나 정보들을 캐치할 수 있고 카메라에 캡처되는 영상을 분석해 이상 여부나 즉각 조치해야 할 이벤트 등을 빠르게 확인할 수 있어 전담 보조 1명이 일대일로 할당되어 있는 효과를 거둘 수 있다.

특히 복잡하거나 난이도 있는 업무는 필요할 때 매뉴얼이나 인스트럭션 메뉴를 꺼내 가이드를 받으며 작업이 가능하고 유지 보수해야 할 부품이나 정비 사항도 시간을 지체하지 않고 처리가 가능하다. 실제 AGCO 같은 농업 장비 제조사에서는 작업자들에게 증강현실 적용 후 조립 시간이 25% 이상 단축되었고 검사 시간도 30% 이상 줄일 수 있었다고 발표한 바 있다.

DHL, 록히드마틴, GE, 보잉, BMW, 인텔 등 셀 수 없이 다양한 기업이 적용해 활용하고 있고 제조를 넘어 물류·건설·건축 등 다양한 분야에도 확산되고 있다. 안전사고도 현저히 감소하는 효과가 있어 제조 현장의 작업자들뿐 아니라 경찰·소방관·군인 등 많은 직군의 현장직에게 도움을 주고 있다.

이렇게 증간된 보조Augmented Assistance의 기능은 AR 글래스의 가격 대중화와 다양한 형태의 폼팩터, 유용한 애플리케이션이 개발됨에 따라 더욱더 확대되고 시장도 성장하게 될 것이다.

08
일하는 방식의 미래

메타버스 기술은 거의 모든 산업과 관련이 있고, 모든 산업에 공통으로 크게 영향을 미치고 있는 분야는 일하는 방식의 혁신이다. 코로나19로 재택근무를 본격화하기 이전부터 디지털 노마드, 코워킹 스페이스, 디지털 오피스 등 다양한 방식으로 일하는 방식은 진화해왔다. 과거처럼 같은 시간대에 같은 공간에서 일해야 할 필요성이 낮아지고, 광범위한 지역의 다양한 파트너와 협업하거나 열린 커뮤니케이션을 하는 스타트업 문화가 확대되면서 일하는 방식은 과거 수백 년간의 변화보다 최근 10년의 변화가 더 크게 느껴진다. 팬데믹 탓에 사회의 수용도와 진화 속도는 매우 빨라졌고 급격해졌는데 이것을 가능하게 만든 것이 디지털·온라인·모바일 그리고 가상현실과 증강현실 기술이다.

원격으로 떨어져서 일해야 하는 경우 커뮤니케이션이 매우 중요하고 실제로도 다양한 화상회의 툴을 사용하고 있다. 하지만 자료를 함께 공유하고 공동 작업하면서 업무를 진행한다거나 화이트보드에 써가면서 아이디어를 내는 워크숍 등을 진행하기에는 여러 제약이 있다. 이런 이유로 클라우드 기반의 슬랙이나 팀즈 같은 다양한 협업 툴과 아이디어 작업 툴이 출시되어 기업들이 활용하며 확산되고 있다.

하지만 함께 일한다는 존재감을 느끼기 어렵고 대면해서 진행하는 밀도 있는 토론과 업무에 비해 허전하고 친밀도가 떨어지는 이슈도 있다. 급하게 물어보고 싶은 내용이 생기면 전화해야 하거나 채팅하는 등 여러 방법을 병행해서 부족한 부분을 해결하고 있지만 같은 사무실에서 지금 함께 일을 하고 있다는 동질감을 가지기에는 부족함이 있다. 원격근무 시 다 같이 줌에 접속해 마이크는 끄고 카메라만 켠 채 함께 있는 것처럼 일하는 스타트업이 나오는 이유이기도 하다.

귀여운 아바타와 2D 인터페이스의 가상공간을 가진 게더타운Gather.Town 안에 학교를 만들 수 있고 사무실이나 컨퍼런스룸도 만들 수 있는데 아바타들이 자유롭게 돌아다니다가 가까이 다가와 만나면 자동으로 화상회의 화면이 켜지면서 주변 사람들과 화상통화를 할 수 있는 재미있는 서비스다.

이 안에 가상 사무실을 만들고 다 같이 개인 책상에 앉아서 일하다가 대화나 보고가 필요한 경우 상대방이 있는 자리로 가면 화상통화를 할 수 있고 정해진 회의 시간에 회의 장소에 모이면 그곳에 모인 사람들과 회의를 진행할 수도 있다. 마치 회사에 출근해 있는 느낌이 조금은 들게 만드는 가상공간 플랫폼인데 이렇게 업무공간을 메타버스화해 함께 일하는 느낌과 생산성을 동시에 개선할 수도 있다.

가상현실이나 증강현실 기술은 부족한 몰입감과 현장감 같은 부분을 더욱 보완하며 미래의 업무 환경으로 진화하고 있다. 기술과 사회적 인식이 변화를 만들기에 충분한 임계점을 향해 진화하고 있고 사람들의 습관과 일하는 방식이 아주 빠르게 바뀌고 있다.

가상 업무공간과 원격 협업

일하기 위해 물리적인 공간을 마련해야 했다. 하지만 원격에서 일하고 함께 모일 필요가 없어지면서 고정된 물리적 업무공간의 효율성은 하락하고 있다. 대신 멀리 떨어진 직원들이 함께 일할 수 있는 새로운 공간이 필요하게 되었는데 그것이 가상 코워킹 스페이스다. 함께 모여 있는 듯한 실재감과 함께 필요시 토의와 의사결정을 할 수 있고 공동으로 아이디어를 내고 이메일을 보내는 등의 업무를 볼 수 있는 가상 업무공간Virtual Workspace의 니즈가 커지고 있다.

가상현실을 활용해 이 부분을 다양하게 실현하고 있다. 가상 업무공간에 대한 니즈와 활용이 커지면서 실제 관련 산업들의 매출도 꾸준히 증가하는 추세다.

스페이셜은 혼합현실을 지원해 다양한 디바이스를 통해 접속한 사용자들이 함께 협업할 수 있는 환경을 구현하고 있다. 같은 공간에서 증강현실 헤드셋을 착용했거나 스마트폰의 증강현실 앱을 이용해 원격지의 사용자를 불러와 함께 토의하고 자료나 데이터를 공유할 수 있으며 원격지에 있는 사용자는 가상현실 헤드셋을 이용해 가상공간에 함께 참여할 수 있다. 디바이스가 없는 사용자들은 기존 방식대로 PC를 이용해 가상공간에 화상회의로 참석이 가능하게 만들어 어디에 있든, 어떤 디바이스를 쓰든 동일한 가상공간에 모여 함께 협업을 진행할 수 있게 만든 것이다.

더와일드The Wild는 디자인이나 AECArchitecture, Engineering, Construction에 특화된 공동 작업공간을 가상화해주며, 알트스페이스VR이나 모질라 허브hubs는 3D 웹 기반으로 편리하게 공유 공간을 만들고 함께 데이터를 공유하며 작업할 수 있는 친근한 사용자 경험을 만들어준다. 루미Rumi, 인게이지Engage, 브이스페이셜vSpatial, 글루glue, 미팅VRMeetinVR도 다양한 룸을 설정하고 내부에서 다양한 팀 협업과 미팅이 가능한 플렉서블한 공간을 만드는 등 셀 수 없이 많은 솔루션이 있고 계속 만들어지고 있다.

이렇게 가상 업무공간을 중심으로 한 원격 협업Remote Collaboration은 기업들의 수요와 맞물려 급성장하고 확산하며 더 많은 혜택과 변화를 불러일으킬 것이다. 기업들은 실제로도 사무실 공간을 코워킹이나 유연한 근무가 가능한 구조로 변경하면서 차지하고 있는 물리적 공간을 줄이고 있다. VR 헤드셋 착용에 대한 불편함이 있어 가상공간에서의 협업은 장시간을 요구하는 업무보다 단시간에 집중도 있게 함께 하는 업무나 비동기식 공동 작업공간이 늘어난다.

공동 작업의 특성상 클라우드 지원과 호환이 매우 중요해지며 기존 업무 도구들이 현실세계와 가상세계 사이에서 쉽게 공유되며 호환되게 될 것이다. 원드라이브OneDrive, 구글드라이브GoogleDrive는 물론 슬랙Slack, 노션Notion, 컨플루언트Confluent 같은 툴이 가상공간에서 이용될 수 있는 인터페이스 개선과 연동API가 다양한 업무공간의 파생을 만들 것이다.

집중 업무 환경

가상현실과 증강현실은 개인 업무에서도 더 큰 자유도와 생산성을 만들어준다. 커다란 책상과 큰 방, 대형 디스플레이가 없어도 가상 오피스 안에 쉽게 마련할 수 있다. 동시에 3~4개의 모니터를 사용하는 것도, 모니터 위치와 크기를 맘대로 바꾸는 것도 가능하다. 조용하지 않은 곳도 VR 헤드셋을 착용하는 순간 나만의 오피스가 된다.

이런 집중 업무 환경Immersive Work at Augmented Office과 관련해 페이스북 오큘러스가 인피니티 오피스Infiniti Office를 개발한 이유도 이 장점을 극대화해 오큘러스의 매출과 사용자 확대를 만들고 싶은 전략적인 측면이 있다. 인피니티 오피스를 사용하면 물리적인 공간에 있는 책상과 의자를 가상공간에도 똑같이 맵핑하고, 물리적 입력감이나 편의성이 높은 블루투스 키보드와 마우스를 가상현실의 버추얼 키보드와 마우스에 맵핑해 심리스하게 사용할 수 있다.

현실세계와 가상현실 사이의 경계를 없애고 무한한 가능성을 가진 가상 오피스로 만든다는 네이밍이 무색하지 않다. 게다가 사무실의 테마나 레이아웃도 상황에 맞게 마음껏 바꿀 수 있다. 호젓한 오두막의 운치 있는 사무실로, 발리 휴양지의 바다를 바라보는 사무실로, 뉴욕 고층 빌딩에 탁 트인 뷰가 멋진 사무실로 바뀔 수 있다. 개인화되고 최적화된 환경이 반영된 가상 오피스에서 높은 집중도와 생산성을 가진 업무를 할 수 있게 된다면 일하는 방식에서 거대한 혁신이 일어나게 될 것이다.

가상 사무실은 생산성과 업무의 특성에 맞게 아주 유연하고 다양하게 튜닝될 수 있다. 그림을 그리는 아티스트, 제품을 디자인하는 디자이너, 코딩하는 개발자, 보고서를 만드는 기획자 등 자신이 가장 높은 생산성을 얻을 수 있게 사무실을 바꿀 수 있고 시간·기분·날씨에 따라 얼마든 변화가 가능하다. 기존의 물리적인 공간은 한번 정해지면 바꿀 수 없던 일하는 내용을 제외한 거의 모두를 바꾸면서 집중할 수 있는 새로운 업무공간이 탄생하게 되는 것이다. 적절한 업무 시간 사이에 휴식이나 명상 등 스트레스를 완화하고 건강을 관리할 수 있는 공간으로도 변신이 가능하기에 다양한 서비스와 콘텐츠가 함께 연계되어 발전하게 될 것이다.

가상직원

인공지능을 기반으로 스마트폰이나 챗봇, 스마트스피커 위에서 동작하던 인공지능 에이전트들이 가상공간에 들어오고 있다. 가상 로봇일 수도 있고 귀여운 펫일 수도 있으며 사람과 꼭 닮은 버추얼 휴먼일 수도 있다. 사람의 명령과 요구를 이해하고 이에 맞춰 반응하거나 요구한 내용에 대해 대응하는 다양한 형태나 기능을 가지게 될 텐데 업무를 수행하는 동안 가상직원Virtual Employee이 되어 나를 서포트해줄 수 있다. 일정을 확인하고 회의 예약을 하는 등 비서 업무부터 자료를 찾고 통계를 내주는 등 리서치 보조, 음악을 틀거나 휴식을 도와주는 친구 역할까지 일대일로 붙어 서포트해줄 수 있게 된다. 영화 〈그녀〉의 사만다가 내 AR/VR 디바이스 안으로 들어오게 되는 것이다.

가상직원들은 비용이 거의 들지 않으며 스트레스나 기본 욕구도 존재하지 않으므로 기업들은 가상직원 채용에 적극적이 되며 단순 업무나 보조 업무 분야, 개인화된 지원 업무 등은 가상직원이 맡게 된다. 증강현실과 가상현실 속에 존재하며 클라우드와 연결되어 현실세계와 연계된 업무를 수행하는 가상직원의 수요가 증가하면서 기존 클라우드 기업들의 사업 범위가 확대되거나 가상직원 파견업, 가상직원 교육소, 가상직원 개발업체 등 새로운 산업이 떠오르게 될 수 있다.

8장

메타버스가 만드는 가상경제의 시대

01

연결의 미래

연결은 끊임없이 진화하면서 연결의 중심에 있는 플레이어에게 힘과 권력을 주었다. 연결의 힘이 개인에게 주어지면서 힘을 가지게 된 개인의 시대로 접어들었고 모든 미디어는 인간 신체(능력)의 확장이란 마셜 맥루한Marshall McLuhan의 이야기처럼 다양한 방식으로 개인은 확장되었다. 디지털로 만들어진 미디어와 체인처럼 연결된 소셜미디어를 통해 기존의 미디어를 넘어서는 영향력을 발휘하게 된 개인이 출현했다. 디지털은 무한 복제되고 무한 전송되면서 많은 영역의 한계비용이 사라졌고 롱테일의 끝없는 다양성의 분화가 지금도 진행되고 있다.

개인은 자신의 생각과 욕망을 디지털에 담아 표현했고 그것은 텍스트로, 이미지로, 코드로 또는 음원이나 영상으로 변환되어 다른 수많은 개인에게 소비되고 공유되고 있다. 관계의 그래프로 연결된 사람들을 통해서는 전파와 확산이 더 빠르게 일어나는데 연결성이 강한 사람의 메시지일수록, 흡입력 있는 독특한 스토리일수록 속도와 파급력은 강력하다. 복잡한 네트워크로 연결된 사람들은 시냅스로 연결된 뉴런처럼 연쇄 반응을 일으키는 하나의 신경망이 되어가고 있다.

초연결의 시대, 연결의 깊이와 폭이 더해지면서 모든 연결의 중심이 되어버린 사람들은 관점이 확장되고 있다. 수많은 개인의 미디어에 연결되어 세상 이곳저곳의 소식과 셀 수 없이 많은 개인의 생각과 일상을 접하고 있고 동시에 수많은 센서가 인터넷에 연결되어 개인을 둘러싼 커다란 콘텍스트의 아주 작은 변화까지 볼 수 있는 관점과 인지 능력을 가지게 되었다. 모든 것이 클라우드 기반의 연결로 전환되면서 이를 통해 개인이 기억할 수 있는 용량과 활용할 수 있는 지능까지 확장되고 있다. 확장된 인지와 지능은 많은 것이 스스로 동작하고 움직일 수 있는 기반이 되어 개인을 둘러싼 콘텍스트로써 공간이 이동하거나 변환될 수도 있게 진화하고 있다.

개인이 어디에 존재하든 위치를 기반으로 공간은 연결된 콘텍스트(상황 정보)[1]가 된다. 공간의 중심은 연결의 중심인 개인으로 이뤄지고 연결의 밀도와 크기만큼 공간의 밀도와 크기도 정해진다. 연결된 콘텍스트는 실시간으로 환경 변화를 감지하고 반응할 수 있고 개인은 어디에서나 공간 안의 콘텍스트를 제어하거나 상호작용할 수 있다. 디지털 콘텍스트로 치환된 물리적 공간은 디지털 공간의 일부로 인식되어 새로운 속성과 기능을 가질 수 있게 된다. 스마트 기기들과 증강현실은 이 공간을 보기 위한 스크린이자 속성을 편집하고 새로운 기능을 부여할 수 있는 도구가 된다. 이 도구를 통해 현실세계의 물리적 공간이자 디지털 콘텍스트 위에 디지털 정보나 오브젝트를 결합시킬 수 있게 되었다. 연결된 콘텍스트 안에 공간과 정보가 결합되어 증강된 레이어를 겹겹이 만들 수 있게 된다.

이렇게 확장된 세계는 스마트폰처럼 모빌리티를 가진다. 연결된 개인의 움직이는 동선 모두가 증강된 콘텍스트가 될 수 있으며 저장되고 편집되고 공유될 수 있다. 이동하는 개인이 겹치거나 만나는 곳에서는 개인 간의 상호작용이 통합된 콘텍스트 안에서 일어나기도 하고 독립된 개별 콘텍스트 안에서 이뤄지기도 한다.

개인은 존재하는 현실세계의 공간과 이격시켜 완전하게 가상화된 콘텍스트를 입히고 공간과 시간을 무한하게 확장하기 시작했다. 디지털로 가상화된 콘텍스트는 기본적으로 모든 것과 연결될 수 있는 연결성이 있어 그 안에서 마주하게 되는 오브젝트와 공간, 사람, 모든 것이 인터넷과 연결되어 있다. 책상 앞에 앉아 있어도 가상현실 안 콘텍스트는 상상의 크기만큼 무한하고 개수도 무한하다.

가상세계에서는 각자의 시간이 흐르고 공간의 세계관이 있으며 개인은 세계를 넘나들며 모험하고 도시를 건설하고 친구를 만나 협력하고 경쟁하는 평행 세계를 만들 수 있다.

가상현실을 통해 들어가는 세계는 개인용 컴퓨터를 통해 들어가는 가상세계의 다차원 버전이다. 단일 시간계도 아니며 시간을 거슬러 과거로도 미래로도 갈 수 있고 공간 속에 공간, 다시 또 공간 속에 공간

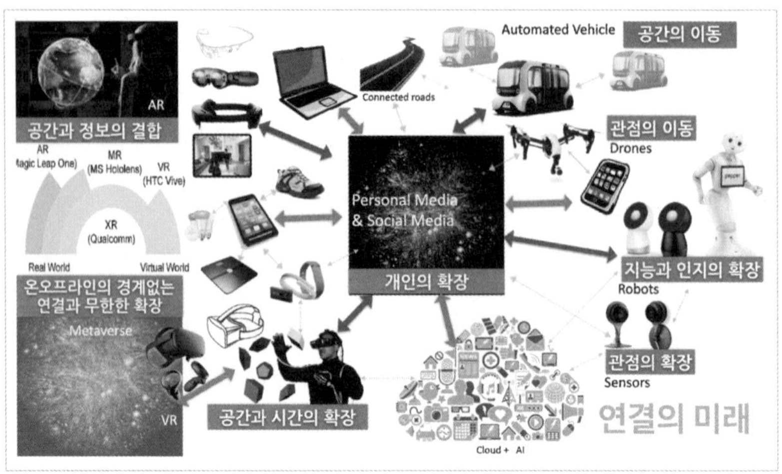

이 존재할 수 있기 때문이다. 상상이 지배하는 세상까지 확장되어 개인은 이제 온·오프라인의 경계가 무너진 세계를 살고 있다. 메타버스라고 불리는 세상은 개인에게 연결되어 확장되고 있는 경계가 사라진 온·오프라인의 모든 콘텍스트를 의미하는 것이라 할 수 있다.

02
아바타의 진화

온·오프라인의 경계가 사라지면서 증강된 레이어들이 중첩되고 가상의 시공간이 무한히 확장되고 있는 메타버스에서 개인의 존재는 이제 하나일 필요가 없다. 현실의 개인은 유일할 수 있으나 메타버스에서 개인은 확장된 자아이며 복수 개의 존재와 정체성을 가진다. 우리는 디지털 세계에서 수십 개의 존재를 가지고 있다.

가입하는 사이트마다 아이디와 패스워드를 만들고 프로필 사진을 올린다. 현실의 나와 연결되어 있는 신분과 사진이 올라가면 사이트는 달라도 하나의 존재가 될 수 있지만, 게임에서처럼 가상의 캐릭터와 가상의 이름을 선택하면 나는 다른 존재가 된다. 제페토의 나와 〈로블록스〉의 나, 페이스북의 내가 다른 것이다. 같은 세계 안에 복수 개의 나를 만들 수 있다. 이메일을 달리 쓰거나 다른 전화번호를 쓰면 같은 곳에 얼마든지 다른 존재로 만들어질 수 있다. 디지털 세계에서 존재와 정체성은 하나일 필요가 없었던 것이다.

메타버스에서는 다른 유저들과 어울리고 상호작용해야 하는 일이 빈번하다. 일회성 게임이나 단순히 정보를 얻기 위해 일시적으로 머무르기보다는 오랜 시간 자주 접속하며 미션과 태스크를 공동 진행해야 할 가능성이 크다. 소셜네트워크의 성격이 있다면 정체성에 따라 만들어지고 따르는 친구들이 달라질 수 있기에 정체성을 잘 선택하고 표현할 필요도 있다.

페이스북 오큘러스 안의 아바타와 그 안에 동작하는 렉 룸Rec Room의 아바타가 다르고, 알트스페이스VR에서의 아바타가 또 다르기에 혼재된 정체성에 익숙해져 있지만, 사람들은 애정이 있고 관심이 많으며 준거 가치를 가진 메타버스에서는 자신의 정체성 관리에 노력을 많이 한다. 지금의 페이스북이나 링크드인같이 현실세계의 정체성을 그대로 가지고 있다면 더욱더 그럴 것이다.

그럼에도 다중 정체성은 메타버스의 큰 장점이다. 상상에 제약이 없는 세상에 존재와 정체성의 제약이 없는 수많은 버추얼 미Virtual Me가 조합되면 리얼월드에서 가능하지 않았던 많은 일이 끝없이 일어나게 될 것이다.

인공지능과 기계학습의 발전은 리얼월드에 매칭되는 대상이 없어도 되는 완전히 새로운 존재의 탄생도 가능하게 한다. 디지털로 구현된 가상이라는 의미를 붙여 메타 휴먼Meta Humans, 디지털 휴먼Digital

Humans, 버추얼 휴먼Virtual Humans, 인공인간Artificial Humans, 디지털 더블Digital Doubles 등 이들을 부르는 표현은 여러 가지다. 인간이 아니기에 존재를 뜻하는 단어를 붙여 디지털 빙Digital Being, 버추얼 빙Virtual Being이라고도 부르고 연예인처럼 유명해질 수 있다면 버추얼 인플루언서Virtual Influencer로도 불린다. 그만큼 대중화될 가능성이 보이는 시기가 성큼 다가오게 된 탓인데 최근 기업들의 시도가 활발해지고 있다.

인스타그램에는 300만의 팔로어를 가진 릴 미켈라Lil Miquela가 트렌디한 패션을 한껏 뽐내는 모습들을 포스팅하고 남자친구 블라코와의 데이트는 10대, 20대 또래의 감성 어린 일상을 공유하고 있다. 놀랍게도 그녀는 실제 인물이 아닌 버추얼 인플루언서이며 가상세계에서 패션디자이너이자 모델, 뮤지션이다.

릴 미켈라는 패션디자이너로서 현실세계 패션잡지인 〈보그〉, 〈브이〉, 〈페이퍼〉 등에 실리기도 했고 프라다, 구찌, 샤넬 등의 협찬을 받고 있다. CLUB404라는 브랜드를 런칭하고 직접 디자인했다고 공개한 티셔츠와 양말은 출시되자마자 매진되었다. 뮤지션으로 음원을 발표했는데 스포티파이에서 인기리에 스트리밍되고 있다. 가상 인물이지만, 현실세계에서 태어났고 가상세계에 살지만, 현실세계에만 알려진 특별한 존재다.

이케아도 하라주쿠에 팝업스토어를 오픈하면서 버추얼 인플루언서 임마Imma를 등장시켰다. 벽 한 면에 설치된 디지털 스크린에 임마의 방을 꾸며서 3일간 그녀의 생활을 공개했는데 이케아 가구를 조립하기도 하고 마사지를 하거나 옷을 고르는 등 일거수일투족이 스트리밍되는 동안 그녀는 유명인사가 되어버렸다.

22살 래아 킴Reah Keem이라는 가상 소녀도 CES 세계 가전쇼에 등장했다. 서울에 거주하는 DJ이자 전자음악 작곡가인 래아는 LG가 마케팅을 위해 선보인 버추얼 인플루언서다. 사운드클라우드에 직접 작곡한 음악 〈Comino Drive〉를 공개하고, 최근에 〈모여봐요 동물의 숲〉에 LG OLED 홍보관이 만들어졌을 때 귀여운 아바타로 변해서 등장하기도 했다.

삼성은 네온Neon 프로젝트를 통해 네온 인공인간Neon Artificial Humans을 쉽게 제작할 수 있는 네온스튜디오Neon Studio를 선보였다. 미리 준비되어 있는 아바타 중 원하는 모델을 고르고 설정된 값을 새롭게 튜닝하면 영상과 내레이션 등을 커스텀할 수 있다. 짧은 시간 안에 원하는 목적에 맞는 용도로 이용할 수 있는 범용 아바타를 제작할 수 있고 쉽게 앱이나 서비스에 포팅할 수도 있다.

가상휴먼의 대중화를 만들 수 있는 솔루션을 만들어 공개한 셈인데, 네이버 클로바Clova.ai의 성우 목소리 서비스로 아주 쉽게 동영상의 내레이션을 만들 수 있는 것처럼 네온은 아주 쉽게 표정·제스처·목소리를 가진 가상인간을 만들 수 있다. 향후 네온 슈퍼스타Neon SuperStar를 통해 버추얼 인플루언서를 제작하는 서비스와 개인 비서 서비스인 마이네온My Neon까지 확장하면서 누구나 쉽게 가상휴먼을 이용할 수 있는 시대가 열리고 있다.

〈포트나이트〉 개발사인 에픽게임즈가 언리얼 엔진을 베이스로 개발한 클라우드 스트리밍 앱 메타 휴먼 크리에이터Meta human Creator를 이용하면 고도로 정교하고 디테일한 버추얼 휴먼을 개발할 수 있다. 기존 게임 제작에 사용하던 라이브러리와 저작 툴 중 아바타 제작 부분을 따로 떼어 최적화시킨 도구로, 메타 휴먼의 프리셋들과 스킨·헤어·의상 등을 적용하고 디테일한 부분을 커스텀해 원하는 표정이나 액션을 설계하고 게임이나 영상 등에 메타 휴먼을 적용할 수 있다. 크리에이터 작업은 무료로 이용할 수 있으니 메타 휴먼의 시대를 바짝 단축할 마중물이 될지 모른다.

버추얼 휴먼이 부상하면서 동시에 디지털 패션에 대한 관심도 함께 증가하고 있다. 디지털 패션은 컴퓨터그래픽으로 구현한 의류의 시각적 표현을 의미하며 의류의 물리적인 실체가 존재하지 않고 디지털 데이터로만 존재하는 패션을 일컫는다.

디지털 전환으로 인해 많은 패션디자이너가 3D 디지털 도구를 이용해 의류를 디자인하는데 대표적인 소프트웨어가 국내 기업 클로버추얼패션CLO Virtual Fashion이 개발한 클로CLO다.

2D 패턴을 손쉽게 3D 데이터로 컨버팅할 수 있을 뿐 아니라 다양한 원단의 질감, 모델의 피팅감, 빛과 컬러 등을 세세하게 표현하고 구현할 수 있는 강력한 툴인데 한 달이 넘는 제작 기간을 5일 정도로 줄일 수 있다고 한다. 블리자드나 EA 같은 게임 제작사도 아바타들의 의상 제작에 이용하고 있고 애니메이션 제작사들도 많이 사용하고 있다. 이 툴을 쓰면 디지털로 구현된 패션 데이터가 추출되는데 실제 옷을 만들기 전의 비주얼 데이터 상태가 디지털 패션인 것이다.

출처: bbc.com[1]

디지털 패션은 게임이나 애니메이션은 물론 증강현실 기반의 가상 피팅룸 같은 소프트웨어에서 스캔된 몸에 입히는 그래픽 데이터로 활용되고 최근 코로나19로 오프라인에서 패션쇼가 열리는 대신 가상 패션쇼가 열렸는데 그때 모델들이 가상으로 착용한 것도 디지털 패션이라 볼 수 있다. 2019년 미국 퀀트스탬프Quantstamp의 리처드 마Richard Ma란 사람이 아내에게 디지털 패션으로 9,500달러짜리 드레스를 디자인해 선물했다는 뉴스가 방송을 탄 적이 있다. 의류 기업 더패브리컨트The Fabricant에 의뢰해서 아내에게 꼭 맞게 디자인을 한 세상에 하나뿐인 드레스라 물리적으로 존재하지 않아도 특별한 기념품이 될 수 있다고 인터뷰했는데 그 이야기가 현실이 되어가고 있다.

스칸디나비아 패션 기업 칼링스Carlings는 네오엑스Neo-Ex라는 브랜드를 런칭했는데 게임 〈포트나이트〉의 교체

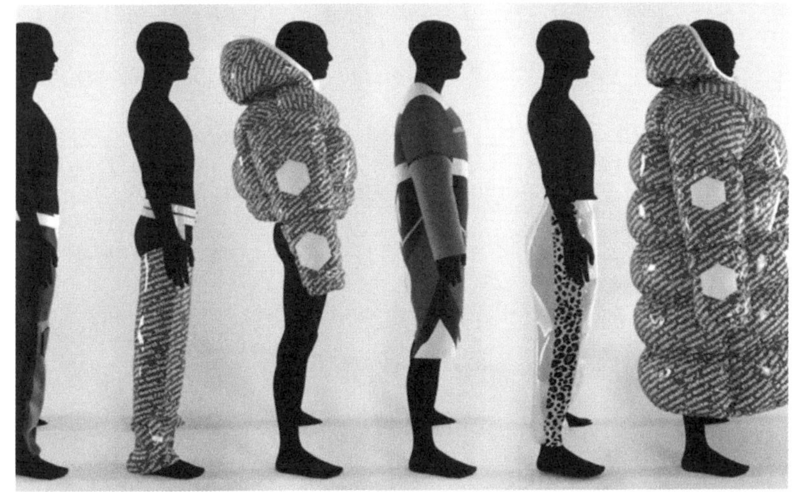

가능한 아바타 스킨에서 처음 영감을 받고 만든 디지털 패션 컬렉션이라고 한다. 자주 입지 않은 옷을 만드는 것이 환경에 영향을 미치고 실제 옷의 크기나 핏의 제약이 여러 가지 번거로움을 만드는데 디지털 패션은 탄소 배출이 없고 소프트웨어로 쉽게 착용이 가능하므로 충분히 의미 있는 노력이라고 그들은 이야기한다. 물론 실제로 옷을 팔지 않았고 11~33달러에 디지털 옷을 구매하고 사진을 찍을 수 있는 마케팅으로 캠페인을 진행했는데 한정 수량이라 매진되었다고 한다.[2]

이렇게 버추얼 휴먼이나 디지털 패션이 떠오르는 현상을 가볍게 여길 수 없는 이유는 메타버스의 부상과 관련 있다. 디지털로 구현된 가상인간과 가상패션을 우리는 지금 리얼월드에서 만나고 있다. 진짜인지 아닌지 구별할 수 없을 정도로 정교한 버추얼 휴먼이 현실세계에서 고객을 응대하고, 일기예보나 뉴스를 캐스팅하고, 미술관을 안내하는 서비스를 넘어 셀럽이 되고 유튜버가 되어 팬덤이 생기고 영향력을 발휘하는 시대가 되었고 그것을 구현할 수 있는 기술이 성숙되어가고 있기 때문이다. 하지만 역으로 그들이 메타버스의 가상세계 안으로 들어오게 되면 어떤 확장성을 만들게 될 것인지 생각해볼 필요가 있다.

본 디지털Born-Digital의 속성은 디지털 안에서 더 극대화된다. 현실세계의 제한된 프레임과 시나리오를 벗어난 버추얼 휴먼이 나의 버추얼 미와 만나고, 디지털 패션으로 치장하고 디지털로 구현된 메타버스에서 만들 수 있는 가능성은 상상 그 이상의 것들이 될 것이다.

멀티 휴먼 & 멀티 아이덴티티(Identity)

리얼 아이덴티티

가상 세계 (Bits)	**아바타** Virtual Me **메타 휴먼** (Digital Being)	리얼미(Real Me) (Unique)	리얼 월드 (Atoms)
	아바타 NPC **메타 휴먼** (Virtual Human)	**메타 휴먼** (Artificial Human) Virtual Influencer	

가상 아이덴티티

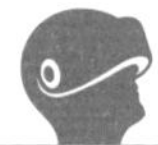

03

가상경제(버추얼 이코노미)의 부상

메타버스의 핵심 요소 중 하나를 가상세계 내부에서 작동하는 경제 시스템이라고 언급했다. 자체적으로 통용되는 가상화폐가 있고 디지털로 필요한 무엇인가를 만드는 생산과 노동 활동이 가능하고, 디지털 형태의 아이템이나 재화를 물물교환하거나 화폐를 통해 사고팔 수 있는 시스템을 의미하며, 이 시스템 체계하에 이뤄지는 모든 경제 활동을 가상경제라고 정의할 수 있다.

가상경제 체제는 참여자들의 인센티브와 동기부여는 물론 가상세계의 지속가능성을 만드는 가장 강력한 동인이라고 볼 수 있다. 〈세컨드 라이프〉는 토지를 구매하거나 건물을 짓고 기업을 운영하면서 린든달러로 운영되는 경제 시스템이 있었고 싸이월드는 방을 꾸미고 아이템을 구매하는 도토리 경제가 돌고 있었다. 〈로블록스〉는 참여자들이 직접 게임을 만들고 플레이어들에게 수익을 거둘 수 있고, IMVU나 제페토는 필요한 아이템과 옷을 구매하려면 크레딧을 지불해야 하는, 대부분 게임이나 가상세계는 독자적인 가상경제가 운영되며 얼마나 잘 운영되느냐, 얼마나 잘 참여자들의 인센티브를 보상하느냐가 성공 여부를 가늠하는 잣대가 되고 있다.

메타버스는 어떤 하나의 특정 가상세계나 단일 가상현실 내 소셜네트워크를 지칭하지 않는다. 디지털로 구현된 모든 가상화된 세계의 최상위 집합을 의미하며 현실과 가상의 경계를 포함한다. 리얼월드의 사람이 경제의 매개체이자 중심이며, 실제 세계에서 사람과 사람이 얽히고 가치를 만들고 주고받으며 살아가듯 메타버스에도 각각의 사회와 경제체계가 존재한다.

다만 생물적 존속을 위한 노력이나 스스로 발현된 욕망은 존재하지 않는다. 있다면 그것은 리얼월드의 유저에게서 투영된 것이며 현실과 가상세계가 연결되어 있다는 가장 큰 증거로 볼 수 있다. 이렇게 리얼월드로부터 반영된 인간의 욕망이 가상경제를 움직이는 주 동인이며 현실세계에 존재하는 소유와 공유, 가치의 변동, 생산과 소비의 개념이 이곳에서도 경제의 흐름을 만드는 역할을 하고 있다.

크립토 vs. 피아트 경제의 경계

블록체인 기술이 적용된 대상 중 인간의 욕망을 가장 잘 반영한 것이 암호화폐Cryptocurrency다. 2008년, 월가의 탐욕과 기존 금융 시스템의 신뢰 위반에 자성하는 목소리가 높았던 시절 사토시 나카모토Satoshi Nakamoto가 제안한 한 편의 논문과 그다음 해 논문 내용을 그대로 구현해 1월 처음 제네시스 블록Genesis Block을 발행한 비트코인이 암호화폐의 효시다. 여전히 불안정하고 논란에 쌓여 있지만 10년이 넘게 흐르는 동안 아주 많은 변화를 이끌며 현실의 실물 경제에까지 큰 영향을 미치는 존재로 성장하고 말았다.

인터넷과 연결된 컴퓨팅 인프라에 디지털로 구현된 알고리즘이 돌아가며 만드는 로직이 디지털 화폐를 채굴해내고 유통시키면서 디지털 자산이라는 새로운 가치 체계를 세우고 있으며, 분산화된 네트워크 위에서 새롭게 프로그래밍되면서 더 나은 방향으로 진화하고 있다. 이렇게 블록체인을 중심으로 만들어지는 신경제 체제를 크립토Crypto 경제라고 부르는데, 오랜 시간 우리가 사용하고 있는 법정 화폐 중심의 경제, 피아트Fiat 체제와 경계선에 지금 우리가 살고 있다.

메타버스와 블록체인의 연결

메타버스는 가상세계와 현실세계의 경계를 포함하고 있고 이는 비트Bit로 이뤄진 세상과 아톰Atom으로 이뤄진 세상의 경계선이 메타버스 안에 있다는 것을 의미한다. 자연스럽게 비트로 동작하는 크립토 경제와 실물 경제인 피아트 경제가 만나는 경계도 메타버스 안에 포함될 가능성이 크다. 게다가 현실세계 사람들의 욕망을 반영하기 위해서

라도 가상경제에는 크립토 체제가 속성이 잘 맞는다. 이런 이유로 메타버스 내의 많은 서비스와 가상세계가 초기에는 자체 코인을 발행해 운영했는데 최근에 등장하는 서비스는 암호화폐를 자체 코인의 베이스로 이용하고 있다. 3D 아바타 소셜채팅 서비스 IMVU는 자체 크레딧과 별도로 암호화폐인 VCOIN을 런칭해서 함께 이용하고 있고 현실세계 지도에 맵핑된 가상 부동산 거래 플랫폼 업랜드Upland도 UPX라는 자체 암호화폐를 구매 화폐로 통용시키고 있다.

지금도 메타버스 내 가상세계 대부분 코인이나 화폐를 블록체인 기반으로 바꿔도 문제없이 동작할 만큼 디지털 친화적으로 생태계가 구현되어 있다. 따라서 필요성과 효용 가치, 규제 문제만 충족된다면 언제든 메타버스의 가상경제는 크립토 경제 기반으로 바뀔 수 있고 또 운영될 수 있다.

게임머니나 아이템 마켓, 보상포인트 등의 가상경제는 오래전부터 가치를 인정받으며 거대한 규모로 성장했기 때문에 블록체인 기반으로 전환하는 것은 외형적으로 차이를 느끼지 못할 변화다. 하지만 본질적으로 아주 큰 변화가 생길 수 있는 모멘텀이 내재되어 있어 귀추를 주목할 필요가 있다.

페이스북 디엠과 버추얼 커런시

세계 최대의 소셜네트워크 페이스북도 가상경제에 대해 오랫동안 관심이 많았다. 페이스북 자체가 거대한 메타버스의 일부이기에 네트워크 안에 가상경제를 운영할 수 있다면 엄청난 규모의 자산 시장으로 커질 수 있고 생태계의 지속가능성도 커질 수 있기 때문이다.

우리가 흔히 가상화폐라고 부르는 버추얼 커런시Virtual Currency는 몇 가지 타입이 존재한다. (1) 표준형은 단순 포인트를 의미하고 단일 게임이나 가상세계 안에서만 획득과 사용이 가능하며 플레이어 간의 교환이나 피아트 머니로 환전되지 않는다. (2) 프리미엄형은 피아트 머니로 구매할 수 있는 자체 코인이나 크레딧인데 나머지 속성은 표준형과 동일하다. (3) 아이템형은 구매는 물론 피아트 머니로 판매나 교환이 가능한 백화점 상품권 같은 타입이다. (4) 화폐형은 기존 암호화폐처럼 네트워크 내외부 모두에서 사용할 수 있고 자유롭게 환전이나 교환이 가능한 타입이다. 여기서 페이스북의 디엠은 화폐형으로 페이스북 내부에서도, 현실세계에서도 사용이 가능하며 오큘러스 VR 생태계 안에서도 똑같이 통용이 가능한 가상화폐다.

페이스북은 2019년 기존 암호화폐의 큰 변동성을 제거하고 안정적인 운영이 가능하게 스테이블 코인 프로젝트 '리브라Libra'를 런칭하는데 페이팔, 마스터카드, 이베이 등의 유수 기업이 초기 연합에 합류하면서 세간의 이목이 집중되었다. 하지만 규제 당국과 금융계에서 금융질서를 위협하는 시도라고 부정적인 목소리와 반대 의견을 강하게 내면서 잠정 중단되고 만다.

최근 중앙은행디지털화폐CBDC, Central Bank Digital Currency 발행이 크게 이슈로 올라오면서 페이스북은 리브라는 디엠Diem으로, 동시에 가상자산 월렛 칼리브라Calibra는 노비Novi로 명칭을 변경하고 다시 암호화폐 디엠의 출시를 위해 애쓰고 있다. 허가받으려면 여전히 산 넘어 산인 상황이지만 제대로 런칭만 된다면 페이스북은 어떤 국가보다 더 큰 사용자 규모를 가진 메타버스 금융 제국이 될 수 있다.

가상자산과 디지털 소유권

가상경제에서 가치 교환을 위해 가상화폐가 필요하다면 가치의 축적과 투자를 위해서는 자산이 필요하게 된다. 디지털 가상경제 내에서 가치를 내재화할 수 있는 대상을 가상자산Virtual Assets/Virtual Property이라 부르는데 국내법에서는 '경제적 가치를 지닌 것으로서 전자적으로 거래 또는 이전될 수 있는 전자적 증표와 그에 대한 권리'라고 정의하고 있다. 하지만 '게임에서 획득한 유무형의 결과물, 전자화폐, 전자주식 및 어음' 등은 제외한다고 명시하고 있다. 다행히 이후 '특정 금융거래정보의 보고 및 이용 등에 관한 법률(특금법)' 개정으로 암호화폐는 가상자산에 포함되었지만, 여전히 가상자산은 금융자산의 범주에 포함되지 않고 있다.

가상경제 내에는 또 하나의 요소가 있는데 가상상품Virtual Goods이다. 네트워크 내에서 유통되는 디지털 형태의 상품을 의미하는데 메타버스에서는 대부분 아이템의 형태가 많다. 아바타의 능력이 향상된다거나 특별한 기능을 가진 무기나 도구 같은 기능형 상품, 스킨·의류·액세서리 등의 장식형 상품, 에너지·연료 같은 소비형 상품 등이 있는데 일반적으로 가상세계 내에서 획득하거나 구매할 수 있다.

출처: dailymail.co.uk[2]

가상자산과 비슷해 보여 혼동할 여지가 있는데 확연하게 구별되는 차이가 존재한다. 가상자산이 가상상품과 구별되는 다른 점은 (1) 소유 재화의 경합성 여부다. 가상자산은 유한해 경합성이 있지만, 가상상품은 무한대로 유통될 수 있다. (2) 가치의 지속성 여부다. 가상자산은 네트워크의 접속 여부와 상관없이 현재의 가치가 지속적으로 유지되는 데 반해, 가상상품은 접속 시에만 가치를 사용할 수 있다. (3) 가상자산은 사용자들에 의해 부가가치가 상승되거나 하락할 수 있다. (4) 한 가지 더 덧붙이면 가상자산은 생성·교환이 가능하고 실물 화폐를 이용해 직간접적으로 구매·판매가 가능한 데 반해 가상상품은 그중 일부만 대개 가능하다.

2007년 게임 〈WoW〉 유저 간에 아지노쓰의 양날검을 가진 제우조 Zeuzo 계정이 7,000유로(약 1,000만 원)에 거래된 일로 인터넷이 떠들썩했다. 우리나라에서도 음성적인 아이템 거래가 자주 일어난 편이지만 당시 거래 금액은 상당히 놀랄 만한 수준이었다. 가상상품이 가상자산으로 전환된 사례라 볼 수 있는데 메타버스를 중심으로 하는 가상경제 내에서는 이제 자주 일어나는 일이다.

2010년 〈엔트로피아 유니버스Entropia Universe〉라는 가상세계 게임 내에서는 존 야콥스John Jacobs가 소유한 클럽 네버다이Club Neverdie가 63만 5,000달러에 팔린다. 대출을 받아 10만 달러에 구매했는데 이후 판매로 번 돈을 온라인 사업을 하는 스타트업의 창업자금으로 투자했다고 한다.

2018년 암호화폐가 한창 절정이던 시절 이더리움 네트워크 위에 구현된 〈크립토키티Crypto Kitty〉에서는 희귀한 디지털 고양이가 17만 달러[3]에 거래되기도 했다.

디센트럴랜드Decentraland는 웹VR 방식의 3차원 가상세계인데 실제 싱가포르의 6배 크기에 해당하는 10×10미터의 LAND 9만 개로 구성된 도시로 구현되어 있다. 이더리움 기반으로 동작하며 모든 시세와 거래, 소유권이 블록체인 장부에 기록되며 마나MANA라는 자체 암호화폐를 사용한다. 도시 중심부에 해당하는 제네시스 플라자Genesis Plaza가 무려 27만 달러에 팔렸다. 가장 저렴한 외곽의 엣지Edge 땅도 700달러 정도 시세로 거래되고 있으며 이렇게 해서 벌써 5,000만 달러 이상 누적 거래가 이뤄졌다고 아리 메이리치Ari Meilich CEO가 공개

한 적이 있다. 〈세컨드라이프〉도 가상 부동산은 가장 뜨거운 분야 중 하나였는데 현실세계의 지도를 베이스로 한 업랜드Upland나 어스2Earth2의 가상 부동산 구매 열풍을 보면 유한한 재화를 바라보는 인간의 욕망은 전혀 변하지 않았음을 알 수 있다.

출처: github.com[3]

자체 암호화폐 비트클라우트$BitClout를 기반으로 각 개인의 소셜인플루언스와 브랜드 파워를 반영한 각 개인의 가치를 산정해주고, 비트클라우트를 구매한 만큼 각 개인의 가치에 비례한 크리에이터 코인을 발행해주는 소셜네트워크도 있다. 여러 이유로 현재 기대와 논란 속에 서비스하고 있다. 각자의 아이디 핸들이 개인 코인으로 발행되는데 다른 사람들이 얼마나 자신의 코인에 투자하느냐에 따라 가치가 비례해서 오르는 독특한 구조로, 개인의 소셜브랜드를 가상자산으로 변환하는 새로운 시도라 볼 수 있다.

이렇게 디지털로 구현된 메타버스 안에 가상자산이라는 새로운 가치의 축적 수단이 등장하고 블록체인 기반의 암호화폐가 거래 수단으로 자리 잡게 되면서 가상경제는 완전히 새로운 국면으로 전환될 가능성과 파괴적 혁신성을 가지게 되었다. 디지털이 그동안 세상을 바꾼 원리는 무한히 복제되고 전송할 수 있는 능력이었는데 이제는 반대 속성을 가지게 되면서 제한되고 소유될 수 있는 디지털이 새로운 가치를 만들기 시작했다.

NFT와 유일성

2021년 3월, 오픈한 지 255년이 된 크리스티경매소에 긴장감이 감돌았다. 코로나19로 경매는 현장에서 열리지 못하고 온라인으로 진행

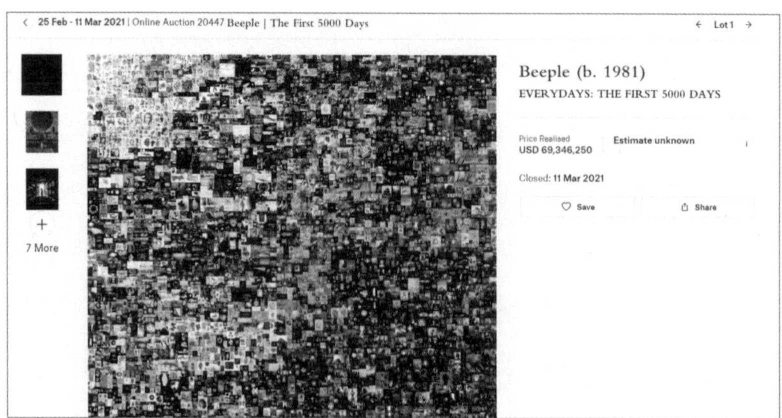

출처: coinmarketcap.com[4]

하는 중이었다. 디지털 아티스트 비플Beeple이 5,000일 동안 매일 작업한 5,000장의 디지털 작품을 하나의 콜라주로 만들어 경매에 부친 〈Everydays-The First 5000 Days〉라는 1장의 JPG 파일이었다. NFTNon Fungible Token로 변환되어 세상에 하나밖에 없는 작품이 되었고, 100달러부터 부르기 시작했다. 경매가 끝날 때 화면에 떠 있던 최종 낙찰가는 6,934만 6,250달러(약 770억 원)였다.

디지털 소유권과 함께 부상하고 있는 진위성과 유일성이 세상을 강타하고 있다. 블록체인 기술을 이용해 디지털로 만들어진 작품이 세상에 하나뿐인 진본임을 증명해줄 수 있게 되었기 때문이다. 소유권과 거래 기록을 남길 수 있는 디지털 등기부 등본 기술에 더해 디지털 작품이 세상에 하나만 존재할 수 있게 만들어줌으로써 디지털이 자산이

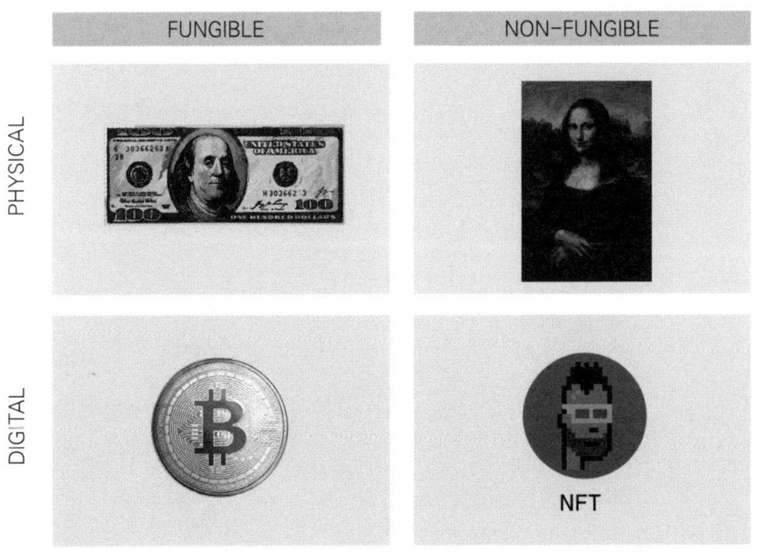

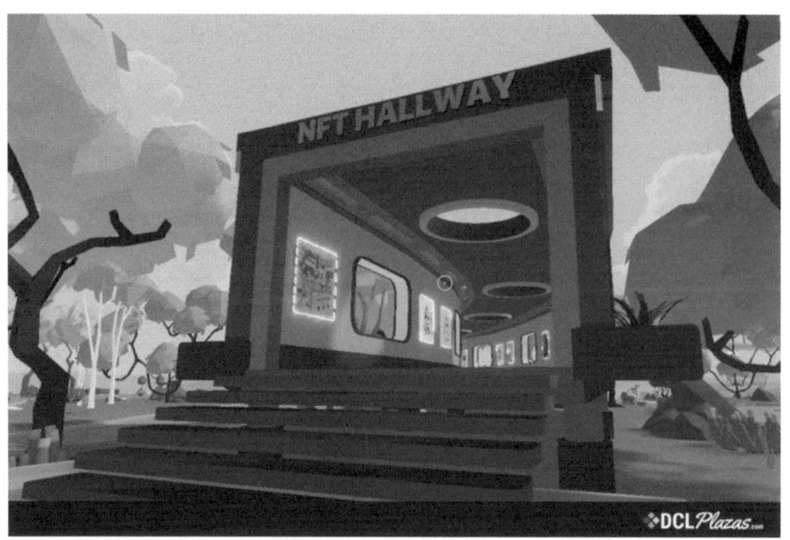

출처: nftplazas.com[5]

될 수 있는 유한성의 가치가 생기게 된 것이다.

이 사건이 중요한 모멘텀이 될 수밖에 없는 이유는 디지털 아트·음원·사진 등이 유한한 자산이 될 수 있는 길이 열려 앞으로 엄청난 시장으로 성장할 수 있게 되었다는 것과 메타버스 안의 수많은 자원이 NFT로 토큰화되어 고유한 자산이 되면 그 안의 가상경제가 거대한 규모로 성장하게 될 것이며, 이로 인해 리얼월드의 사람들이 강력한 욕망을 발현할 동기가 메타버스 안에 만들어졌다.

NFT는 대체 불가능한 토큰이다. 물리적 공간에서 대체 불가능한 것은 세상에 하나뿐인 미술 작품이나 직접 쓴 악보, 소설 원본 등이 있는데 디지털에서는 이러한 유한성이 존재하지 않았다. 디지털 저작권 관리DRM: Digital Rights Management 같은 것을 걸어 복제가 되지 않게 한다거나 재생하는 데 라이선스를 필요하게 하는 등의 기술들은 존재했으나 만드는 주체는 얼마든지 복수의 데이터를 만들 수 있었다. 화폐는 실물이든 디지털이든 얼마든지 대체 가능하고 교환 가능한 충분한 수량이 존재해야 하며 유통되어야 하지만 NFT는 세상에 하나뿐인 디지털 데이터라야 한다.

이런 NFT를 거래할 수 있는 오픈시Opensea, 슈퍼레어SuperRare, 파운데이션Foundation 등 디지털 마켓 플레이스가 속속 등장하고 있고 민팅Minting, 갤러리, 임대, 컨설팅 등 다양한 연계 서비스가 줄줄이 나오고 있다. 테슬라의 일론 머스크Elon Musk 아내이자 뮤지션인 그라임스Grimes의 작품이 600만 달러에 거래되었고 트위터 창업자 잭 도시Jack Dorsey가 포스팅한 첫 트윗은 250만 달러에 팔렸다. NFT로 구현되어 있는 디센트럴랜드의 토지는 매일 거래되고 있고 다마고치의 블록체인 버전인 엑시 인피니티Axie Infinity에서는 파슬Parcel 한 패키지가 160만 달러에 거래된 적도 있다.

지금은 이렇게 큰 거래가 뉴스가 되어 사람들의 원초적 욕망을 자극하고 있지만, 이것이 일상화되는 날 벌어질 변화와 임팩트가 훨씬 더 거대하고 강력할 것이다.

04
가상경제의 이슈와 한계

가상경제는 주류 실물 경제와 비교해서 작은 규모이며 현실세계와 이격되어 있어 한계와 이슈가 명확하다. 그럼에도 규모는 점차 커지고 있고 메타버스같이 디지털 세계를 기반으로 하는 라이프스타일의 비중이 커지고 있어 개선과 해결이 필요한 문제로 부각되고 있다. 가상경제의 이슈들은 대부분 가상세계 자체의 이슈라기보다 현실세계에 걸쳐 있는 인간의 욕망과 탐욕, 희망과 혁신의 의지에서 기인하므로 현실과 관계된 이슈로 해석된다. 자본과 가치에 대한 부분이 크게 비중을 차지할수록 이슈의 크기도 비례해 커지는 양상을 보인다.

(1) 신뢰가 부족하다.

가상경제의 주체들은 대부분 민간이며 신뢰를 담보하기 어렵다. 가상경제를 구현하는 블록체인 기술은 신뢰할 수 있더라도 거래소나 특정 서비스를 신뢰하기 어렵다. 역으로 이 기술들이 기존 경제 시스템이나 금융 산업의 신뢰를 만들 수 있는 해법이라는 주장도 있어 오랜 시간 여러 세대를 걸치며 사회적 합의를 만들어야 할 필요성이 있다.

(2) 안전성이 부족하다.

수많은 플랫폼과 암호화폐, 쏟아지는 새로운 비즈니스 모델과 ICO 등에 대한 안전이 담보되지 않는다. 고위험 고수익High Risk, High Return의 정형을 따른다고 보기 어렵고 안전성에 대한 보완책이나 제도도 미비하다. 스캠Scam도 빈번히 일어나고 있고 양상이 다양해서 분산화된 가상경제의 속성대로 각각의 가상경제 주체가 보완하고 해결해야 하는 숙제다.

(3) 변동성과 휘발성이 크다.

일부 큰 지분을 보유한 개인에 의해서 쉽게 등락하고 규제나 이슈에 민감하게 반응하면서 변동성이 매우 크다. 주류 경제에서 블록체인을 위시한 가상경제를 부정적으로 보는 가장 큰 이유이며 가치를 인정하지 않는 근거이기도 하다. 정부 주도의 디지털 화폐와 스테이블 코인Stable coin이 해결을 위한 다양한 실험을 진행하고 있으나, 변동성과 휘발성을 잡을 만큼 가상경제 안으로 충분한 가치가 인입되어야 하고 자

생적으로 지속적인 가치가 만들어질 때까지 끝나지 않을 이슈다.

⑷ 투명성이 부족하다.

블록체인 장부와 기반 기술은 투명할 수 있으나, 이것이 적용된 가상경제를 운용하는 주체나 비즈니스, 자금의 흐름 등 수많은 부분이 투명하지 않다. 추적할 수 없는 기술을 이용한다면 더욱 심각하다. 게다가 분산화란 철학과 취지에 맞지 않게 중앙화된 거래소나 채굴 집단, 기술 커뮤니티 등에 의해 투명성이 쉽게 영향받을 수 있으므로 신뢰와 맞물려 있는 중요한 이슈다.

⑸ 비효율성을 내재하고 있다.

호환성이 떨어지는 수많은 기술과 프로토콜이 난립하고 있어 거래비용은 물론 관리 측면에서도 효율성이 떨어진다. 채굴 과정에서 어마어마한 양의 전기와 컴퓨팅 파워가 소비되고 있고 향후 지속적인 트랜잭션을 위한 과정에서도 아직 충분한 효율성을 확보하지 못했기에 기술 혁신가들의 노력과 시간이 더 필요하다.

⑹ 보안의 취약성이 산재해 있다.

오픈 소스로 강력하게 만들어진 기술들이며 보안 알고리즘이 3중 4중으로 구현되어 있어도 사람이 프로그래밍하는 일이다 보니 늘 보안의 취약성과 개인 정보 누출, 해킹 위험에 노출되어 있다. ICO 하는 과정에서 대량의 암호화폐가 탈취되기도 하고 취약한 거래소에서 키를

가로채 인출해가는 등 수많은 사건 사고가 알려져 있다. 가상세계의 가치가 협소하거나 현실세계에서의 환전 가치가 없을 때는 보안 필요성이 상대적으로 덜하지만 앞으로 점차 더 가상경제의 규모나 내재 가치가 커져가고 있어 더 큰 이슈와 논란이 발생하게 될 것이다.

(7) 규제와 사회적 수용성과의 간극이 크다.

규제 당국은 속성이 새로운 기술이나 가치 체제에 대해 부정적일 수밖에 없다. 따라서 기존 제도에 영향을 미치는 새로운 혁신을 막는 역할을 하게 마련이고 이 차이가 사회의 혁신성 크기를 결정하기도 한다. 변화 속도나 결과가 만드는 영향이 너무 큰 경우 규제에 막혀 좌초되거나 기득권들의 반발로 무산되는 일이 종종 발생하며, 사회의 수용성 또한 규제 시스템의 그것과 크게 다르지 않아 이 부분에서 사회적 합의와 제도적 시스템을 만드는 일은 언제나 가장 큰 도전이다.

(8) 과세와 형평성에 이슈가 존재한다.

결국에는 자본주의 사회의 모든 시스템이 그렇듯 사회에서 창출된 가치에 대해서는 적절한 보상과 함께 과세를 해야 하며 이를 통해 기울어진 형평성이나 보편적 복지를 보완하는 메커니즘으로 잘 동작해야 한다. 하지만 가상경제를 이끄는 기술의 변화와 시도는 시스템으로 따라가지 못할 만큼 빠르고 파괴적이다. 합리적이고 객관적이며 법의 보편성을 감안한 시스템의 진화와 제도의 뒷받침은 희망사항에 불과하다. 따라서 이 부분에 대한 논란은 끊임없이 예외 상황을 만들고 형평성이나 일관성이 부재한 현상들을 불러일으키게 될 것이다. 쉽지 않겠지만 사회의 탄력성, 시민의식, 포용성을 기반으로 합의를 이끌어내는 문화를 만들면서 갭을 보완하고 바른 방향으로 전진하게 만들어야 하는데 쉽지 않다.

9장

아 유 레디 플레이어 원?

엄청난 기회의 시간과 공간에 탑승하라

아타리ATARI는 1972년 설립된 비디오게임 제작사다. 스티브 잡스Steve Jobs가 좋아했고 영감을 얻었던 〈퐁Pong〉을 비롯해 〈팩맨〉, 〈아스테로이드〉 등 수백 개의 게임을 출시하며 1970년대 비디오게임의 대중화를 이끈 역사적인 기업이다. 1977년에는 아타리2600(VCS)이라는 세계 최초의 롬 카트리지 교환형 게임기를 출시해 사람들이 조이스틱을 들고 TV 앞에서 열광하며 게임을 즐기게 했고 당시 최고의 꿈의 직장으로 꼽히기도 했다.

1983년 '아타리 쇼크'라는 비디오게임 산업의 붕괴 전까지 시대를 풍미했는데, 동명 소설을 스티븐 스필버그가 영화화한 〈레디 플레이어 원〉 마지막에 등장한 3번째 미션이 이 아타리2600 게임기였고, 미션 게임이 1979년에 출시된 〈어드벤처〉였다. 이 게임은 최초의 액션

어드벤처 게임이자 실제로 개발자의 이스터에그가 숨겨져 있었다. 영화 내 설정과 동일했기에 그 사실을 알고 있던 유저들에게는 SF영화이면서 추억을 불러일으키기 충분한 복고 영화였다. 그 아타리가 지금은 암호화폐 아타리 토큰ATRI을 만들고 비디오게임과 온라인 금융을 블록체인으로 연결하며 디센트럴랜드에 카지노와 게임장을 만들고 있다.

〈레디 플레이어 원〉에는 천재 개발자 제임스 할리데이가 만들어놓은 가상현실 세계 '오아시스'가 있고 주인공 웨이드 와츠는 이곳에서 '성배의 기사 퍼시발'로 불리는 영웅 캐릭터다. 거대 기업 IOI와 대항해 오아시스를 지키는 역할을 하는데 이 모든 설정이 《스노 크래시》의 주인공 히로 프로타고니스트를 오마주한 것이 아닌가 싶을 정도로 비슷하다. 이 영화에는 실제로 가상세계와 현실세계의 비중이 6 대 4로 가상세계의 비중이 훨씬 크다. 미션을 완수하고 난 마지막에 제임스 할리데이의 고백에서 알 수 있듯 가상세계의 비중이 더 크지만, 더 중요한 것은 현실세계에 있다는 결말을 남긴다.

> 내가 오아시스를 만든 건 현실에 적응하지 못해서였다. 소통하는 법을 몰랐던 거지. 난 평생을 두려워했어. 내 삶이 끝나고 있을 때 깨달았지. 현실은 무섭고 고통스러운 곳인 동시에, 따뜻한 밥을 먹을 수 있는 유일한 곳이라는 걸. 왜냐면 현실Reality은 진짜Real니까.
>
> I created the OASIS because I never felt at home in the real world. I didn't know how to connect with the people there. I was afraid, for

all of my life, right up until I knew it was ending. That was when I realized, as terrifying and painful as reality can be, it's also the only place where you can find true happiness. Because reality is real.

메타버스라는 담론은 오래전부터 상상해왔던 가상세계와 계속 발전하고 있는 가상현실이나 증강현실 같은 기술이 만든 것은 아니다. 〈레디 플레이어 원〉에서 이야기하듯 현실세계에 발을 딛고 있는 우리가 그 안으로 들어가고, 상상만큼 그 영역을 확장하고, 그 경계가 현실세계 속으로 들어오기 때문에 만들어지고 있다.

이전에 있던 컴퓨터 게임과 차이는 현실과 연결된 우리가 있다는 것이며 다른 유저들과 교류하고 소통하며 현실세계의 시간이 연결된 디지털 평행 우주라는 것이다. 영화 〈매트릭스〉에서 현실을 지키기 위해 네오가 빨간 알약을 선택했듯 메타버스의 세상에서 가장 중요한 것은 현실세계의 우리인 것이다.

아마존 프라임에 〈업로드Upload〉라는 드라마가 있다. 인간의 기억과 경험, 추억을 모두 디지털로 변환해 인터넷 가상세계에 업로드하고 영원히 늙지 않고 죽지 않으며 의식으로서 살아가며 현실세계의 사람들과 스크린을 통해 만날 수 있다는 파격적인 내용이다. 가상Virtuality이 현실Real이 되는 이야기다.

마이크로소프트의 수석 과학자인 고든 벨Gordon Bell이 오래전 '마이 라이프 비츠My Life Bits' 프로젝트를 통해 우리의 기억을 완전하게 기록해놓으면 언제든지 꺼내볼 수 있는 완전한 기억Total Recall이 가능해질 것이라고 주장한 것과 맥이 닿는다.

일론 머스크가 창업한 뉴럴링크Neuralink에서 돼지 두뇌에 칩을 이식해 뇌파를 읽어내는 데 성공했다는 시연을 한 적이 있다. 이제 곧 인간 두뇌에 이식할 수 있게 되면 치매나 파킨슨병 등 인류가 정복하지 못한 질병을 극복하는 일이 가능하다지만 SF의 상상을 조금만 보태면 반대로 뇌에 전기적 신호를 주어 마치 눈으로 보고 귀로 듣고 몸으로 느끼는 것 같은 경험을 하게 만들 수 있다. 그때가 되면 거추장스러운 VR 헤드셋이 없어도 현실과 구분되지 않는 가상을 살 수 있게 될지 모른다.

아직 SF영화 속의 메타버스나 상상 속의 그것은 머나먼 미래의 이야기 같지만, 인터넷의 진화 속에 현실의 메타버스는 하나의 정의로 규정하지 못할 정도로 빠르게 확장되고 있다. 그 중심에는 우리가 있을 것이며 디지털 가상세계 안의 사건과 인류의 도전이 역사로 쓰이는 일이 이제 시작될 것이다.

새로운 구글이 그 안에서 탄생할 수도 있고 새로운 인류가 탄생할 수도 있다. 가상경제의 규모가 실물 경제에 육박할 수도 있고, 가상세계의 인구가 지구 인구의 몇십 배가 될 수도 있다. 하루를 보내는 시간에서 가상세계에서의 비중이 점점 커지다가 역전되는 순간이 올 수도 있고 주말 내내 그곳에서 보내는 사람도 많아지게 될 것이다. 단순히 상상이라 치부하기에는 지금 변화의 속도가 급진적이고 가파르다.

하지만 분명한 것도 있다. 이 모든 것이 우리의 의지와 노력에 달렸다는 것이다. 기술이 만들어온 변화와 영향은 늘 양날의 칼이었고 인류는 이롭고 정의로운 목적으로 이를 이용하기 위해 노력을 해왔다는 것이다.

메타버스로의 여정도 같은 도전에 직면해 있다. 변화의 크기만큼 기회의 크기도 크다. 기하급수적인 변화는 우리에게 어느 때보다 큰 기회의 시간과 공간을 만들어주게 될 것이다. 제임스 할리데이가 지금 다시 메타버스를 바라본다면 이렇게 이야기할 것 같다.

"모든 현실은 진짜다 Every Reality is Real**."**

참고문헌

[본문]

4장

1 http://worrydream.com/refs/Sutherland%20-%20The%20Ultimate%20Display.pdf
2 https://blog.siggraph.org/2018/08/vr-at-50-celebrating-ivan-sutherland.html/
3 https://www.elianealhadeff.com/2006/11/ibmplay-serious-games-for-virtual.html
4 https://www.youtube.com/watch?v=QhWcI1gswqs&ab_channel=HighFidelity

5장

1 https://techland.time.com/2012/11/01/best-inventions-of-the-year-2012/slide/google-glass/
2 https://www.internetlivestats.com/
3 https://uploadvr.com/oculus-quest-store-stats-2020/
4 https://www.pocketgamer.biz/news/75688/superdata-oculus-quest-2-shifted-1-million-units-in-q4/
5 https://kommandotech.com/statistics/how-many-iphones-have-been-sold-worldwide/
6 https://www.roadtovr.com/60-apps-oculus-quest-2-million-revenue/
7 https://www.oculus.com/blog/announcing-the-acquisition-of-surreal-vision/?fbclid=IwAR1tgsQ9a21aC7f1s3EzVf_KOtzLn92vOBvCNykpWoUkZrAzhW-_g9G6Q98
8 https://venturebeat.com/2016/12/28/facebook-acquires-eye-tracking-company-the-eye-tribe/
9 https://www.kickstarter.com/projects/551975293/meta-the-most-advanced-augmented-reality-interface
10 https://www.macworld.co.uk/news/how-many-apple-watches-sold-3801687/
11 https://www.fool.com/investing/2019/12/07/facebook-is-on-a-billion-dollar-vr-ar-buying-spree.aspx

12 https://www.roadtovr.com/facebook-acquires-varifocal-lemnis-technologies/
13 https://www.mobileworldlive.com/devices/news-devices/facebook-buys-maps-company-in-ar-vr-play
14 https://martechtoday.com/facebook-buys-ar-startup-building-a-11-digital-map-of-the-physical-world-238428

6장

1 https://program-ace.com/blog/unity-vs-unreal/
2 https://www.valuecoders.com/blog/technology-and-apps/unreal-engine-vs-unity-3d-games-development/

7장

1 https://blog.aboutamazon.co.uk/shopping-and-entertainment/introducing-amazon-salon
2 https://www.bbc.co.uk/connectedstudio/
3 https://www.oculus.com/experiences/quest/2046607608728563/?locale=en_US
4 https://store.steampowered.com/app/1012510/Greenland_Melting/
5 https://time.com/longform/apollo-11-moon-landing-immersive-experience/
6 https://time.com/longform/inside-amazon-rain-forest-vr-app/
7 https://www.nytimes.com/interactive/2018/05/01/science/mars-nasa-insight-ar-3d-ul.html
8 https://www.prnewswire.com/news-releases/pwcs-entertainment—media-outlook-forecasts-us-industry-spending-to-reach-759-billion-by-2021-300469724.html
9 https://www.scarecrowvrc.com/?fbclid=IwAR3xZVweyh6xPe2UyIFrcRiF-OmlRxwS3UxJPm6ye-EtzZdpqcug_CVv8Os
10 https://bmcpsychiatry.biomedcentral.com/articles/10.1186/s12888-019-2180-x
11 http://www.whosaeng.com/97426
12 https://psious.com/acrophobia-vr-therapy/
13 https://gotz.web.unc.edu/research-project/virtual-vietnam-virtual-reality-exposure-therapy-for-ptsd/
14 https://link.springer.com/chapter/10.1007/978-1-4899-7522-5_16
15 https://www.lumevr.com/

16 https://www.nature.com/articles/s41592-020-0962-1
17 https://www.sciencedirect.com/science/article/pii/S1093326318303929
18 https://www.sciencedirect.com/science/article/abs/pii/S1871402120301302
19 https://blog.capterra.com/the-top-free-surgery-simulators-for-medical-professionals/
20 https://www.news1.kr/articles/?3490328

8장

1 https://terms.naver.com/entry.naver?docId=864529&cid=42346&categoryId=42346
2 https://hypebeast.com/2018/11/carlings-digital-clothing-collection-details
3 https://www.digitaltrends.com/computing/dragon-cryptokitties-most-expensive-virtual-cat/

[이미지 출처]

3장

[1] https://blog.laval-virtual.com/en/laval-virtual-days-the-birth-of-virtual-worlds/ [2] https://www.shutterstock.com/hu/video/clip-1037713625-industrial-factory-chief-engineer-wearing-ar-headse [3] http://blog.virtualability.org/2017/11/how-to-attend-idrac-conference-in.html [4] https://www.gearthblog.com/blog/archives/2017/04/first-review-new-google-earth.html [5] https://en.wikipedia.org/wiki/Reality–virtuality_continuum

4장

[1] https://augmentedrealitymarketing.pressbooks.com/chapter/definition-and-history-of-augmented-and-virtual-reality/ [2] https://nwn.blogs.com/nwn/2007/12/second-life-for.html(왼쪽), https://www.sisajournal.com/news/articleView.html?idxno=121450(오른쪽) [3] https://www.sedaily.com/NewsVIew/1Z7PMZPKK4 [4] https://www.businessinsider.com/pokemon-go-nick-johnson-trip-2016-9#that-

meant-johnson-spent-a-full-day-layover-in-the-dubai-airport-while-they-waited-for-the-storm-to-clear-johnson-took-the-opportunity-to-keep-catching-pokmon-but-he-was-getting-stressed-out-the-delay-meant-hed-only-have-12-hours-in-hong-kong-total-10 [5] https://minecraft.fandom.com/wiki/World_border

5장

[1] https://minecraft.fandom.com/wiki/World_border [2] https://www.cbinsights.com/research/top-acquirers-ar-vr-ma-timeline/ [3] https://www.forbes.com/sites/erikkain/2020/04/29/party-royale-is-coming-to-fortnite---when-to-play-free-rewards-new-map-and-more/?sh=24dcc6c673a6: [4] https://www.xrmust.com/xrmagazine/sxsw-online-xr-agenda/(아래)

6장

[1] https://www.electrooptics.com/analysis-opinion/meeting-optical-design-challenges-mixed-reality [2] https://www.facebook.com/Oculusvr/videos/433308464321696

7장

[1] https://area.autodesk.com/blogs/journey-to-vr/where-story-living-happens-home--a-vr-spacewalk-based-on-a-conversation-with-sol-rogers-founderceo-of-rewind/ [2] https://vrscout.com/news/cbs-sports-super-bowl-liii-ar/ [3] https://www.blackmagicdesign.com/kr/media/release/20200731-01 [4] https://www.hankyung.com/society/article/202103012614h [5] https://www.marketresearchfuture.com/reports/virtual-classroom-market-4065

8장

[1] https://www.bbc.com/news/av/technology-56264555 [2] https://www.dailymail.co.uk/sciencetech/article-1330552/Jon-Jacobs-sells-virtual-nightclub-Club-Neverdie-online-Entropia-game-400k.html [3] https://github.com/decentraland-scenes/Genesis-Plaza [4] https://coinmarketcap.com/headlines/news/who-is-beeple-most-expensive-digita-art-non-fungible-token-nft/ [5] https://nftplazas.com/new-decentraland-genesis-plaza-design/

메타버스가 만드는 가상경제 시대가 온다

1판 1쇄 인쇄 2021년 6월 4일
1판 1쇄 발행 2021년 6월 10일
1판 7쇄 발행 2022년 10월 20일

지은이 최형욱
펴낸이 김기옥

경제경영팀장 모민원 편집 변호이, 박지선
커뮤니케이션 플래너 박진모
지원 고광현, 임민진
제작 김형식

표지디자인 투에스디자인
본문디자인 푸른나무 디자인(주)
인쇄·제본 민언프린텍

펴낸곳 한스미디어(한즈미디어(주))
주소 121-839 서울시 마포구 양화로 11길 13(서교동, 강원빌딩 5층)
전화 02-707-0337 | 팩스 02-707-0198 | 홈페이지 www.hansmedia.com
출판신고번호 제 313-2003-227호 | 신고일자 2003년 6월 25일

ISBN 979-11-6007-609-7 (13320)

책값은 뒤표지에 있습니다.

잘못 만들어진 책은 구입하신 서점에서 교환해 드립니다.